XIANDAI CHENGSHI SHEHUIXUE

现代城市社会学

主　编　陆小聪

副主编　袁　浩

上海大学出版社

·上海·

图书在版编目(CIP)数据

现代城市社会学／陆小聪主编. —上海：上海大学出版社，2022.7

ISBN 978-7-5671-4462-0

Ⅰ. ①现… Ⅱ. ①陆… Ⅲ. ①城市社会学—高等学校—教材 Ⅳ. ①C912.81

中国版本图书馆CIP数据核字(2022)第118534号

责任编辑 傅玉芳

封面设计 柯国富

技术编辑 金 鑫 钱宇坤

现代城市社会学

陆小聪 主编

上海大学出版社出版发行

(上海市上大路99号 邮政编码200444)

(http://www.shupress.cn 发行热线021-66135112)

出版人 戴骏豪

*

南京展望文化发展有限公司排版

江阴市机关印刷服务有限公司印刷 各地新华书店经销

开本710mm×1000mm 1/16 印张14.25 字数256千

2022年7月第1版 2022年7月第1次印刷

ISBN 978-7-5671-4462-0/C·137 定价 42.00元

序　言

由上海大学社会学院陆小聪教授担任主编、袁浩副教授担任副主编的教材《现代城市社会学》即将由上海大学出版社出版。作为主编和副主编以及编写组成员的多年同事，对于陆小聪教授嘱我写几句话的盛情邀请，虽然诚惶诚恐，但自然也不敢怠慢。

我简单谈谈对这部《现代城市社会学》教材的认识。通读《现代城市社会学》，我认为该教材具有如下五个鲜明的特点：

第一，实现了历史资料与现实数据的完满结合。从大约5 000年之前世界上第一个古代城市的诞生，到经历工业化时期以工业化为核心的近代城市的大规模崛起，再到21世纪以“城市让生活更美好”为主题的现代城市更新和改造的历史和现实数据，都可以从编者的娓娓道来中发现，读者既可以从中管窥古今中外城市发展的简史，还可以领略现代城市的高速扩张历程。

第二，达成了城市社会学理论与城市社会发展实践模式的有机统一。作为一门城市社会学的教科书，自然少不了城市社会学理论的评介。从古典时期滕尼斯的社区与社会理论、涂尔干的机械团结与有机团结理论、韦伯的城市共同体理论、齐美尔的精神生活社区理论，到现代帕克的人类生态学理论、沃思的城市性理论、芝加哥学派的城市区位理论、列斐伏尔的空间生产理论、哈维的时空压缩理论和索亚的第三空间理论，再到当代的集体消费理论、新社会运动理论、全球化与世界城市理论、风险城市理论，读者都可以汲取各个历史时期各具特色的经典理论的精华和贡献（当然也能发现各种理论的局限）。与此同时，我们还可以找到不同国家、不同地区在其社会发展不同阶段所采取的城市发展战略的共性和个性，从而以比较的视野分析不同城市发展战略的优势和劣势。

第三，国外城市发展的经验教训与中国特色城市化道路的比较鉴别。毋庸讳言，现代意义上的工业化城市首先是从欧洲出现的，编者以批判的视角介绍了工业化时代和后工业化时代国外城市发展的成功经验以及失败的教训，为探索中国特色的新型城镇化道路提供了有益的借鉴和启示。同时，几乎在全书的每一章，我们都可以读到关于中国城市化发展战略的历史变迁、中国特色城市化道路与时俱进的现实轨迹。贯穿在全书中的比较、批判、鉴别、质疑和分析的视角，有利于培养学生的独立思考能力和科学探索精神。

第四，在城市社会学学科体系和教材体系的中国化方面做出了卓有成效的探索。自19世纪初芝加哥学派提出城市社会学学科并进行了大量开创性的城市研究以来，城市社会学开始成为一门重要的社会学分支学科，国际上以城市社会学为主题的专著和教材不断问世，国内城市社会学的教材也有10种左右。与国内同类教材相比，《现代城市社会学》在贯彻落实习近平总书记在哲学社会科学座谈会上的重要讲话，特别是建设有中国特色社会主义城市社会学学科体系和教材体系方面进行了有益的探索，突出特征是“以我为主，洋为中用；突出中国特色，聚焦中国道路”。

第五，传统课堂讲授与案例教学方法的高度融合。与国内出版的城市社会学教科书相比，《现代城市社会学》运用了大量的案例，比如“浙江村”和“梅园”等案例。案例教学方法的运用，突破了传统课程讲授的局限和弊病，将学生引入到活生生的中国城市发展的社会实践中，对于落实教育部《新文科建设宣言》的精神，牢牢把握社会学学科教育的价值导向，坚持立德树人，推动习近平新时代中国特色社会主义思想进教材、进课堂、进头脑，提高学生思想觉悟、道德水准、文明素养，培养担当民族复兴大任的新时代复合型的社会学专业人才将发挥积极的作用。

2021年末，中国城镇常住人口为9.14亿，常住人口城镇化率达到64.72%。中国从一个具有几千年农业文明的农民大国和农业社会，进入了以城市居民为主的城市社会，在此意义上，我们可以说中国社会的发展真正进入了“城市时代”。希望《现代城市社会学》教材的出版，为城市社会学学科的发展，为城市社会治理专门人才的培养，为城市社会组织方式、资源分配方式、居民生活方式、社会治理方式的现代化，做出上海大学社会学者的绵薄贡献。

2022年1月于上海大学

目　　录

第一章 城市社会学导论

城市作为人类聚居的一种主要形式，由来已久，它是人类物化活动的体现，同时又对人的活动产生影响。城市在自身的发展过程中形成了区别于农村的社会特征，与此同时也遭遇了许多问题与困惑。因此，城市史学、城市地理学和城市规划学等学科对城市的研究及其探索一直没有停止过。城市社会学作为社会学研究的分支，同时也是城市研究领域的重要构成部分，从法国社会学家奥古斯特·孔德（Auguste Comte）、埃米尔·涂尔干（Émile Durkheim）到德国社会学家乔治·齐美尔（Georg Simmel）等对城市问题都有极大的关注，而芝加哥学派则开启了对于城市的系统研究，掀起了城市研究的热潮。

第一节　作为文明现象的城市

城市是人类文明的表现形式。正如刘易斯·芒福德（Lewis Mumford）所说，存储文化、流传文化和创造文化是城市的三个基本使命[①]。从这个意义上说，城市发展的历史就是人类文明发展的缩影。

一、城市的发展

从《圣经》故事中对伊甸园的描绘，到被古希腊人称为"美索不达米亚"的两河流域，再到考古学告诉我们的人类起源于今日的东非大草原，可以看出人类最初都不是从城市开始生活的。我们现在称之为"乡村"的农村大约出现于约

① [美] 刘易斯·芒福德著：《城市发展史——起源、演变和前景》，宋俊岭、倪文彦译，中国建筑工业出版社 2005 年版，第 582 页。

11 000年前，那时人类已经存在约12万年了。又过了大约6 000年左右的时间，人类才进入传统意义上的“古代”。在“古代”，超过10万人居住的城市才渐渐发展起来，直到1800年前后，全世界也只有约3%的人口居住在城市里。进入19世纪后的100年里，全球总人口增长了70%，而城市人口增长了340%，城市人口比重由1800年的5.1%提高到13.3%。从1900年到2007年这短短的107年时间里，全球城市人口比重又从13.3%跃至50%。2020年发布的《世界城市状况报告》显示，2020年全世界有近44亿人生活在城市地区，到2030年，城市人口可能增至52亿人[①]。

城市人口的快速增长源自世界城市化的快速发展。城市作为城市化的基础和载体，在不同的历史发展阶段，会表现出不同的特征。古代的每一次城市化带来的可能是城市发展史上的重大转变，一种城市文明的衰落代之而起新的城市文明，而现代城市的发展更多的是在规模和速度上的扩张——主要包括前所未有的大规模的穷人移居城市、大量贫民窟的出现，然后是规模空前的婴儿潮。

1955—2016年世界处于急速城市化时期，超过50%的世界人口选择迁移到城市和城镇居住。与大多数发达国家已完成城市化过程相比，这种规模和速度上的扩张趋势还在贫穷国家继续上演。在最贫穷国家及城市化程度最低的亚洲及非洲，这种增长表现得最为明显。在2000年的世纪之交，全球有371个城市的人口为100万人或更多；根据《2018世界城市报告》的数据，2018年，至少有100万名居民的城市数量已经增长到548个；到2030年，预计有706个城市将至少有100万多居民。居民超过1 000万人的城市通常被称为“特大城市”，预计全球特大城市数量将从2018年的33个增加到2030年的43个。2018年，全球有48个城市的人口在500万人至1 000万人之间，预计到2030年，其中有10个将成为特大城市。预测显示，2018—2030年，另有28个城市人口将突破500万人大关，其中13个位于亚洲、10个位于非洲。预计到2030年，有66个城市将有500万至1 000万名居民，世界上绝大多数城市的居民都不到500万人。2018年，全球共有467个城市的居民在100万至500万人之间，598个城市的居民在50万至100万人之间。预计到2030年，有710个城市将有50万至100万名居民，拥有100万至500万名居民的城市数量将增长到597个，全球十大城市分别为新德里、东京、上海、达卡、开罗、孟买、北京、墨西哥城、圣保罗和金沙萨。

在这些人口比较密集的城市，经过地域空间的不断扩展，形成了以一个或若

① 联合国人居署：《2020世界城市报告》(world cities report 2020)，2020年10月31日。

干个城市为中心，包括周围城市化地区的大都市区，每个这样的大都市区的人口数一般多达几百万人甚至一千多万人。在一些经济社会发展水平较高的地区，许多大都市区还沿交通走廊相连，形成影响力巨大的、总人口在几千万人以上的大都市带。但在大部分贫穷国家，比如世界上最为农村化之国家中的埃塞俄比亚、马拉维和乌干达，已经有超过90%的城市居民仍居住在贫民区里。

据国家统计局2020年发布的数据显示，中国城市数量2019年达到684个，比1978年增加491个，其中地级及以上城市由1978年的111个增加到2019年的297个，城市化总量已经达到8.84亿人。

放眼全世界，人类已经迈入了一个所谓的"城市时代"。在这样一个新的时代里，这个世界表现出了其两面性。与贫穷国家和广大发展中国家的城市经历不同的是，发达国家的城市在经历着另一种转变。在工业革命及接下来的工业社会时期繁荣发展起来的城市人口在减少，继而受到影响的是城市劳动力的不足。即便是长期以来被视为城市演变史缩影的纽约，也在20世纪70年代经历了一段艰难的时期。在发达国家城市的演变过程中，有的城市由于自身的政治地位而维持着行政中心地位，有的依赖地理优势仍然是贸易中心，有的则因为归于平静而陷入了沉默，还有的则在苦苦挣扎……

在这样一个新的时代里，人类当初发明城市的传统理由——优越的地理位置、神殿的存在等等——已显得不那么重要了。原先城市所能提供的，现在郊区的购物中心以及发展中国家低成本的城市竞争者也能提供。而安全——这是人类聚居于城市的主要原因——现在大都市里也面临毒品泛滥、暴力事件的冲击，令人难以捉摸、心惊胆战，2001年发生在美国的"911"事件将之推向极致。与此同时，助推城市发展的现代科技，却可以让人们一边在电脑前工作，一边享受着乡村生活的快乐。

在这样一个新的时代里，几乎所有发达国家的城市——无论是正在蓬勃发展还是正在没落的，抑或还是在苦苦挣扎的——都在担心交通、污染、能源、贫穷等问题。而在贫穷国家，这些问题更加严重，但解决它们可利用的资源却更少。当发达国家的城市在担心相对较为平缓的人口波动时，贫穷国家的城市却不得不应付汹涌而来的移民浪潮和城市贫民窟。

二、城市的问题

城市应人的需要而生，但城市却因为人的需要而让这个世界不堪重负。尽管19世纪末、20世纪初的时候，芝加哥学派用对城市社会问题的实证研究开启了城市社会学的研究之门，但我们没有理由认为，城市面临的仅仅是社会性的问题。

从20世纪60年代开始，欧美经历了高速城市化发展以后，城中心逐渐萧条、破败，推土机式的旧城改造激起普遍的反抗拆迁运动，并与民权运动和反战运动结合为一股新的社会运动潮流，加大福利供给的政府举措也不能消除新的城市危机。在这一新的问题背景下，在新城市社会学的奠基性之作《城市问题》(1972年出版了法文版，1977年英文版面世)一书中，曼纽尔·卡斯特(Manuel Castells)从结构马克思主义的视角来重新界定城市问题，他强调资本主义社会的国家已然成为一支凌驾于社会生产方式之上的独立力量，不仅对资本主义生产工具的生产与再生产过程进行调控，而且还直接介入到劳动力的再生产与再生产的消费过程中。为此，他提出"集体消费"的概念来强调国家作为中介的这一消费过程。

在洛杉矶，郊区化运动将那里变成了天堂，却使得几百年才经营起来的城市中心逐渐衰落。郊区化的生活环境缺少了私家车是寸步难行的，更不用说居民用来浇草坪的水还要来自远在千里之外的科罗拉多州。城市中心衰败的趋势后来也波及日本、荷兰以及东欧地区。同样的问题也出现在发展中国家，只是呈现出不一样的形式和内容。在发展中国家，土地作为城市规划分配的最主要资源，由于落后的城市经济而表现为粗犷地使用，城市尤其是大城市空间正在以前所未有的速度蔓延，城市空间结构在蔓延中发生嬗变，城市中心成为高收入者的天堂，郊区则聚集了大量的低收入人口，从而使"空间不匹配"[①]问题在发展中国家表现为低收入者为如何"进城"寻找工作岗位犯愁以及在城市改造中由于人口重新布局而出现的"富人生活区"和"穷人聚居区"的区分问题。众多的发展中国家，由于土地资源在数量与结构上的紧缺，城市环境进一步拥挤、恶化，种种外来的和内部的不规范因素，更加扰乱了土地市场和规划的控制……所有这些，都使得发展中国家的城市规划陷入了"地位越来越重要而作用越来越卑微"的"病态"局面。

在过去的20年中，发展中国家的城市人口普遍增长了三至六成，城市化水平在这期间翻了一番。在加尔各答，1 400万人拥挤在400平方英里的土地上，其中四分之三的人居住在经济公寓或非法搭起来的棚屋里，三分之一居民的住宅是未经烧制的土坯房，而城市人口的年增长率却高达8%；在孟买，人口增长率则高达39%，德黑兰在1956年后的30年间人口增长了4倍。发展中国家少

---

① 周江评：《"空间不匹配"假设与城市弱势群体就业问题：美国相关研究及其对中国的启示》，《现代城市研究》2004年第9期。

数城市的"过度繁荣",剥夺了有限资源条件下大多数城市的发展机会。而为了解决基本的生存问题和满足城市的快速扩张,发展中国家超过六成以上的森林被砍伐,其中有接近九成被当作燃料耗尽。滥伐森林造成的水土流失和土壤沙化,是发展中国家生态环境退化的最普遍现象。在印度和巴基斯坦,有超过20%的土地盐渍化;在中国,有超过一半的耕地贫瘠、缺水、盐碱化,大量土地正在沙化,北方沙尘暴的发生频率和影响范围越来越大;在非洲,仅有5%的土地可用于耕作,而其中又有5%的土地是红壤。落后的生产技术和对经济增长的巨大渴望,使得发展中国家的许多城市政府在考虑经济增长与环境污染代价时往往选择前者,水和空气的质量已经低于适宜生存的底线。尽管我们还可以照着这个思路将这份清单继续列下去——犯罪、自杀、精神病、老年人问题……人类生活的方方面面都在城市中经受拷问。

美国城市规划学家伊利尔·沙里宁(Eliel Saarinen)曾经说过这样一句话:"城市是一本打开的书,从中可以看到它的抱负。让我看看你的城市,我就可以说出这个城市的居民在文化上追求的是什么。"在中国,由于一些不正确的城市发展观,各城市之间相互观摩、取经、效仿和攀比,我们的城市"正在被着装一致的新建筑所淹没",变成了"千城一面"。因此,2004年发布的《中国城市"十一五"核心问题研究报告》指出:"下一个五年,中国城市的发展必须防止出现'特色危机'。"

日本的轨道交通规划者提出"到广袤的乡下去,将那里变成天堂",一项商业行为却促成了东京都市圈的形成。总之,这是一个汽车、电子通信和工业技术圈定了城市地理轮廓的时代,是一个被科技理性主宰了的城市时代。东京都的现象在亚洲的其他城市如雅加达、吉隆坡、曼谷和马尼拉都能看到。但在人们"迈向幸福生活"的进程中,在这个"更好的城市"里,映入我们眼帘的不仅仅是大街上的豪华汽车和金碧辉煌的餐饮店,还有更多的像沙丁鱼罐头的公共汽车和地铁里面无表情的忙忙碌碌的城市人群……

城市集中展现了人类的智慧和技艺。芸芸众生挤进城市,是因为那里不仅有烤得焦黄散发着诱人香味的面包,还因为那里有装点得高贵典雅的歌剧院以及令人眼花缭乱、意乱情迷的夜晚灯光。但"一个突出的城市景观不过是一个轮廓而已",如果现代城市"缺少一个对神圣地点、市政属性和道德秩序的共同认知",不能为人们提供最基本的安全感和归属感,再繁华的都市也不过是一个"容器"而已,而一个没有道义约束或没有市民属性概念的城市即使富庶也注定会萧条和衰退。

在另一方面,与城市发展分不开的生态危机、能源危机、资源危机等,不仅对城市人的生存和发展构成巨大威胁,而且波及城市以外的广大地区,严重影响到整个人类的生存。因而城市生态问题成为人类必须解决的首要问题之一,舍此人类的城市终将会湮灭于历史的长河中,而由芝加哥学派开创的城市生态学研究是人类对此一个积极的回应。

第二节　作为农村对照物的城市

“城市”理所当然的是城市社会学的研究对象,“人类社会为什么有城市?”“是什么让城市如此伟大?”“城市的现状如何?”“未来的城市又当如何发展?”等设问,是城市社会学研究所关注的话题。而这些话题若要进一步展开,则需要基于对城市特性的把握,即城市相对于乡村而言所特有的品质及其属性。当然,我们可以从不同的角度来阐释城市的特性。

一、相对较高的人口密度

德国社会学家格奥尔格·齐美尔(Georg Simmel)在1903年发表的论文《大都市与精神生活》中,提出从规模、分工与货币经济三个社会学参量来理解大都市的精神生活。在他看来,由这三个因素相互作用而形成的疏离、孤独、冷漠和充满理性算计,是大都市区别于传统乡村社会关系和人的精神状态的一种形象说明。美国学者奥沙利文(O'Sullivan)认为,只有当大量的厂商和家庭集中在相对较小的面积区域内时,人类社会才可能开展一整套密切相关的城市经济活动,所以他将相对较高的人口密度作为经济城市的主要特征。美国社会学家路易斯·沃思(Louis Wirth)把规模大、人口稠密的永久性聚居地及在社会和文化方面具有异质性的人群作为城市的重要社会特征。苏联学者N. A.伊利英(ИванАлександровичИльин)认为,生产力的区域集中是城市的基本特征,城市聚集体则是生产力区域集中的重要形式。英国学者巴顿(K. J. Button)将“市场网络系统”作为城市的重要组织特征,认为城市是一个在有限空间地区内的各种经济市场——住房、劳动、土地、运输等等——相互交织在一起的网络系统。日本学者山田浩之认为,密集性是城市的一般性质,非农业的土地利用是城市的经济性质,异质性是城市的社会性质,因而他把兼具上述三个性质的地域称为城市或城市区域,而马克思主义的经典作家则把聚集性、经济性、社会性作为城市的基本特征。

综合国内研究,有学者将密集性、高效性、多元性视为城市的三大特征①;也

---

① 谢文蕙、邓卫编著:《城市经济学》,清华大学出版社1996年版,第9—11页。

有学者从社会文化特征上来认知城市特性，即人口规模大、密度高，人口异质性强，社会分工复杂、专业化程度高，社会关系具有匿名性与非人情性，社会活动科层化，社会阶层结构趋向开放，社会流动性高，文化世俗化，生活方式现代化，社会控制以正式手段为主、社会整合度低[①]；亦有学者将城市的特性概括为密集性（人口密集、物质和资本密集、文化密集）、高效性（高效率和高效益）和多元性（多功能、多类型）。但也有人认为上述阐释忽视了城市系统的对立统一性，主张应该从全新的角度来认识城市的特征，即集聚与扩散作用的共存性及交替主导性，溢出效应与乘数效应的互动性，公共性与经营性的兼容性，多样化与两极分化的并存性，线性关系向非线性关系的递进性[②]。

上述这些观点，从城市经济、心理、文化、社会和历史等侧面为我们多面向地认识城市开启了智识之门。但这只是问题的一个方面。问题的另一个方面是，如果我们从城市发展史的视角加以透视的话，会发现这些观点更多的是基于对现代城市的认知，还不足以让我们把握住城市这样一种既古老而又新颖的事物的最本质特性。

二、相对安全的经济环境、社会环境和政治环境

乔尔·科特金（Joel Kotkin）在对历经5 000余年的城市发展史的梳理中发现，从美索不达米亚、印度河流域和中国的宗教中心，到古典时期的罗马帝国中心、伊斯兰世界城市、欧洲威尼斯等商业城市，再到后来的伦敦、纽约等工业城市，一直到今天以洛杉矶为代表的后工业城市，尽管这些城市相隔千山万水、相距遥远千年，却有着惊人的相似特征，那就是地点的神圣、提供安全和规划的能力以及商业的激励作用，即它们都具备精神、政治和经济这三个方面的特质[③]。在远古时期，神圣源自位于城邦中心的宗教设施；而在世俗化的今天，神圣则可能产生自高高耸立的建筑和有灵感的文化设施。与此同时，神圣之感也可能被爱国主义或敬畏感所替代。最早的城市应安全防御而生，用以抵抗外族入侵或躲避劫掠；而在当下，安全更多的是指一个城市所能提供的最基本的安全保障，包括安全的经济环境、社会环境和政治结构。但仅有神圣和安全还不足以产生伟大的城市，它更多地依赖于繁忙的商业运作所源源不断地提供的财富，唯有如此，才足以维系大规模人口长时期的生存需要。在此，科特金以他的神来之笔告诉我们，“繁华的城市不应该仅仅为漂泊族提供各类消遣，城市还应当有尽职尽

---

① 郑杭生主编：《社会学概论新修（第三版）》，中国人民大学出版社2003年版，第310—313页。
② 石忆邵：《城市特征新论》，《城市规划学刊》2005年第1期。
③ [美]乔尔·科特金著：《全球城市史》，王旭等译，中国社会科学出版社2014年版，译者序。

责的市民,他们的经济和家庭利益与城市命运密不可分"[①]。

同样我们也可以说,城市的特性还在于它能提供安全的保障。希腊城邦抵御外族入侵的功能在现时代已不可能重演,奢望通过万里长城来保护帝国都城的时代也不复存在,需要我们正视的,是不断上演的社会风险。在一个后工业的和充满风险的社会中,人类最需要的是祈求安全的保障,日益强化的社会福利制度建设不能不说是对此某种程度的回应。

毋庸赘言,城市更需要繁荣的商业经济。在商业高度发达的现代社会,商业的激励作用更需要奠基于一个发育成熟的中产阶级——他们是城市得以发展、壮大和延续的社会基础。

三、是人类文化的集中载体

古往今来,城市都于特定的时空环境下生成。在这一点上,城市与乡村是相通的,都是人类在生产和生活中结成的一种生活聚合体。但城市又与乡村有不同:城市高度抽象化了人类社会中各种权力关系和历史文化,城市既是神圣精神世界——庙宇的所在,又是世俗物质世界——市场的所在;它既是法庭的所在,又是研求知识的科学团体的所在[②]。在城市里,存在一种在乡村中很难找到的复杂的象征形式;城市又是一个容器,汇集了人类社会方方面面的关系,是人类社会多样性得以呈现的载体。芒福德曾说:"最初城市是神灵的家园,而最后城市本身变成了改造人类的主要场所,人性在这里得以充分发挥。进入城市的是一连串的神灵,经过一段长期间隔后,从城市中走出来的是面目一新的男男女女……"[③]。这是因为文化具有天然的改造人的作用,人的社会化过程即是学习和掌握人类文化的过程。但至关重要的是,人类社会向来是由城市文化主导的。自从人类创造了城市以来,城市就一直霸占着人类的文明与糟粕。所以在芒福德的眼中,城市最重要的功能就是它"化力为形,化能量为文化,化死的东西为活的艺术形象和音标,化生物的繁衍为社会创造力"[④]。芒福德的这段论述向我们揭示了城市内部最重要的文化机理和社会过程是领悟城市本质的一把钥匙。

由此我们有理由认定,城市是人类文化的集中载体。这里的文化当指广义

---

① [美]乔尔·科特金著:《全球城市史》,王旭等译,中国社会科学出版社2014年版,译者序。

② [美]刘易斯·芒福德著:《城市文化》,宋俊岭等译,郑时龄校,中国建筑工业出版社2009年版,第1页。

③ [美]刘易斯·芒福德著:《城市文化》,宋俊岭等译,郑时龄校,中国建筑工业出版社2009年版,第6页。

④ [美]刘易斯·芒福德著:《城市发展史——起源、演变和前景》,倪文彦、宋俊岭译,中国建筑工业出版社1989年版,第419页。

上的文化，包括耕作方式、生产技术、语言、文字、诗歌、绘画、音乐、建筑等等。城市应人的需要而建立，同时它又用更加创新和多样化的方式来更好地满足人的各种需要。

城市具有神圣性，在今天，虽然城市原先的宗教意义有所衰落，作为都城和皇权代表的控制作用已不如先前明显，但世俗化的世界仍然通过各种仪式活动寻求上古时代某种神性的回归，以唤起人类灵魂深处作为类属的某种归属感和认同感。这是我们一直在做的，未来还将持续下去。

第三节　作为研究对象的城市

众多学科围绕城市问题，基于不同的问题意识和研究视角，分别展开了卓有成就的系统研究。本节将扼要地介绍其中的城市地理学、城市规划学和世界城市研究的相关成果，有关城市史学的研究成果将在第二章的内容中呈现，城市社会学的研究成果则将在后面的章节中予以全面的专题论述。

一、城市地理学研究

城市地理学是人文地理学的一个重要分支学科，是研究城市（镇）的形成、发展、空间结构和分布规律的学科。城市地理学着重从地理空间的视角来研究区域中的城市空间组织和城市内部的空间组织的功能结构、层次结构与地域结构。对城市进行地理学的研究始于 19 世纪。德国地理学家拉采尔（Friedrich Ratzel）和赫特纳（A. Hettner）曾进行了城市聚落的分布和区位研究，1899 年，德国地理学家施吕特尔（Schlüeer Otto）研究了城市的内部结构和类型及其与其他景观要素的联系。城市地理学正式成为一门学科则是在 20 世纪。1907 年德国的哈塞尔特（Hasselt）发表《城市地理观察》一书，1911 年英国的格迪斯（Patrick Geddes）和法国的布朗夏尔（Blanchard Jacques）分别对单个城市进行了研究。初期的城市地理学思想，往往受环境决定论的支配，认为地理位置和自然环境是城市形成的决定性因素。20 世纪 20 年代起，芝加哥学派倡导从人类生态学（即人文区位学）角度考察经济和社会因素对城市土地利用的影响，先后出现了伯吉斯（E. W. Burgess）的同心圆学说、霍伊特（Homer Hoyt）的扇形学说以及哈里斯（C. D. Harris）和厄尔曼（E. L. Ullman）的多核心理论。他们利用程式化的图表来解释工业和住房如何有机地围绕一个城市中心区明确的地域内共存，用一些诸如“浓缩”和“离散”、“集中”和“分散”、“侵入”、“交替”和“隔离”之类术语描绘移民占据内城和经济较低的地位，最终向外、向上发展的过程。1933年德国地理学家克里斯塔勒(Walter Christaller)创立了关于城市区位的中心地学说，探讨一定区域内城市等级、规模、职能间的关系，并采用六边形图形对城镇等级与规模关系加以概括，成为城市体系理论的先导。

但从20世纪后期开始，城市地理学的研究领域开始发生转向。闫小培、林彰平的一项研究表明，1996—2000年的时段内，西方城市地理学在延续城市空间和城市社会地理这一研究热点领域之余，城市地理学在社会文化领域的研究成为重要的研究方向，已经从对经济的关注扩大到对社会文化的理解，而这一变化趋势是与始于20世纪70年代早期并延续至今的美国城市地理学由空间分析向社会理论转型的趋势相一致的[①]。伴随这一转向的，是城市地理学研究哲学基础的变化：与先前在环境决定论阶段主要依靠经济学、统计学和区域科学不同，如今的城市地理学家是从社会学和社会哲学家那里寻找哲学思想。狄耶(Gauthier)和塔菲(Taaffe)认为，在美国城市地理学朝社会理论方向转化的过程中，新出现的马克思主义的观点依赖于韦伯(Weber)、涂尔干、马克思(Marx)和恩格斯(Engels)，结构主义观点运用安东尼·吉登斯(Anthony Giddens)的理论，批判现实主义的观点则从罗伊·巴斯卡尔(Roy Bhaskar)和罗姆·哈雷(Rom Harre)那里获得理论支撑，人文主义者则借助于胡塞尔(Husserl)和舒茨(Schutz A.)的现象学[②]。

特别值得关注的是，在现代主义的核心——理性指导下的城市规划，经过二战后的城市重建和城市快速发展的实践检验之后，发现了一系列的问题，比如需要耗费大量的时间和金钱在过长的通勤距离上，传统的社区内部关系被破坏，公共空间被忽视，空间特征模糊，人们在郊区生活中找不到安定感和归属感，城市扩张使得乡村特色消失，市中心衰败，犯罪率上升，等等。在此背景下，一种接受了后现代主义思潮的“新城市主义”(New Urbanism 或 Post-modern Urbanism)和所谓的“洛杉矶学派”(Los Angeles School)兴起。“新城市主义”运动开始于20世纪80年代，形成于90年代初，是二战以来试图以设计的力量影响建造环境的最重大的一次努力。新城市主义者反思郊区化生活方式之问题的结果，认为建造方式上的问题是造成环境和城市公共生活质量退化的重要原因之一，因此他们开始从物质空间入手寻找改革城市的途径，其着眼点是要在城市中建立公共聚集中心，形成以步行为度量尺度的居住社区，提出“公共交通主导的发展

---

① 闫小培、林彰平：《近期西方城市地理研究动向分析》，《地理学报》2004年第A期。

② Gauthier H. L. & Taaffe E. J. Three 20th century “revolutions” in American geography. Urban Geography, 2002, 23: 503-527.

单元”的城市地理发展模式。

洛杉矶学派认定城市崛起是全球资本主义化的一个早期预警系统（也有人认为洛杉矶学派真实的抨击目标就是全球资本主义），其主张的城市发展模式是市中心商业区及与之联系密切的处于一个同心圆内的工业和居住区。爱德华·索佳（Edward W. Soja）认为洛杉矶非常典型地代表了全世界正在发生的趋势，而洛杉矶学派的掌门人南加州大学地理学教授迈克尔·迪尔（Michael J. Dear）坚信城市化的未来将追随洛杉矶的模式，他非常支持城市化已经走过现代这一说法。而所谓的后现代，在迪尔眼里，则是指城市的发展已不再沿袭老的城市发展逻辑或可管理的途径并认为洛杉矶就是这方面突出的例证。

中国的城市地理学研究晚于西方国家，城市化研究受到中国城市地理学的高度关注，而西方的城市地理学并不关注城市化，其核心内容是关注城市体系，集中研究城市规模分布、城市职能分类和城市空间结构三个分面。关注中国城市化特殊性的研究特点一直影响着当今的中国城市化研究。从 20 世纪 90 年代起，中国城市地理学也开始关注郊区化问题。与城市化研究着眼于宏观、区域的乡—城人口迁移过程不同，郊区化研究主要是着眼于单个城市来考察人口的空间集聚和扩散。与西方国家郊区化不同的是，中国城市高速发展导致了“时空压缩”效应，一些沿海大城市在较短时间内从城市化阶段进入到郊区化阶段（以常住户籍人口来衡量），从而在 90 年代中国大城市同时出现人口集聚的城市化和人口扩散的郊区化两种现象，大大促进了都市区的形成。在城市空间结构的研究中，除了译介西方城市地理学中的诸如中心地理论、空间扩散、核心—边缘、增长极等学说之外，在对城市体系空间组织的本土化研究中还提出了诸如“都市连绵区”这样的本土化概念，以对应戈特曼（Jean Gottmann）的“大都市带”概念并进行理论上的对话①。

许学强、周素红在对中国城市地理学的发展进行回顾性研究的文章中显示，从 20 世纪 80 年代到 20 世纪末，城市空间结构、区域城镇体系和城市化一直是中国城市地理学的研究重点②。海外城市地理学作为对中国城市研究的一支重要力量，也从经济发展与城市化的关系、全球化背景下的城市发展以及中国的体制改革与城市转型等方面展开城市地理学的研究③。应该说，快速城市化的中国正在不断地创造出新的城市空间和城市类型，这对于发展中国的新城市地理

---

① 周一星著：《城市地理学》，商务印书馆 1995 年版，第 58 页。

② 许学强、周素红：《20 世纪 80 年代以来我国城市地理学研究的回顾与展望》，《经济地理》2003 年第 4 期。

③ 吕拉昌、魏也华、林初升：《中国城市地理研究的若干问题：海外学者的观点》，《人文地理》2006 年第 2 期。

学是一个契机。随着科技的进步、跨国公司的组织、全球化的进一步深化，中国的城市必将进一步融入世界城市体系之中，而成为其中的一部分。为此必须从世界城市体系出发，来研究我国的城市化和城市体系，研究已经出现的都市连绵区，研究城市职能和空间结构的转化。这是21世纪中国城市地理学需要面对的更具时代气息的课题。

二、城市规划研究

城市规划是面对城市问题的，城市问题的复杂性也就决定了城市规划是一门极其复杂的学问。就城市规划有没有理论而言，孟德邦(Seymour J. Mandelbaum)认为，"规划理论"中的"理论"概念，与以前相比不再具有严格的限制性，而是更加开放、包容、广阔，这实际上反映了后现代主义认识论的相对主义，即忽略城市规划理论是否具有确定性、普适性的问题，而是采取体现多样性、差异性的实用主义标准①。或许正是出于这一原因，国内外关于城市规划理论的类型学划分众说纷纭，而且对于城市规划理论的发展历程及其重要的理论转折点也持不同的看法。关于前者，取得主流共识和适用性较广的，是由法卢迪(Andreas Faludi)提出的二元划分：规划中的理论，也称实质规划理论，即在城市规划过程中运用的理论；规划的理论，也称过程理论，即规划本身的理论②。关于后者，一般都会提到霍华德(Ebenezer Howard)及1898年出版的《明日的田园城市》一书。为解决工业化阶段在城市化过程中出现的城市空间、社会和政府管理的弊端，霍华德在该书中提出建设田园城市的设想以及三大建设目标——空间目标、社会目标和管理组织目标。霍华德的规划设计深刻影响了20世纪英国的新城镇规划、美国20世纪30年代之后的新城规划和控制大城市发展等规划政策。因而也有人将霍华德看作现代城市规划的开山鼻祖。

从霍华德之后一直到20世纪60年代中期，西方城市规划经历了一个发展的黄金时期。在这一时期，城市规划被视为技术活动而非政治活动，或者说将城市规划看作是不带任何政治倾向和价值评判的技术活动。在价值观上，这一时期的城市规划明显带有乌托邦和浪漫主义的理想色彩：规划者期望通过规划和物质环境改善来解决所有的城市问题，并对未来城市抱有乡村田园式的幻象，最重要的，这时期的规划观是建立在"一致认同"假定基础之上的，因此规划者只是从技术层面来实现"一致认同"的愿望而已。但从20世纪60年代末期开始，在

---

① 转引自史舸等：《城市规划理论类型划分的研究综述》，《国际城市规划》2009年第1期。

② Andreas Faludi. Planning Theory (Urban and Regional Planning Series). Oxford: Pergamon Press Ltd, 1973.

城市现实问题的冲击下，这一规划理论和实践开始在以下方面遭受批评：对城市社会现象的多样性和复杂性缺少认知，用技术标准代替价值判断，假设物质环境决定生活质量，规划缺少灵活机动性，等等。用法卢迪的术语来说，它们可被称之为“规划中的理论（实质规划理论）”，追求的是一个终极理想蓝图。

20 世纪 60 年代发生的转变主要是改变原先将城市规划仅视作“技术活”为理性、系统和政治的过程。在理性之光下，城市规划开始变为科学活动，并从城市中人的活动和土地使用功能出发来探索城市规划所涉及的内容。一种说法认为，正是理性主义使得勒·柯布西耶（Le Corbusier）倡导制定了《雅典宪章》[①]。理性主义贯彻的是分解策略，而系统视角则将城市看作一个复杂的整体，看作是不同土地的使用活动通过运输或其他媒介连接的系统，城市内部的不同部分是相互依存和连接的，因而城市规划的工作就是对城市进行系统的分析和控制，两者都将城市规划奠基于科学基础之上，这显著地不同于早期的城市规划思想，而且它们期望通过理性的理解和相应的控制行动等自然科学活动来改善城市生活，但这并不能解决城市的社会问题。

显然，城市规划政治过程的视角直接面对的是“我们需要什么样的环境”这一带有价值判断的问题。换言之，城市规划在本质上更接近于政治活动而不是科学或技术活动，因而城市规划理论研究也更多地关注诸如规划者的角色、对不同群体的利益认知和相应的理性决策以及公众参与规划过程中的权力再分配问题等多个方面。

20 世纪 70 年代形成的兼具政治内涵的系统和理性过程的城市规划观被批驳为是“自上而下”规划视角的体现，其仍然存在一个假定性的前提认知，即好的规划一定会产生好的规划内容或者能发现和解决真正需要解决的城市问题，更不用说规划师和决策者本身也是带有价值判断和规划理念的行动者。因此，城市规划效果的评价成为 70 年代之后西方城市规划理论的重要内容，1977 年制定的《马丘比丘宪章》鲜明地体现了这一特点。应该说，《马丘比丘宪章》和《雅典宪章》（尽管受到前者的批判）一起见证了世界城市化过程中出现的诸多弊端，是城市规划者有针对性地解决这些问题的努力成果。

既然城市规划是一个充满价值判断的政治决策过程，那么规划者就不能将自己凌驾于城市主人之上，而应与之平等地协商、沟通和谈判，并将规划置于特定的政治经济背景之中而成为其中的一部分。因而从 20 世纪八九十年代以来，西方城市规划理论引入德国哲学家、法兰克福学派第二代主要代表人物尤尔

① 仇保兴：《19 世纪以来西方城市规划理论演变的六次转折》，《规划师》2003 年第 11 期。

根·哈贝马斯(Jürgen Habemas)的交往行动理论,出现所谓辩论型规划、联络型规划、协作式规划、开放式规划等新的规划理论。从这里我们看出,城市规划的理论和内容不能脱离一定的价值取向,而这些价值观念却是变动不居的。一个所谓"好"的规划,在不同时期、不同利益取向、不同阶层眼中及不同历史阶段上,其判断的结论都是不一样的。因此,城市规划是一门过程式的学问,它不断地应对新的需要,在解决实际问题的过程中逐渐使自身丰满起来。从这个意义上讲,随着城市化的发展,城市空间不断突破单独的城市而转向城市区域或城市带,城市规划的内容由单纯的物质空间规划转向区域范围内全面的经济和社会规划就是城市规划的题中应有之意。同时,城市规划学界占统治地位的现代主义在遭到后现代主义的责难之后,努力建立一个朝向后现代主义的城市规划观也成为不是不可能的事。但另外一种可能性也会出现,即后现代主义本身的混乱和多元化使城市规划走向不确定性的边缘。同样,面对环境恶化、生态危机,一种考虑到生态、社会和经济效益的全新城市规划观也日益兴起。

三、世界城市研究

世界城市(world city),也称为全球城市(global city)、国际城市(international city)。早在1889年,德国学者哥瑟(Goethe)就曾使用世界城市一词来描绘当时的巴黎和罗马。作为一个学术性概念,世界城市最早出现在英国城市和区域规划大师帕特里克·格迪斯1915年所著的《演化中的城市》一书中,指的是那些在世界商务中具有异乎寻常优势的城市。1966年,英国剑桥大学博士、当代最具影响力的城市与区域规划大师之一的彼得·霍尔(Petter Hall)从政治、贸易、通信设施、金融、文化、技术和高等教育等方面对伦敦、巴黎、兰斯、莱茵-鲁尔都市区、莫斯科、纽约、东京七个城市进行了综合系统的研究,认为这些城市已对世界或大多数国家发生全球性的经济、政治和文化影响,是国际一流的大城市,即世界城市。20世纪60年代以后,跨国公司成为经济全球化的主要载体,在全球经济中的地位和作用日益突出,引起了世界城市研究者的注意。加拿大经济学家、也是跨国公司理论之父史蒂芬·赫伯特·海默(Stephen Herbert Hymer)在实现世界城市研究"经济转向"方面做了开拓性的工作。这个时期关于世界城市研究的文献中,多把跨国公司总部作为世界城市首要的区位指标,因此也可以采用拥有跨国公司总部数量的多少来对世界城市的重要性进行排序。

1986年,美国学者约翰·弗里德曼(John Friedmann)系统地提出了"世界城市假说"。1995年,弗里德曼在以往采用七个考察指标的基础上又增加了人口迁移目的地这个指标,并改变了以往区分核心国家和边缘国家的做法,按照城市所连接的经济区域的大小，重新划分了世界城市等级体系。弗里德曼的假说和世界城市等级体系的划分实质上是关于新的国际劳动分工的空间组织理论，它将城市化过程与世界经济力量直接联系起来，为世界城市研究提供了一个基本的理论框架。司瑞福(N. J. Thrift)接受了弗里德曼的思想，他选择公司总部数量和银行总部数量这两个指标来界定世界城市，并将其分为三类：全球中心(纽约、伦敦和东京)、洲际中心(巴黎、新加坡、香港和洛杉矶)以及区域中心(悉尼、芝加哥、达拉斯、迈阿密、檀香山和旧金山)①。

20 世纪 90 年代以来，全球化、信息化、生态化和知识经济的发展促使城市体系、城市功能、城市空间和城市社会出现新的变化，发达国家和发展中国家在城市发展中各自面临新的挑战，国家之间的竞争也越来越表现为城市间，尤其是大城市间的竞争。世界城市研究再次成为热点。这个时候，哥伦比亚大学社会学系教授萨斯基亚・萨森(Saskia Sassen)提出了全球城市假说，侧重从企业区位选择的微观角度来研究全球城市在世界经济发展中的关键动力，即集中优良的基础设施和服务。

1996 年，洛杉矶南加州大学教授曼纽尔・卡斯特针对那些少数国家中能吸引和集中高层管理活动的特定区域创造了"节点城市"概念。这里的"点"是指全球经济网络中的点，信息技术与管理组织机构的发展使得这些城市能够跨越传统边缘界限而进行交流和贸易，因此世界城市是"那些在全球网络中将高等级服务业的生产和消费中心与它们的辅助性社会联结起来的地方"，"世界城市产生于公司网络活动的关系以及以知识综合体和经济反射为基础的城市之间的联系之中"，"城市不是依靠它所拥有的东西而是通过流经它的东西来获得和积累财富、控制和权力"②。卡斯特对世界城市的理解超越了先前传统地方空间的视角，而从流动空间来理解世界城市，我们也唯有从这个角度才能理解为何卡斯特认为世界城市即是"信息城市"，即世界城市发展采用的是一种信息模式。

20 世纪 90 年代以后，伴随改革开放的节奏，我国主要沿海大城市相继提出建设国际性城市的目标，因此学术界对世界城市的研究也迅速升温。实际研究中，尽管称谓各不相同，如国际性城市、国际化城市、国际经济中心城市、国际性大都市、全球城市、世界城市等等，但研究基本都围绕中国建设世界城市的必要性、可能性以及在全球化、信息化背景下国际性城市之间的关系和中国城市体系的发展等方面展开。

---

① Thrift N. The geography of international economic disorder. Oxford：Blackwell，1989.

② Castells M. The rise of network society. Oxford：Blackwell，1996.

进入21世纪以后，世界城市研究在侧重城市功能、组织结构、形成机制、竞争力等方面的同时，逐渐转向研究由国际城市及其周边腹地相结合而形成的国际城市区域以及在东亚、东南亚、中南美地区的发展中国家形成的有别于国家城市体系、又被称之为国际城市的地域现象（学术界一般称为国际化城市或崛起中的国际城市）。

美国学者艾伦·斯科特（Allen Scott）认为，国际城市区域既不同于普遍意义上的城市范畴，也不同于仅由地域联系而形成的都市连绵区，而是在高度国际化背景下以经济联系为基础，由国际城市及其腹地内经济实力较为雄厚的二级大中城市扩展联合而形成的独特空间现象①。国际城市区域一个重要的特点是区域内城市间的联系较与其他地区联系更为紧密。斯科特同时认为，作为一种新的空间现象，国际城市区域的形态、功能、演化还有待进一步的研究，比如为什么在国际化时期，城市区域中心的作用会凸显，它是否会给中国及其他发展中国家带来发展机遇，等等。

无论是世界/全球城市体系的划分还是实例研究，都是建立在对西方发达国家城市研究的基础之上的，对于发展中国家及一些中等发达国家城市及其在国际化时期承担角色的研究极少涉及，这与世界城市研究的重镇在西方发达国家无疑有重要关系。而且传统的国际城市等级体系划分基本上是从经济国际化的角度来进行的，经济实力的雄厚程度往往决定了一个城市在国际城市体系中的等级排序。很显然，发展中国家的城市很难榜上有名。一直到2010年初，北京市才明确提出建设世界城市的发展目标，到2030年基本形成框架。应该说，城市研究中新增对发展中国家国际化城市的研究是“世界城市”题中的应有之义，更不用说这些城市在国际化过程中越来越发挥重要的联系节点作用。2003年3月，近40位中国及亚洲城市和地理学者在美国地理学年会上专门讨论了崛起中的亚洲国际城市区域，重点放在香港与珠江三角洲、上海与长江三角洲、大北京以及台北等地区。这表明，对中国国际化城市以及区域的研究已引起国际学术界的关注。

参考文献：

[1] [美]大卫·雷·格里芬.后现代精神[M].王成兵译.北京：中央编译出版社，2011.
[2] [美]大卫·雷·格里芬.后现代科学——科学魅力的再现[M].马季方

① Scott, A. (ed.). Global City-Regions. New York: Oxford University Press, 2001.

译.北京：中央编译出版社，2004.
[3] [美]查伦·斯普瑞特奈克.生态后现代主义对中国现代化的意义[J].张妮妮译.马克思主义与现实(双月刊)，2007(2).
[4] 国家自然科学基金委员会.生态学[M].北京：科学出版社，1997.
[5] [美]帕克，[美]麦肯齐.城市社会学——芝加哥学派城市研究文集[M].宋俊岭等译.北京：华夏出版社，1987.
[6] 王颖.城市社会学[M].上海：上海三联书店，2005.
[7] 王小章.中古城市与近代公民权的起源：韦伯城市社会学的遗产[J].社会学研究，2007(3).
[8] 吴志强.《百年西方城市规划理论史纲》导论[J].城市规划汇刊，2000(2).
[9] 夏建中.新城市社会学的主要理论[J].社会学研究，1998(4).
[10] 于海.城市社会学文选[M].上海：复旦大学出版社，2005.
[11] [法]伊夫·格拉夫梅耶尔.城市社会学[M].徐伟民译，天津：天津人民出版社，2005.
[12] Saunders P. Social Theory and the Urban Question. Hutchinson Education, 1986：83.

第二章 城市的历史

在城市出现之前，人类过着散居的生活，以捕猎及游牧维生。后来进入了农耕时代，人类才开始定居，渐渐孕育了处于萌芽状态的城市胚胎——村庄。值得注意的是，此时的城市胚胎还不可以称之为“城市”，它规模较小，形态多变，在分工程度、社会管理制度、交易市场与宗教场所的规模等方面都无法与真正意义上的城市相提并论，但是成熟城市的物质结构与组织结构形式均可在其中找到雏形。“城市的建筑构造和象征形式，很多都以原始形态早已出现在新石器时代的农业村庄中了。”①

城市发展不仅仅拥有共性，其差异性也毋庸置疑地存在，主要表现在不同自然环境、不同文化背景下，不仅仅城市的出现有先有后，不同时期的城市发展的侧重性与发展模式也截然不同。世界各地城市在时间长河中的兴衰起伏，共同演奏出宏伟的历史交响乐。

第一节 早期城市

城市雏形的出现，是社会生产力发展到一定阶段的必然产物。随着农业生产力的提高，剩余产品出现，私有制取代了公有制。而后部分人口开始脱离农业生产，出现了小手工业者、商人及贵族、战士、神职等职业群体，社会分工开始出现。随着社会分工的进一步发展，以血缘为纽带的氏族社会开始瓦解，不同群体间平等的关系被有高低贵贱之分的阶级关系所取代。上等阶级为了实现神权、

---

① ［美］刘易斯·芒福德著：《城市发展史——起源、演变和前景》，倪文彦、宋俊岭译，中国建筑工业出版社 1989 年版，第 9 页。

经济或者政治的目的开始有意识地改变聚集地的空间结构。至此，这种随着人类文明发展而不断孕育嬗变的城市文明胚胎在世界各地如雨后春笋般遍地发芽。它们最早出现的年代可以追溯到公元前5000年。在美索不达米亚平原、尼罗河谷底、印度河谷底、黄河—长江中下游平原等地区，均发现了早期城市雏形的存在。

按照历史唯物主义的划分方法，早期城市是指进入封建时代之前的城市。包括两河流域的城邦国、黄河流域的诸侯国甚至远隔大洋的热带雨林聚集地和神秘的古印度城市。早期城市最有趣的一点，就是在不同自然环境、不同文化系统下存在，却拥有相似的特征与功能：在规模上，人口较少，在万人左右（少数大城市除外，如罗马）；在空间结构上，都以象征着神圣的神庙为中心，有满足交际活动的教义市场与保护安全的城墙，且以职业或等级取代了血缘关系，成为划分居住区的标准；在权力结构上，都存在着征收税赋，有神圣赋予权力的管理组织以及特权阶层，多为政教合一。

一、早期城市兴起的条件

早期城市相似特性，用“心理一致”现象来解释是最为贴切的。“人类的经验所遵循的途径大体上是一致的；在类似的情况下，人类的需要基本上是相同的；由于人类所有种族的大脑无不相同，因而心理法则的作用也是一致的”①。人类从原始聚落转型城市生活的过程中，在面对着相似的问题时，自然会产生相似思维方法与文化实践。乔尔·科特金用神圣、安全、繁荣这三个要素概括早期城市兴起的必然条件②，认为这些因素共同作用的地方，城市文化就兴盛，而三个要素中只要有一个要素开始衰退，城市就会被历史所抛弃。

1. 神圣

神圣是所有早期城市萌芽中的城市秩序的主要合法性来源，它建构了新的社会关系与社会结构，使城市从血缘社会中脱离了出来，并且神圣与安全也总是相辅相成，相信自己活在神的注视之下，可以获得一种“神祇庇护下”的安全感。③

在新月沃地，最早的城市文明——苏美尔城邦一直与神紧紧地捆绑在一起。祭祀阶级的地位仅次于国王，他们主宰城市，拥有对于自然法则与社会制度的解释权，并以神的名义控制公共土地、公共资源与剩余产品的仓储与分配。苏美尔

---

① ［美］路易斯·亨利·摩尔根著：《古代社会（新译本）》，杨东莼、马雍、马巨译，中央编译出版社2007年版，第6页。

② ［美］乔尔·科特金著：《全球城市史》，王旭等译，中国社会科学出版社2006年版，译者序。

③ ［美］乔尔·科特金著：《全球城市史》，王旭等译，中国社会科学出版社2006年版，译者序。

城邦中最权威的建筑就是供奉守护神明的大神庙，位于城市最主要的位置。如在乌尔城(City of Ur)中，城中心是圣城，有一道墙将这里和城市分开，通天台的顶端是供奉月神南纳的神殿。“上层集团聚居于神庙四周，手工业者居住在离他们不远的地方，更远处则生活着从事稼穑以养活所有人的农民”①。

而在中国，神圣的表现形式虽与苏美尔城邦不尽相同，却依然发挥着重要的作用。中国古代诸侯国也是以“城”作为城邦国的主体。古代王朝国都、诸侯封地、卿大夫采邑，都以有城垣的都邑为中心。“邑曰筑，都曰城”(《左传·庄公二十八年》)。各个诸侯国的主要信仰为祖先崇拜，采用嫡长子继承制与分封制，强韧的血缘纽带在社会生活和国家政治生活中发挥着重要的联结功能，氏族伦理渗透并影响到社会生活的方方面面②。中国城市的神圣性，表现在王权崇拜与祖先崇拜，所以中国早期的城市大多都拥有符合“礼制”的城市规划设计。这在空间结构中表现为占据最中心位置的往往是代表王权的宫殿、王寝，还有代表祖先崇拜的宗祠和祭拜天地的神庙。如《周礼·考工记》中记载：“匠人营国，方九里，旁三门，国中九经九纬，经涂九轨，左祖右社，前朝后市，市朝一夫。”这种按照“礼制”规划城市的思想，影响了中国两千余年。在今天的北京城，我们依然能看见这种延续千年的规划思想的影响。北京故宫代表着皇权中心，太庙代表着“左祖”，社稷坛则是“右社”。前朝后市，朝是政府机关，在天安门广场的两边；而市是市场，也就是故宫后面一小片才是市场的位置。

2. 安全

《左传·成公十三年》云：“国之大事，在祀与戎。”我们已经提到其中“祀”所代表的神圣性在早期城市中的体现，而指代战争的‘戎’，即城市所必须具有的安全性，也是早期城市建设者们在城市建设中所需要考虑到的重要的事情之一。

一个城市的安全，依靠的不仅仅是宽厚雄伟城墙，更重要的是要让城市的居民拥有安全的经济环境、社会环境与政治结构。古代中国是利用统治秩序建设城市、提供安全性的伟大范例。大一统的王朝促进了独特的中国城市化进程，坊里制度与高耸的城墙使得中国的城市成为帝国权力最鲜明的物化表征。统治者们的宫殿和衙署占有全城最有利的地位，“里”和“市”都环以高墙，设里门与市门，由吏卒和市令管理，全城实行宵禁；而高耸的城墙象征着皇权的至高无上，城市的发展水平与其在帝国的政治地位直接相关。这一套与中央集权的统治模式

① [美]布赖恩·费根著：《世界史前史(插图第8版)》，杨宁、周幸、冯国雄译，北京联合出版公司2017年版，第232页。

② 谢红星：《“家国同构”还是“家国异构”？——早期中国至商鞅变法时代家国体制的变迁》，《求索》2021年第1期。

相适应的城市发展模式，一直持久地贯彻在中国从周朝到明清的完整历史脉络之中。甚至远传海外，成为在东亚文化圈中城市发展模式的主流，如日本的平安京与李韩的汉城。

公元前1900年，作为美索不达米亚平原新的权力中心和城市巨人，古巴比伦城孕育出的《汉穆拉比法典》正是在城市的发展中通过成文法来维护社会、经济秩序的代表，其内容涵盖广泛，涉及现代意义上的诉讼法、民法、刑法、婚姻法等内容，对调解"自由民"之间的财产占有、继承、转让、租赁、借贷、雇佣等多种经济关系和社会关系具有十分重要的作用。法典对债务奴隶制和高利贷有所抑制，限制对小生产者过分的掠夺以免动摇兵源和税源，进而导致国家的动荡。虽然法典旨在保护皇权贵族和奴隶主本身，但其有效地调节了奴隶制国家的社会关系，间接地给予了古巴比伦一个安全的经济秩序与社会秩序，以至于古巴比伦在未来的1 500年中，都一直跻身于世界最伟大的城市之列，是孕育城市文化的伟大的摇篮。

3. 繁荣

完善的商业市场与坚实的经济基础是早期城市兴盛的第三个条件。祭祀、士兵、官吏等特殊阶级是早期城市之所以存在的先决条件，但他们不事生产，不足以提供巨大的生产力，去维持一个大密度人口聚集地的日常运作。这时候就需要商人、奴隶来给城市提供一个有活力的经济环境，而他们也正是一座座伟大城市的无名缔造者。

"在大水之上，西曷的粮食、尼罗河的庄稼，是推罗的进项，他作列国的大码头。""推罗本是赐冠冕的，他的商家是王子，他的买卖人是世上的尊贵人。"(《圣经·以赛亚书》)腓尼基人建造的商业巨都，是早期商业城市发展的典范。早在公元前16世纪，在狭长的地中海海岸线上，腓尼基人建造的商业城市就得到了蓬勃的发展。腓尼基人的城市是"帆船上的城市"。他们依托海岸，通过与各个邻邦进行贸易来丰富自己的生活，建立了横跨欧亚非大路的庞大贸易网络，北至不列颠群岛，南到非洲西海岸，他们的贸易中转站无处不在。而后到了公元前8世纪左右，推罗、西顿等城市均成为地中海沿岸知名的商业巨都，其中最著名的迦太基城甚至强大到可以与古罗马城争雄①。

但遗憾的是，早期城市并不是一直平稳地发展到今天的，而是不断地兴起衰弱，呈现出非连续性的变化。以商业立足的殖民帝国或共和国无法战胜拥有强有力中央集权制度以及以征服为目标的奴隶制帝国，为商业而设计的殖民城市

① 陈恒：《迦太基建城日期小考》，《常熟高专学报》2001年第1期。

也远远逊色于为了征服而建造的城市。商人共和国本身的缺憾使得他们走向了衰弱。面对战争，腓尼基既没有一个广阔的农民阶层提供兵源和依靠，也没有文化、信仰等凝聚的国家观念来支持商人们团结一心、保家卫国；只依靠相对孤立的各个殖民城市各自为战，而用金钱收买的雇佣兵的战斗意志也可想而知[①]。因此，它们在强敌林立的地中海商圈中只有商业势力而无统治力量，只有财富金钱而没有国家观念。它们的灭亡向我们证明，任何没有道德秩序或安定的政治环境的城市最后只会走向衰弱的命运。

二、古典城市的巅峰——希腊与罗马

1. 雅典的故事

在腓尼基人灭亡之后，希腊城邦文明与罗马帝国使得早期城市的发展达到了巅峰。希腊城邦所孕育的民主自治思想影响深远，罗马城也是最早具有现代大都市雏形的城市。

公元前 8 世纪左右，希腊的城市文明又一次复兴。在这一时期，希腊寡头统治取代了君主政体，各个小城邦纵横捭阖，城邦之间竞争激烈，在商业、军事、艺术、科学甚至是体育竞技（奥运会就是在这一时期产生的）等方面展开了激烈的竞争。在激烈竞争的刺激下，希腊各个城邦的工商业开始繁荣，经济急速发展，军事、政治体制也发生了变革。现代城市精神的萌芽也在他们的思想文化当中开始孵化。这种城市精神，亦是与希腊的民主政治思想相伴相生。可以说，公民概念的产生与雅典城中集聚的阿果拉（Agora）、公民大会会场、忒罗（Tholos）、柱廊（Stoa）等公共空间以及民主政治所带来的宽松自由的社会环境关系密切[②]。古希腊城邦繁荣的公共空间孕育出这种与城市文明相适应的意识形态。并且这种意识形态在希腊城市中进一步得到了实施。在雅典城，公民人数最多的时候占据了总人口的六分之一。虽然只是部分人享有公民权，但在那个时代依然是不可多得的进步。

在亚历山大帝国灭亡希腊城邦之后，也依旧凭借希腊的城市精神将亚历山大城建造成为“地中海的皇冠”。这种精神与民主的思想一直蕴藏在往后数百年欧洲城市精神的内核之中，促进了市民社会的产生。

2. 罗马的时代

在罗马帝国登上了时代的巅峰之后，帝国城市的发展也进入了黄金时期。

① 王锐：《古代腓尼基和迦太基商业帝国兴衰的历史概说》，《天津商业大学学报》2011 年第 3 期。
② 解光云：《古典时期的雅典城市与民主政治述论》，《都市文化研究》2005 年第 1 辑。

“罗马化”成为城市化的代名词。

早在公元前2世纪，罗马已经作为帝国城市初现峥嵘。市场、神庙和拥挤的住宅与不断延伸的市政广场鳞次栉比。共和时期罗马城有四个区，到奥古斯都时期扩大到十四个区，以罗马数字命名，区长由政府官员担任。每个区又分为更小的街区。街区是罗马城最小的行政区划，有自己的神龛、祭坛、活动中心和标志建筑。每年街区内的居民会选出一至四位“街道主任”，负责治安、防火、祭祀本街区的守护神、与上级官员联络等[①]。在公元前1世纪，罗马作为帝国城市又登上了新的台阶，成为现在大都市的原型。

罗马的城市基建水平是史无前例的，虽然是自发形成的，没有规划设计。它修建了大量前所未有的公共工程，阡陌交通的道路体系（虽然很狭窄），14条宽大的引水渠，大量的公共浴室、蓄水池，使得罗马城有能力承受不断增长的人口[②]。

罗马城市在发展中表现出来许多的创新，不仅拥有世界上最早出现的供水入户的自来水系统（虽然大部分平民还是需要去公共喷泉提水），大量的作为社交中心的公共浴室也成为罗马城标志性的象征。在罗马城中，一个完善的公共浴室不仅仅可以洗澡，还有配套的图书馆、会客厅、健身房、餐馆、商店与花园，丝毫不亚于今天的洗浴中心。在奥古斯特掌权期间，罗马城拥有170个澡堂，而到了5世纪初，这个数字增加到了856个。其中较大的图拉真大澡堂，甚至比罗马的标志性建筑物——大竞技场还要大。到了3世纪末，罗马城共有11个大澡堂、超过1 000个喷泉、2个赛车场、2个大竞技场、36座凯旋门和2 000所豪宅[③]。

如此庞大规模的居民生活需求，刺激了罗马的商业发展。有三个港口，其中包括一个人工港源源不断地为这个城市运输来自埃及与北非的谷物、高卢的葡萄酒、伊比利亚半岛的橄榄油以及富人需要的来自各个殖民地宝石、香料和奴隶。并且港口旁边有巨型货栈和高度专门化的市场用以将这些货物流通。分配到城市当中后，又有满足各种不同需求的超级市场、小卖店等等来进行零售，现代城市零售业初露端倪。

罗马城市的成功是许多因素共同作用的结果。在早期，罗马人对“共和”精神的信仰所带来的凝聚力给予罗马城市百折不屈的韧性，无论是高卢人的入侵

① Peter Connolly & Hazel Dodge. The Ancient City: Life in Classical Athens and Rome. Oxford University Press, USA, 2000

② 李琰：《帝国时期罗马城和汉长安城城市布局比较研究》，陕西师范大学学位论文，2017年。

③ 马兆锋编著：《凯撒大帝密码——伟大的古罗马文明》，北京工业大学出版社2014年版，第229页。

还是汉尼拔军团的进攻，罗马城历尽磨难，却总能再一次重建繁荣。而繁荣的公共生活，成为古罗马城市繁荣最重要的原因。古罗马城市大规模的公共生活，凝聚了人与人的关系，产生了强烈的城邦意识与爱国主义热情[①]。古罗马公民不仅仅是意大利半岛上的贵族，来自广阔欧洲大陆的"外省人"在罗马居住并身居要职。竞技场、浴场、广场等公共设施由富人集资建设，却免费向市民开放；担任官员没有工资却仍有大量公民为了荣誉而争相竞选。完善的基建设施不仅满足了贵族们享乐的需求，也给予市民们深深的城市自豪感。罗马向我们证明了城市并不仅仅是人口的聚集地，繁荣的公共空间与公共生活，才是让城市变得伟大的秘密。罗马，是属于市民的城市。

第二节　中古城市

中古城市，通常指远古与近代之间，西欧处于中世纪封建制时期的城市。在这一时期，由于罗马帝国的消亡与基督教的迅猛发展，欧洲的土地成为了一个个小王国的拼图。欧洲大陆上"市民的城市"开始向着"上帝的城市"转变，在经过文艺复兴与启蒙运动之后才形成新的城市结构与城市体制，而东方的中华文明也创建了截然不同的城市纪元。

一、西欧中世纪城市自治的起步

在西欧，自治的商业行会成为中世纪城市的管理者，商业的力量复兴了城市的火苗。

在中世纪，由于日耳曼人的入侵，欧洲的城市文明陷入了衰退。欧洲大地上遍布着领主的城堡与其附属的小城镇和村庄。在领主与教会的压迫之下，许多农奴离开了自己所属领主的领地，逃亡到其他小城市以获得自由人的身份（当时的教会法规定：一个人在城市中居住三年以上，自动获得自由人的身份）。这些自由人无地可耕，为了维持生活，大部分都会利用自己的经验从商。而因为城镇当时有限的消费力，他们大多数只能从事"行商"，在不同集市上循环贸易，类似于中国的货郎。而当时的欧洲大陆战乱丛生，秩序全无，为了在漫长的贸易路途中规避风险，保护自己的安全，他们结合起来，组成行会来从事大规模的城际贸易。随着商业不断的繁荣，世俗生活开始兴起。人与人之间、行会与行会之间交

---

① 杨猛：《古罗马：作为公共物品的城市生活》，《室内设计》2009年第4期。

往的规范秩序出现真空。随着行会逐渐壮大，商人们的社会地位与经济力量得到了提供，行会掌握了城市中的权力，建立了城市中的世俗秩序。行会就充当了政府的角色，甚至有些城镇正式将行会领袖宣为自己的管理者。

之后，商人们通过购买领主的土地，瓦解了中世纪领主通过城堡建立的空间隔离，使得中世纪城市开始由小城镇或领主城堡开始向商业城市转变，商人阶级也成为城市复兴的核心角色。“从 10 世纪开始，城市的历史发展便进入了由自治城市向或多或少具有自治机能的商业城市演变的时期。”他们拥有自己的城镇，自己的武装力量，建立了属于自己城邦的秩序。在如今意大利的地界上，威尼斯、佛罗伦萨、热那拉等一大批商业城市开始蓬勃兴起。虽然他们的规模依旧较小，即使在文艺复兴正式来临时他们的居民也不到 10 万人。但他们信奉的商业城市使得他们打破了阿拉伯人的垄断，成为欧洲世界的贸易中心，其贸易路线远达印度、南亚与遥远的中国。尤其是威尼斯，不仅仅是西方的金融中心，更是欧洲工厂。威尼斯人按照手工业生产的需求划分了类似于今天工厂厂区的各个制造社区。到文艺复兴前期的 14 世纪，从事各种工业的人数超过了 16 000 人，著名的威尼斯军械库也诞生于这个时期。

即便在后期，商业行会由于不适应极度繁荣的商业发展所要求的自由竞争的市场而崩溃以后，欧洲城市也依然沿着工商业为中心的道路发展下去。在佛罗伦萨，政府的决策机构由 7 个大行会和 14 个小行会共同组成，贵族家庭成员不得被委任城市管理职务。文艺复兴时，《神曲》的作者但丁甚至出任过执政官。当其他西欧国家还在论资排辈、搞血统歧视的时候，资本主义的种子已经在佛罗伦萨悄然萌芽。

商业城市推动了资本主义精神的发展，并留下了“市民社会”的萌芽。直至今日，以工商业为中心的城市发展道路依旧是世界的主流，民间社团的自治也依旧是西方社会城市的特色之一。

二、古代中国的城市

在遥远的东方大唐也在发展另一种不同的城市文明，这种城市文明范式通过种种方式传播到朝鲜、日本、东南亚等广大地区，直至今日，在东亚的许多城市上也能看见它的影子。

在古代中国，城市是作为帝国的行政中心而存在的。一切的建设都是为统治服务，一切都围绕着皇权与官僚统治展开。这种突出城市的行政功能、弱化经济功能，通过统治并从乡村吸取营养的消费型城市发展模式，成为中国古代城市发展的主流。

这种模式在城市的空间结构上表现得尤为突出，即按照“礼制”所规划的城市空间结构，与兴盛后又逐渐衰退的“坊里制”。

“王者必居天下之中，礼也。”（《荀子·大略》）“礼制”在空间结构上的表现之一就是对称性，即城市必须拥有中轴线，是秦代以来封建王朝建都必须遵守的方针。以北魏的王城洛阳为例：洛阳有外郭、京城、宫城三重。宫城偏于京城之北，京城居于外郭的中轴线上。官署、太庙、太社太稷和永宁寺 9 层木塔一系列重要建筑物都沿中轴线布置在宫城前御道两侧，市场集中在城东的洛阳小市和城西的洛阳大市[①]。

汉代以后，随着人口的增长与分工的细化，城市开始出现了功能分区。“坊里制”这一世界上独一无二且后来对我们的城市思想带来深刻影响的内容横空出世。汉代是“坊里制”初步确立的时期，洛阳城里棋盘式的街道将城市分为大小不同的方格，开创了“坊里制”的最初形态。开始是坊、市分离，规格不一。坊四周设墙，中间设十字街，每坊四面各开一门，晚上关闭坊门。市的四面也设墙，井字形街道将其分为九部分，各市临街设店[②]。三国时期，曹魏邺城正式地开创了布局严整、功能分区明确的“坊里制”城市格局：平面呈长方形，宫殿位于城北居中，全城作棋盘式分割，居民与市场纳入这些棋盘格中组成“里”。

唐朝的长安则是“坊里制”极盛体现的代表作。长安城是当时世界上最大的都市，面积是同时期拜占庭帝国君士坦丁堡的 7 倍、公元 300 年时罗马城的 5 倍、公元 800 年时巴格达城的 2.87 倍、公元 708 年时日本奈良平城京的 3.88 倍和公元 793 年时日本京都平安京的 3.82 倍。白居易的《登观音台望城》“千百家如围棋局，十二街似种菜畦”，描绘了长安城格局匀称，街坊整齐的景象。城内正中自北向南依次分布宫城、皇城和郭城三个建筑群。承天门、朱雀门、明德门之间的连线为长安城的中轴线，把长安城分为东西对称的两部分。每一部分各有为帝国官僚服务的大商业区，街市内货财二百二十行，四面立邸，四方珍奇，皆所积集。而居民区被南北 11 条大街和东西 14 条大街划分成方块形的 110 坊，其形状近似棋盘[③]。

而在唐朝末期，“坊里制”的桎梏逐渐被打破。小型手工业商铺在里坊内部产生；商业中心逐渐转移至汴梁，五代除后唐外，其余的全部在汴梁建都。北宋太宗年间，中国城市发展出现重大转折，城市开始出现了沿街商铺。宵禁不复存在，并开始有了不夜城。庙会、集会等公共性活动频繁，城市生活丰富多彩。《清

① 王斌：《“请君只看洛阳城”——中国古都之北魏洛阳城》，《科学 24 小时》2021 年第 6 期。
② 梁轩：《“象天设都”与东汉洛阳城的空间布局》，《自然科学史研究》2019 年第 1 期。
③ 张巨武：《论唐代长安的国际化大都市地位》，《唐都学刊》2021 年第 1 期。

明上河图》中汴梁城繁荣的经济生活，正是那个年代城市的写照。城市开始不再只为政治服务，商业贸易与交通环境所产生的影响逐渐增大。工商业生产型的城市开始发展，平江城、扬州府作为交通要道日益兴盛，造船业、纺织业等手工业推动了南方一大批小城市的发展，甚至形成了城市带[①]。

商业的逐渐兴盛也促进了一大批沿海商业城市的发展，广州、泉州、福州愈发具有国际性趋势。在这段时间里，手工业与商业成为中国城市发展的动力之一，城市中从事生产的人口开始大于从事服务业的人口。元朝进一步推动了商业的发展与文化的融合，在这种环境下，元大都成为了自长安后最大的都城，也是当时世界上规模最大、最宏伟的城市之一。

明朝时期，中国城市的格局功能基本定型。在都城当中，皇室居住部分有严格的等级之分，市民居住部分布局较为自由，受环境和商业影响较大。且南北方城市布局差异也逐渐加大。北方受商业发展的影响不及南方，因为城市布局较规整，多四合院；南方多丘陵，手工业与商业发达，气候湿润，布局较灵活，道路经常曲折或沿着河流两岸铺设。虽然学界部分学者认为，中国古代城市的发展一直处在内卷当中，“中国的城市尽管规模宏大，却只是形成了更大的农业环境的‘质量密集’版而已。”[②]城市规模不断扩大，但是功能却没有进一步的多样化。但在明清时代，随着农业发展的饱和与农业赋税的沉重，工商皆本的思想开始取代士农工商的思想，中国城市开始由消费型城市向生产型城市转变。在江南地区，大量农村人口开始向城镇流动，弃农从商，一大批具有特殊的大量工商业城镇兴起并持续不断地吸引农村劳动力，江南地区从此时开始成为中国历史上最富裕的地区[③]。

到了清朝，中国的城市化发展进入了封建时代的顶峰，中国的近现代城市格局进一步被奠定。在这一时期，虽然人口的增长率大于人口城市化率[④]，但手工业城市进一步发展，城市结构进一步完善，城市的数量开始增多，且规模不断扩大。大运河沿岸的城市进一步发展，北京、南京、汉口、佛山等港口城市成为全国的工商业中心。

总体而言，古代中国的城市化以为政治服务的消费型城市为主，在后期兼容了工商业城市的发展，虽然大城市的人口规模、城市建设规模均举世无双，但受生产力水平限制，城市化水平远远无法与工业时代的西欧国家相比。

---

① 张钟汝等编：《城市社会学》，上海大学出版社 2001 年版，第 59—61 页。
② [美] 乔尔·科特金著：《全球城市史》，王旭等译，中国社会科学出版社 2006 年，第 83 页。
③ 樊树志：《明清江南市镇的“早期工业化”》，《复旦学报（社会科学版）》2005 年第 4 期。
④ 张钟汝等编：《城市社会学》，上海大学出版社 2001 年版，第 64 页。

第三节 近代城市

一、近代城市的起源

近代城市，是指16世纪以来与新兴资本主义经济及工业革命一同成长的城市模式。在英国爆发资产阶级革命建立了资产阶级和土地贵族联盟为基础的君主立宪制度后，资产阶级利用国家政权加速推行发展资本主义的政策和措施，农民脱离了土地被赶到城市中。同时，工业革命使得工业生产力获得极大的提升，工业开始脱离空间的束缚，传统小作坊开始转型为劳动密集型产业。为了大工业的发展，资产阶级开始将失地农民转化为工人阶级。资本积累，社会阶级的变化，全球殖民带来的贸易网络，廉价的劳动力和殖民地廉价的原材料及各种科学技术的突破，共同突破了束缚生产力的锁链。封建城市向近代城市开始转变，工业化成为近代城市不可分割的烙印。而近代城市最主要的特征是工业化，以及由此带来的城市化对于乡村地区的渗透，和其导致的大量流动的劳动力与资产阶级的对立。

工业化与城市化是互构的，工业的发展使得工业城市开始出现不同的空间结构。需要相互交易的厂商为了降低交通通信成本，均选择集中在城市中最四通八达的地段，产业区位争夺取代了传统的用地模式，一片片零碎工业区开始产生。生活场所与工作场所也产生了分离，聚集工业区进行生产活动的工人们对于衣食住行的需要也带动了工业区附近零售业与服务业的发展，工人的居住区与生活区也开始形成。而工厂所造成的环境污染以及与工人阶级保持区隔的需求使得资产阶级向郊区开始迁移，新的社会空间隔离开始产生。

随着大量工人阶级向着城市中心涌入与相对较少的资产阶级对城市中心的逃离，以及新的工厂雨后春笋般冒出，城市的规模也变得越来越大。各个小城市开始通过愈发便利的交通路线联系在一起，开始形成大城市与工业带。大城市工业带又通过资本主义所搭建的全球化贸易网络开始与其他工业带、市场以及作为原材料和廉价劳动力的来源的殖民地来往互动。新城镇的网络遍布全球，大量在世界贸易体系中扮演不同角色的城市在世界各地拔地而起，全球化开始初步发展。

在英国，作为工业革命的发源地，四通八达的铁路网络、纵横交错的隧道、冒着黑烟的工厂与低矮的贫民窟在不列颠群岛上随处可见。工业化引起了英格兰中部地区、伦敦、格力斯格和北爱尔兰贝尔法斯特的制造业中心的迅速成长。例如：精纺加工业中心布莱德福在19世纪前半叶工业产量增加了6倍，人口增加了8倍；曼彻斯特的人口在30年里增长了3倍左右。在1850年，英国的城市人口比例已经达到了50%，而到了1881年，城镇人口已经是农村人口的2倍。这时，伦敦已经从一个中世纪古城彻底转变为世界贸易中心与金融中心以及第一大港口城市。

在英国之后，快速的工业城市增长浪潮也席卷了被欧洲人称为“世界花园”的广阔土地——北美。独立战争后产生的资本主义社会环境、南北战争与欧洲移民产生的大量自由劳动力与投资以及“美国梦”的文化环境带来的巨大的社会流动性为美国的资本主义企业发展提供了肥沃的土壤。1860年，美国的工业生产已经位居全球第四。新兴的工业潮引起了纽约、波士顿、费城等东部海港城市的快速崛起；在制造业带出现时，芝加哥、克利夫兰、密尔沃基、圣路易斯等城市随着农产品贸易的集中和全国铁路系统的建立成长起来；钢铁业造就了匹兹堡、布法罗和一大批其他工业中心。南安大略和蒙特利尔的加拿大城市中心也出于类似原因而建成。一幢幢摩天大楼在美洲大地上拔地而起，帝国大厦的建成也象征着纽约成为新的世界城市中心。“仅仅是一个下午时间，在曼哈顿一个摩天大楼里所做出的决议，就将会决定在南非上演什么电影，新墨西哥矿区里的儿童是否应该上学，巴西吗啡种植者的收成应该获取多大的报酬。”①

如上所说，城市化与工业化是相辅相成的，大量移民推动了城市的发展，使得城市成为工业创新和生产率快速增长的策源地。但这个时代的资本主义城市，对于在残酷剥削条件下劳作的贫苦劳动人民而言，始终是令人恐惧的地狱般存在。近代早期大多数城市环境肮脏、水源污染、垃圾遍地，居民持续暴露在各种疾病和暴力犯罪侵袭之下。无论是在利物浦还是芝加哥，灰色的天空、一望无际的贫民窟与令人瞠目结舌的犯罪率，直到工业革命后期，在民众的努力之下才得到改善。直至今日，肮脏、拥挤、冷漠的特性像幽灵一样，依然存活在工业城市的阴影之中。

二、殖民地国家城市的近代化

资本主义的兴起伴随着殖民主义，欧洲殖民漂洋过海到亚洲、非洲、美洲生根发芽，将世界各地的城市从农业文明中拉扯出来，绑架到资本主义的战车之上。非洲和美洲原来的内陆城市经常被新的殖民港口城市所代替。例如：秘鲁

① 转引自瞿明安主编：《现代民族学(下卷)》，云南人民出版社2009年版，第935页。

的利马、缅甸的仰光、印度尼西亚的雅加达等。数百年的欧洲渗透和占领也导致许多城市和城邦国家的出现，例如加尔各答和新加坡，它们的起源都与殖民主义或贸易需要有关。从16世纪到19世纪，殖民城市在非洲、亚洲和拉丁美洲的城市格局中占主导地位，随后殖民地国家在政治独立和开展新型国际分工之后，其城市进程经历了同19世纪的欧洲和北美一样深刻的转型。至此，以海洋为基础的世界经济的建立，重商主义以及拉美、亚洲和非洲的港口城市增长，成为近代城市发展的显著特征。

除去美国，日本也是一个由殖民地转化为工业化国家的极佳例子。黑船事件开启了日本近代化的进程。在1853年《日米和亲条约》签订双方互换礼物时，美国的赠品是火车模型和电报，而日本却只有大米回赠。而20多年的明治维新，日本通过殖产兴业来发展民间资本，和魂洋才引进西方思想，已经彻底从一个半殖民社会的农业国转化为独立的工业国①，并在19世纪末期击败了清朝和沙俄两大强劲对手，正式进入了列强俱乐部。20世纪40年代，日本已经实现了37%的城镇化率②，拥有了大阪、名古屋、川崎、福冈等一大批可以与欧美城市争雄的工业城市。东京也取代京都，成为实际上的都城，交通四通八达，工业门类齐全，是亚洲第一个可以媲美纽约或伦敦的城市。丰田、三菱、川崎等一系列耳熟能详的品牌也在此时发展壮大，农夫坐上火车去工厂做工，武士阶级也放下了刀剑成为新企业家，城市中工厂与传统日式木屋也结合在了一起。经过一系列的努力之后，日本融合西方思想与传统主义，开启了独特的城市化道路。

三、中国的近代城市

同样在亚洲，中国城市的近代化历程有与日本截然不同的发展路径。从鸦片战争开始，来自西方的商品倾销与猛烈炮火双管齐下，使得中国封建小农经济开始解体，半殖民地半封建社会开始形成。中国城市格局在这种情景下产生了新的变化。经济部门开始在中国城市中占据主导地位。

东部沿海的租界、商埠受帝国主义控制最深，所受到的影响也最大。开埠通商与租界割地所带来的资本输入与聚集，是中国这些新兴城市开始发展的最大动力。自《南京条约》签订开始至1919年，中国被迫开放的商埠达到92个，租界达到23个。这些城市多半为经济功能薄弱的服务性城市，人口多半从事手工业或服务业，与周围乡村依赖性强。但由于其重要的地理位置而被列强选定为殖

① 苏燕平：《日本历史变革中的坚守与抉择："和魂洋才"——日本两次改革成功的历史经验》，《改革与开放》2018年第5期。

② 王莉：《日本城市化进程·特点及对中国的经验借鉴》，《安徽农业科学》2018年第15期。

民中国的桥头堡，大量外国资本蜂拥而入，强行地改变了城市的社会结构与城市功能。新兴的工厂、企业、银行、码头以及面向外国人的服务业提供了大量的就业机会，使得大量由于战乱失去土地或由于倾销而失去收入的农村人口疯狂涌向城市。这些沿海城市在人口、技术、资本的聚集下，近代化性质的工商业城市陆续出现并发展壮大。

上海是新兴的综合多功能城市的典型案例，上海的发展过程与租界的不断扩张过程密切相关。1845 年，英国人率先在上海占定租界，随后美国、法国与日本等国家也相继占据上海的虹口等地划为租界。相对于战乱的外界，租界内稳定的社会环境加速了人口的聚集，在开埠之前，上海只是个纯粹的商埠城市，居住人口从未超过 50 万人，而到 1936 年居住人口已达 380 万人，足足增长了 6 倍[①]。并且租界作为西方殖民的桥头堡，也加速了西方资本在上海的聚集。人口与资本的聚集，使得上海从一个小城市逐渐发展成为帝国主义在中国进行经济侵略的最大的中心和旧中国的工商业基地。

租界内华洋杂居的空间格局也使得西方人的生活方式、价值观念、社会制度等一系列的思想文化开始在上海生根发芽，产生了独特的“海乃百川，中西合璧”的海派文化。里弄住宅是近代中西建筑文化碰撞与糅合的产物，是上海特有的近代建筑风貌例，上海华界的公交发展对城市空间、市民的生活方式产生了重要的影响。中国最早的市政建设、公共交通系统、城市绿化等均是从上海租界的建设中获取经验。除去上海，其他租界城市也发生了类似的情况。直到今日，在上海、青岛、大连等沿海城市中许多特色建筑也是城市中的一道亮丽的风景线。

除上海之外，也有很多由于其优良的地理位置，在近代由小城镇发展为大都市的城市。比如，天津最初仅仅是作为守卫京城的军事门户，随着进出口贸易的不断发展，推动了天津市场的发展以及华北的经济中心；长沙开埠促使了长沙外贸和航运中心地位的确立，成为湖广地区新的区域经济中心；汉口利用九省通衢的优势，在开埠后发展茶叶贸易推动了武汉城市的发展；胶济铁路的建设使得青岛成为北方经济格局的中心，济南也由封建的区域政治中心转化为区域经济中心[②]。

其后，在近代中国城市由传统政治消费型向经济生产型转变的过程中，一大波由外国资本或中国官僚资本所刺激而兴起的新型工矿业城市也蓬勃发展，它们大部分在东北地区，包括唐山、焦作、抚顺、鞍山、本溪等。由于历史原因，工矿业城市是在中国民族资本发展到一定程度之后才逐渐兴起，晚于早期类似于上

---

① 艾萍：《近代上海城市化特征初探》，《安阳师范学院学报》2021 年第 1 期。
② 钟建安、陈瑞华：《近年来中国近代城市史研究综述》，《社会科学评论》2007 年第 4 期。

海、宁波等由殖民刺激而兴起的工商业城市。1907 年，东北城市人口为 106 万人，由于工业与中东铁路的发展，1930 年东北城市人口为 303.1 万人[①]，沈阳、鞍山、抚顺等城市也均成为区域经济中心。随着日本入侵东北，日本的殖民进一步促进了该地区工业的畸形发展。1931 年九一八事变前夕，东北城市化率为 11.5%，而到了 1941 年，东北城市化率达到 22.5%，远高于当时中国的平均值。

另外，也有一些传统的政治中心或手工业中心，由于被新资本主义工商业城市取代，或偏离了新交通线而日益衰落。如北京、西安、太原等城市在民国期间人口一直呈负增长，工业化的程度也远远无法与东南沿海城市相比。新交通线的建设也使得京杭大运河沿岸的城市逐渐开始衰退。以扬州为例，在中国历史上，扬州因其独特的地理位置和优越的自然环境，自汉至清几乎经历了通史式的繁荣，隋唐、明清时期的扬州财富、资本的高度集中，是整个中国乃至东亚地区资本最为集中的地区、规模最大的金融中心，其繁荣程度如同当今世界之伦敦、香港。而在经历太平天国的占领与京津铁路的通行双重打击之下，近代扬州没有完成从纯商业城市到工商业城市的转变，成为“芸芸众城”。

总体而言，中国近代的城市史，是与半殖民地半封建社会的发展史息息相关的，在这种大背景下，民族工业受三座大山的压制而得不到独立发展，制约了社会生产力的发展，近代中国城市化进程的速度、规模和水平有限。虽然有一大批新兴城市蓬勃发展，甚至影响了今日中国的城市格局，但是在殖民的需求之下发展起来的城市总归是畸形的，这种城市的建设不但没有使农村获得解放，反而在延续和强化了农业时代的剥削方法的基础上增加了新的殖民掠夺和资本主义的剥夺方法，使近代阶级关系变得更加残酷与不协调，城乡之间、城市内不同阶级之间严重对立。这种畸形的发展模式，使得近代中国的城市化进程举步维艰。

第四节　现代城市

一、现代城市的定义与特征

现代城市的定义概念并没有那么清晰，就其语义而言，是指与古代城市相对立的、当下所存在的城市体系。在如何定义现代城市这一问题上，各学科均根据

---

① 刘莉：《近代东北交通与城市人口的增长及流布（1860—1931）》，《西北师大学报（社会科学版）》2016 年第 4 期。

自身的研究目的与研究方法对现代城市下了不同的定义。如在经济学中,城市被认为是人类经济发展过程中所产生的一种典型形式。现代城市是具有相当面积、经济活动和住房集中,以致在私人企业和公共部门产生规模经济的连片地理区域。在生态学中,城市被强调为一种生态系统,并且是一种嵌入在整个生物圈中的一种资源生态系统,并在此命题下提出了"生态城市"的概念。在地理学中,现代城市是一种特殊的地理环境,是规模大于乡村和集镇的,以非农业活动和非农业为主的聚落。

在社会学看来,随着城市的发展,城市所代表的含义已经不仅仅是非农产业与非农业产业人口的聚集地那么简单,人口数量与功能的聚合已经使得城市的含义从量变发展到质变。现代城市不仅仅是简单的人口聚集与生产空间,它已经成为社会意义上的城市,而不是作为具体聚落空间的城市,它是习俗、文化、制度的集合体,是一种新的社会形态的代名词。现代城市是由占据特定地区的群体通过一系列的技术设施与文化过程建立起来的社会形态。

我们可以在上述的定义中发现现代城市的几个特征:

第一个特征是全球城市人口的进一步聚集。这主要归功于近几十年第三世界城市化水平的提高。二战过后,殖民地独立浪潮与民族解放运动使得大量殖民地半殖民地实现了政治独立,它们致力于推动工业化的发展重新融入世界体系,而工业化的发展推动了城市化进程,这就使得大量发展中国家的城市人口急剧攀升,全球城市化水平进一步提高。

印度是独立之后通过工业化推动城市化发展的典型案例,1941 年,印度的城市化率为 13.8%,同年中国的城市化率为 13%。2011 年,印度的城市化率达到了 31.6%,但与我国的 51.27%相比,印度的城市化速度十分缓慢,发展过程中也产生了包括贫民窟、污染、管理失调、基础设施落后等等城市问题。但其城市化发展确实与工业化直接相关,工业化程度较高的各邦,城市化水平则较高。

拉丁美洲则是另一个特殊的例子,其城市化的发展远远早于工业化的发展,甚至早于西方发达国家。它起步于西班牙与葡萄牙的殖民活动,二战之后的民族独立运动后急速发展。在 19 世纪以前,殖民地时期建立的政治中心与港口城镇就为后来拉美城市体系的形成奠定了基础。在独立始初,由于移民与投资的影响,拉美地区的城市化率开始了第一次大幅度提升。其中,阿根廷、委内瑞拉、智利、古巴,居住在万人规模以上城市的人口分别占总人口的 38.1%、36.7%、38.0%和 30.7%[①]。到了 20 世纪中叶,各个国家推行的进口替代工业化战略成

---

① 万素珍:《拉丁美洲的人口和城市化》,《拉丁美洲研究》2006 年第 2 期。

为城市化的新的动力，集中在大城市的工业建设导致了城市规模的急剧扩大。再加之拉美地区人口的急剧增加与城市现代工业、服务业和基础设施建设的兴起创造出大量就业机会，对人口迁移形成巨大吸引力。在2000年，拉美城市化率达到75.3%，仅低于北美洲而略高于欧洲和大洋洲，且大都市化现象尤为突出，城市首位度极高，在世界15个人口众多的特大城市中，南美就占据4个。

在很多拉丁美洲国家都陷入了“中等收入陷阱”之后，城市的经济发展并不足以支撑庞大的人口数量，拉美国家开始出现“虚假的城市化”，这就导致了一系列问题：一是过度的城市化影响了城市的进一步发展，当正规经济无法提供匹配人口的就业机会时，非正式部门的第三产业就会无法控制地扩大，来为城市人口提供就业机会，在19世纪90年代，秘鲁至少有60%的劳动力从事非正规的第三产业。非正式经济部门没有注册，不缴税纳税，无法进行有效控制，像一匹脱缰的野马一样野蛮发展，进一步加剧了拉美国家病态的城市化水平。二是无法控制的城市化导致了严重的城市贫民窟现象，进一步滋生了犯罪、污染、拥堵等社会问题。许多农村人口进城之后没有获得脱贫的机会。移民进入城市后长期无力获得体面住房，就采取自行搭建简陋住宅的方式来解决，日积月累就形成贫民区，大的贫民区可以有几十万甚至上百万名居民。贫民区通常是建筑零乱，没有正规的道路和供电、供水、排水等系统，医疗、教育等服务体系匮乏，治安混乱，社会犯罪率很高，治理或改造的难度极大。里约热内卢的贫民区已经成为世界最大的贫民窟之一，超过10%的城市居民在此生活。三是过度的城市化使得农业资源潜力未能得到有效利用，许多拉美国家的粮食缺口问题日益严重。

拉丁美洲的城市化问题虽然是特例，但也为其他发展中国家敲响了警钟。城市化必然会对社会发展产生影响，如何控制并治理这种城市病，成为发展中国家面对的主要问题。

现代城市第二个主要特征是城市结构与支柱产业的转型。这在西方发达国家的城市中表现得尤为明显。一方面，从20世纪70年代开始，随着互联网、通信卫星等一系列通信技术以及信息技术、新能源等新产业的成熟，资本的生产活动发生了转向。大量的资本开始撤出制造业，向第三产业涌入。另一方面，随着发达国家土地、劳动报酬等生产成本逐渐上升，劳动和环境保护意识增强以及产能的逐渐过剩，工业发达国家的一些传统产业如钢铁、造船、工程机械和纺织等，逐步走向衰退。它们把生产过程的某些部分，尤其是劳动密集型的加工装配环节，分散到国外劳动力成本相对低廉的地区，如印度、中国和东南亚等国家与地区，这也直接性地促进了发展中国家工业化与城市化的发展。

这两种倾向共同激发了发达国家的“去工业化”的现象。制造业劳动力占总劳动者的比例，美国从 1965 年最高值的 28%下降至 1994 年的 16%，日本从 1973 年的 27%下降到 1994 年的 23%。而同一时期，两个国家第三产业的从业者比重均有较大提升，美国服务业中的就业人数占劳动者总数的比重，则从 1960 年的 56%上升至 1994 年的 73%①。这种去工业化的趋势深刻地影响了现代城市的结构。

一方面，纽约、东京、伦敦、香港等传统的工业城市通过产业升级，通过覆盖全球的决策与金融网络站在了世界城市体系的最高点，成为世界性的金融、教育、娱乐之都。这些大城市不再像近代城市一样是犯罪、肮脏、污染的代名词，有规划的 CBD 商圈取代了原先破旧的厂区与商店，先进的公路体系与公共交通系统取代了拥堵肮脏的羊肠小道，街区公园取代了排放废气的烟囱。每时每刻，大城市都在不断地新陈代谢。以纽约为例，美国 7 家大银行中有 6 家以及各大垄断组织的总部都在曼哈顿设立中心据点，集中了世界金融、证券、期货及保险等行业的精华，华尔街成为金融垄断的代名词，中央公园、百老汇、第五大道等现代都市的象征性标志，提醒着我们纽约已经进入了一个新的时代。

这些大都市拥有的超群经济、政治、科技实力以及所提供的工作机会、教育、医疗资源吸引着大量人口流入至此。人口的聚集效果推动大城市迅速发展甚至形成大城市带。以东京为例，二战过后，东京的人口仅为 370 万人，而经过经济的高速发展，至 2020 年，东京人口已经达到 1 395 万人，东京都市圈的人口达到 3 700 万人，成为世界上最大的都市聚集体。而东京都市圈的总面积为 1.34 万平方公里，仅占日本全国总面积的 3.5%，却聚集了全国三分之一的人口，GDP 更是占到全国的 70%，拥有全世界最密集的轨道交通网络，城市化水平达到百分之九十以上②。

另一方面，随着工业城市的衰落与转型，许多发达国家出现了城市郊区化，甚至逆城市化的倾向。这是第二次世界大战以后世界城市化进程的新现象，也是城市化高度发展的产物。

郊区化的发展大致可以分为三个阶段：一是西方国家工业化后期出现了“大城市病”，污染、拥挤等城市问题导致一些富有阶层迁往郊区居住，他们在市中心与郊区间通勤往返，郊区成为具有居住功能的“卧城”；二是随着城市中心地价的上涨与交通运输业的发展，中心市区那些难以承受高昂地价和环境

---

① 王展祥、王秋石、李国民：《去工业化的动因与影响研究——一个文献综述》，《经济问题探索》2011 年第 1 期。

② 谢志海：《日本首都圈和东京湾区的发展历程与动因及其启示》，《上海城市管理》2020 年第 4 期。

成本的工厂企业的外迁，促使与它们有联系的小厂也跟着外迁，工商业亦开始郊区化；三是市中心商业以超级市场或购物中心的形式向郊区和居民地带延伸其服务范围，服务业、房地产业也逐渐向郊区扩展。郊区开始成为具有独立功能的卫星城，城市功能多元化趋势明显增强，不断吸纳着农村与城市居民来此居住。

二、中国现代城市的发展

除去现代城市的共同特点，不同国家与地区的城市发展过程千差万别，不同城市的行政意义、功能意义或文化意义上均有很大的不同。我国现代城市的发展过程与欧美发达国家以及其他发展中国家均不尽相同。我国现代城市发展主要分为三个阶段。

第一个阶段：新中国成立之前，中国的城市体系以行政中心为主，拥有发达的工商业、服务业的城市均位于沿海地区，属于殖民时代的残留。新中国成立后，在中西部及东北地区新建了包括哈尔滨、包头、鞍山等一大批工业城市，使我国的城市化率得到了短暂的提升(从 1949 年的 10.6%上升到 1957 年的15.4%)[①]。但受“大跃进”“文革”等影响下，从 1958 年到 1978 年，中国城镇化水平不增反降。

第二个阶段：在改革开放之后，我国工商业的快速发展带动了城市化的快速发展，单位制与户口制开始解体，地方开始鼓励私营经济、吸引外资。资本的流入推动了本土工商业的发展，提供了大量就业岗位，也直接引发了 20 世纪最大的人口流动——民工潮，中国城市化发展第一次走上了快车道。尤其是在珠三角地区，在短短的 40 年里，完成了从传统的农业经济向重要的制造业中心的转变，成为新一任的“世界工厂”。其中，深圳从一个小渔村到如今已是拥有 1 300 余万名常住人口的大都市，在短短 40 年内经济总量翻了百倍之多。这无疑仰仗于改革开放对工商业发展的推动以及中国庞大的人口红利。除珠三角之外，上海也是以“开放的窗口”这一身份踏入发展快车道的大城市之一。依赖近代远东第一大城市的基础，从“三来一补”(来料加工、来样制作、来件装配和补偿贸易)、“三资”(中外合资、中外合作、外商独资)企业开始起步。如今上海已然成为亚洲乃至世界的经济、金融中心。1993 年浦东的开放开发，使得过去上海人口中属于“农村”的浦东，也成为上海对外展示现代化发展的样板之一。

第三个阶段：在 20 世纪 90 年代财政包干制取消之后，分税制登上了历史

---

① 刘霞辉：《中国式城市化》，《湖南大学学报(社会科学版)》2021 年第 5 期。

舞台。分税制使得大部分工商业税收直接上缴给中央，地方政府经营企业的收益减少、风险增加，兴办工业企业的积极性遭受打击。这段时间，几乎所有地区的地方政府陷入财政收入突然减少的困境。这就掀起了乡镇企业大规模转制以及国有企业股份私有化浪潮。

在私有化浪潮翻涌的同时，地方政府开始通过发展建筑业和增加预算外的收费项目以及非预算资金来寻求新的生财之道。伴随迅速发展的城市化而兴起的"经营城市"的模式，土地财政，正式登上了历史舞台①。

按照《土地管理法》规定，只有地方政府有权征收、开发和出让农业用地，供应日益紧缺的城市建设用地，并且征收农业用地的补偿费用等成本远低于城市建设用地出让价格。地方政府低价征收农业用地，进行平整、开发后，可以通过招标、拍卖或挂牌等形式在土地二级市场出让。通过土地财政，地方政府积累了规模巨大的土地出让收入。利用大规模的土地出让收入和已征收的大量城市建设用地，地方政府可以通过财政担保与土地抵押的方式取得更大规模的金融贷款以投入城市建设。

这样，土地收入—银行贷款—城市建设—征地之间形成了一个不断滚动增长的循环过程，正是这个过程推动了中国无数小城市的城市化发展以及乡村城镇化的新模式出现。从1997年到2009年，我国城市建成面积从1.29万平方公里扩大到3.810 7万平方公里，扩大了近3倍。我国的城市进入了一个大规模的建设阶段。

但是，土地财政推动的城市化发展是一把双刃剑。城市面积的扩大并没能有序地将农村人口转化为城市人口，虽然我国2021年的城市化率达到了63.89%，但户籍人口城镇化率仅为45.4%②。城市土地面积的扩张远远大于城市人口的扩张。一方面中小城市中大量的住房空置，另一方面大城市中无处落脚的农民工却又寻不到自己的安身之地，使大城市"城中村化"，出现了一系列社会问题，使得大城市中群体分化愈加严重，社会矛盾愈发尖锐，且不同地区间城市发展不平衡和地区内城乡之间的不平衡，大城市无处落脚，而农村与小城镇则面临着衰亡。

并且土地财政推动的城市化发展加重了地方政府对房地产的依赖。推动了房价与地价的发展，但这些涨出来的房地产本身就是一种推走居民的存在。空房率达到90%的郑州郑东新区、规划50万人居住的京津新城等许多"鬼

---

① 孙秀林、周飞舟：《土地财政与分税制：一个实证解释》，《中国社会科学》2013年第4期。

② 黄爱东：《分税制改革引发的土地财政与土地城市化之反思》，《湖南行政学院学报》2011年第3期。

城”的存在，都在提醒着我们依靠土地财政的城市化过程是一把达摩克利斯之剑。

随着人口三大高峰(即人口总量、劳动就业人口总量、老龄人口总量)的相继来临，城市的生存保障、劳动力的就业、全社会保障体系的完善、人口老龄化等引发的一系列问题也是当今中国现代城市发展所面临的巨大挑战。在短短40年的时间内中国完成了西方国家在上百年时间内完成的城市化进程，势必会面临许多独一无二的问题，而如何进一步推动中国城市的合理发展、加快城市生态建设的速度、实现城乡之间的共同富裕，则是我们下一步要努力解决的问题。

参考文献：

[1] [德] 艾尔佛雷德·欣兹.中国城市[M].柏林：盖博路德兄弟出版社，1989.
[2] [美] 迈克尔·格兰特.古代地中海[M].纽约：斯里克布纳出版社，1969.
[3] [德] 特奥多尔·蒙森.罗马史[M].李稼年译.北京：商务印书馆，2015.
[4] 郑也夫.城市社会学[M].上海：上海交通大学出版社，2009.
[5] [比利时] 亨利·皮雷纳.中世纪的城市[M].陈国樑译.北京：商务印书馆，1985.
[6] [英] 约翰·朱利叶斯·诺里奇.威尼斯史：向海而生的城市共和国[M].北京：译林出版社，2021.
[7] 贺梦娴.试论14、15世纪佛罗伦萨的贵族政治[J].西昌学院学报(社会科学版)，2016(4).
[8] [美] 马克·C·卡恩斯，[美] 约翰·A·加勒迪.美国通史(第12版)[M].吴金平等译.济南：山东画报出版社，2008.
[9] 严中平等编.中国近代经济史统计资料选辑[M].北京：中国社会科学出版社，2012.
[10] 步平，[日] 北冈伸一.中日共同历史研究报告：近代史卷[M].社会科学文献出版社，2014.
[11] 张钟汝等.城市社会学[M].上海：上海大学出版社，2001.
[12] [美] 沃纳·赫希.城市经济学[M].北京：中国社会科学出版社，1990.
[13] 周一星.城市地理学[M].北京：商务印书馆，1995.
[14] 高珮义.城市定义研究方法初探[J].环球市场信息导报，2016(24).

[15]　王放.中国和其他发展中国家城市化的比较[J].人口与发展,2021(2).
[16]　[美] 罗伯特·N.格温.拉丁美洲的工业化和城市化[M].马里兰州：约翰霍普金斯大学出版社,1985.
[17]　中华人民共和国住房和城乡建设部.中国城乡建设统计年鉴 2019[M].北京：中国统计出版社,2020.

第三章 城市化的发展*

城市化的程度是衡量一个国家或地区经济、社会、文化、科技水平的重要标志，也是衡量一个国家或地区社会组织程度和管理水平的重要标志。城市社会学的一个重要的研究领域就是考察世界各国城市化发展规律，探讨城市化对人类社会的影响。城市化是人类进步必然要经历的过程，是人类社会结构变革中的一个重要线索，经过了城市化，标志着现代化目标的实现。只有经过城市化的洗礼，人类才能迈向更为辉煌的时代。然而，仅仅看到城市化所带来的丰硕成果而赞叹不已、振臂高呼是远远不够的，城市化过程并不一定是一曲美妙的乐章，其中也夹杂着许多不和谐之音。本章的主要内容将围绕城市化的概念和主要类别展开，结合世界各国城市化发展的成功经验和失败教训，正确认识城市化所带来的多方面影响，以求对城市与社会发展的关系有一个比较全面的了解。

第一节 城市化的概念

城市化又称城镇化、都市化，目前在学术界有着不同的定义。要探究世界城市化的发展规律和趋势，就必须明确城市化的含义和性质，理解测量城市化水平的各种方法，区分城市化的分类方式和标准。

一、城市化的定义

城市化概念研究是整个城市化研究的基础。从不同的学科角度出发，对城

* 本章部分内容节选自笔者编写的由胡顺延、周明祖、水延凯主编的《中国城镇化发展战略》(中共中央党校出版社 2002 年版)，第一章、第四章和第五章。

市化的内涵有着不同的理解。总体来讲，城市化包括人口流动、地域景观、经济领域、社会文化等诸方面的内容，指的是从农村社会转向城市社会、从农村地域转向城市地域、从传统文明走向现代文明的过程。各学科对城市化的不同理解可以概括为以下几种：

人口学一般认为，城市化就是城市人口占总人口比重不断上升的过程。在这个过程中，大量农村人口涌入城市，并在城市中定居。

经济学则更关注城市化对经济生活的影响。在城市化过程中，一方面社会财富不断积累，人民收入不断提高；另一方面，产业结构出现重大转变，农业在国民经济中的比重持续下降，工业、服务业逐渐占据主导地位。劳动力也随之从传统低效的第一产业转向现代高效的第二、第三产业，劳动生产率和科学技术水平不断提高。

从社会学的角度看来，所谓城市化是指随着社会经济的发展，人口逐渐向城市聚集，城市数量和规模不断扩大的过程与结果。首先，城市化是社会经济水平发展到一定的程度的结果，是现代科技水平的重要体现。以蒸汽机的发明和应用为代表的第一次工业革命拉开了世界城市化的序幕。19 世纪末 20 世纪初兴起的以电的发现和应用为标志的第二次工业革命极大地促进了生产力的发展与社会的进步，这也是城市化得以在全世界范围内广泛展开的重要前提条件。其次，工业革命所带来的机器大生产客观上要求劳动力供给的相对集中，造成农村人口向城市区域的迅速集中。人口向城市的聚集也促进了市场的活跃、工商业的发达以及服务业的发育，又进一步推动了城市化的发展。

随着城市化的推进，城市的社会结构、居民的生活方式和价值观念都会发生重大的改变。城市化促使大批农村低收入群体转变为城市的较高收入群体，城市的工人阶级和中产阶级规模逐渐壮大，公民社会和民主政治得以逐渐形成与发育。同时，城市文明也不断向农村渗透和传播，带动了农村的社会结构和文化传统的转变。机械化的劳动方式、现代化的衣食住行、丰富的文化生活与闲暇生活等，一般都是最先在城市里流行开来，然后逐渐向农村地区扩散。随着人们的劳动方式、生活方式和消费模式的转变，人们的价值观和道德规范也会发生根本的变革。城市和农村将会相继建立起区别于传统农业社会的现代社会新秩序。

二、城市化的测量

城市化现象涉及范围广泛，因而比较难以进行准确的测量。目前确定城市化水平的指标主要有两种，即土地利用状况指标和人口比例指标。土地利用状况指标从土地性质和地域范围的角度出发，通过统计一定时间内非城市用地（如农业、草原、山地、森林、海滩等)转变为城市用地(如工厂、商业、住宅、文教等)的比例来反映城市化水平。这个指标因为统计困难,使用范围比较有限。

人口比例指标则通过城市人口占总人口的比例来反映城市化的发展程度,比例越高,说明城市化程度越高。人口比例指标比土地利用指标在表达城市成长状态方面更典型深刻、更便于统计,因而使用非常广泛。计算公式如下:

$$PU = U \div P \times 100\%$$

式中,PU 指的是一个国家或地区的城市化率,U 指的是该国或该地区的城市人口,P 则是指该国或该地区的总人口。

为了对城市化水平的高低进行量化研究,一般用两个指标进行测量。一个是工业化与城市化协调指数,即 IU 比(I=工业化率,U=城市化率)。如果 IU 比等于 1,表明工业化率(即工业劳动力占总劳动力的比重)与城市化率(即城市人口占总人口的比重)相等;如果 IU 比小于 1,表明工业化率低于城市化率,城市里存在着第一、第三产业的劳动力;如果 IU 比大于 1,表明工业化率高于城市化率,农村中存在着第二产业的劳动力。一般情况下,IU 比在 0.5 左右说明城市化率和工业化进程比较协调。

另一个指标是非农化与城市化协调指数,即 NU 比(N=非农化率,U=城市化率)。如果 NU 比小于 1,表明城市里存在着一定的农业人口;如果 NU 比大于 1,表明农村中存在着一定的非农业劳动力。目前国际上普遍认为 NU 比在 1.2 左右说明非农化与城市化发展比较协调。

在世界城市化初期,IU 比和 NU 比一般都大于 1。这是因为当时的城市化水平不高,乡村中存在着大量的手工业和商业劳动力。1850 年,欧洲大陆的工业化率为 16%、城市化率仅为 11%,IU 比为 1.45,这一比值到 1880 年下降到 1.13,1900 年再下降到 0.83,1930 年更下降到 0.69。发展中国家也有同样的趋势。1920 年,发展中国家工业化率为 8.5%、城市化率为 6.7%,IU 比为 1.2,这一比值到 1930 年下降到 1,1980 年更下降到 0.5 左右,巴西和墨西哥则低于0.4。1995 年,中国的工业化率为 23.5%、城市化率为 29%,IU 比为 0.81,大大高于同期美国的 0.32 和巴西的 0.25。这说明中国的城市化是严重滞后的。

按照世界银行 1981 年在世界发展报告中提供的亚洲 20 个国家和地区城市化率 U 与工业化率 I 的相关回归模型为 U=0.52+1.88。在其他条件不变的情况下,工业化率每增加 1%,城市化率就应该增加 1.88%。中国 1949—1995 年城市化率与工业化率的回归方程为 U=5.515+1.075×I,这就是说,I 每提高 1%,U 只增加了 1.075%,大大低于亚洲的平均水平。

如果按照亚洲城市化回归方程计算，1995年，中国工业化率为23.5%，城市化率就应该达到44.2%。然而，1995年中国的城市化率仅为29%，即滞后了15.2%。1995年，中国的非农化率为50.5%，城市化率为29%，NU比达到1.74，高于同期美国的1.28和巴西的0.94。这说明当时中国的城市化水平已经大大落后于经济非农化。

进入21世纪后，现代服务业在国民经济中的地位逐步提高，它对城市化率的影响越来越明显，因而用NU比往往能更好地说明一个国家城市化的状况。中国的城市化水平一直与非农就业人口比重之间保持较大的差距。但根据图3－1显示，2000年以后，中国非农化水平逐渐趋于稳定上升的态势，城市化进程开始加速发展。到2002年为止，中国的城市化水平与非农就业比重之间的差距已经有了比较明显的缩小。

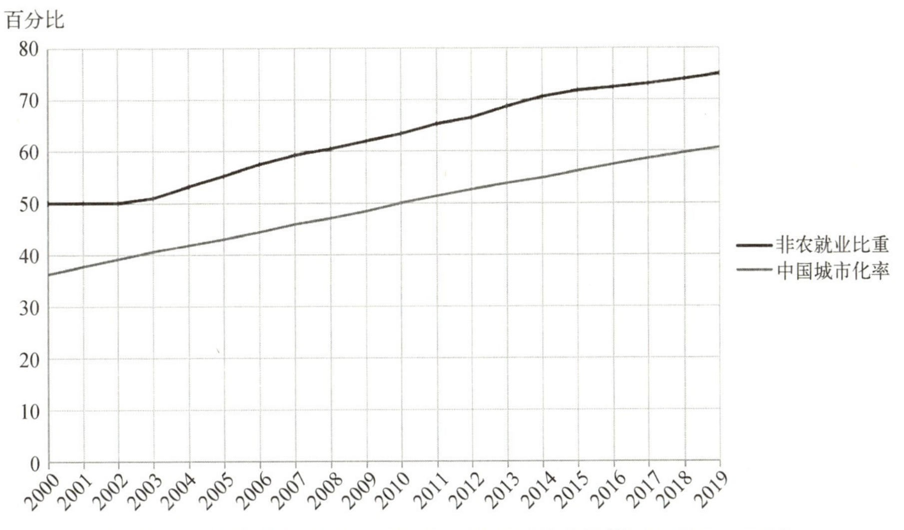

图3－1　中国城市化水平与非农业化水平的变化情况(2000—2019)

(来源：根据中国统计年鉴(2020)数据整理 http://www.stats.gov.cn/tjsj/ndsj/2020/indexch.htm)

三、城市化的分类

由于历史条件和经济社会发展水平的差异，世界各国的城市化表现出许多不同的类型。

1. 从匹配水平来看

从城市化与工业化的匹配水平来看，城市化可分为同步城市化、超前城市化和滞后城市化。

(1) 同步城市化是指城市化水平与工业化水平同步增长、协调发展的一种城市化模式。当然，这里说的同步不是指城市化发展速度与工业化发展速度完全一致，而是指城市化与工业化之间存在着正相关关系。欧美日等发达国家的城市化，一般都属于同步城市化模式。

(2) 超前城市化又称过度城市化，是指城市化水平明显超过工业化水平的一种城市化模式。过度城市化是许多发展中国家城市化的发展模式。这是因为，大多数发展中国家存在着城乡二元社会结构，城市具有极大的拉力，农村具有极强的推力，这些因素都促使农村人口大量、盲目地流入城市，从而形成“过度城市化”。

(3) 滞后城市化是指城市化水平落后于工业化水平的城市化模式。滞后城市化是由于各种特定的社会历史原因，使城市化的进程受到阻碍而产生的。中国在城市化过程中由于各种历史、战争、经济和社会因素的影响，导致城市化水平长期落后于工业化水平，是比较典型的滞后城市化国家。

2. *从推进方式来看*

从推进方式来看，城市化可分为集中型城市化、分散型城市化和旧地型城市化。

(1) 集中型城市化又称为向心型城市化，是指农村人口和非农经济活动不断向城市集中的一种城市化。集中型城市化促使城市中心土地利用密度升高，向立体发展，形成中心商业事务区。在这个过程中，城市中的商业服务设施以及政府部门、企事业公司的总部、银行、报社等脑力劳动机关，不断向城市中心集聚。向城市中心集聚的这些部门，或者是决策部门(如政府机关、公司总部、银行等)，或者需要与服务对象进行直接交流(如文化、体育、娱乐设施等)，或者需要以稠密的人流作为经营对象(如商店、酒楼等)。这些部门的职能特点，要求它们向城市中心运动，密集布置。

(2) 分散型城市化也被称为离心型城市化，是指城市经济活动、人口、城市设施和职能部门从城市中心向外缘移动扩散。它意味着大城市城郊及其周围非城市地域的迅速发展。分散型城市化在空间形态上又可分为两种形式：一是外延型(或连续型)城市化。即城市从地域上逐渐延伸，形成规模不等的“城市带”或“城市群”。二是飞地型(或跳跃型)城市化。即大城市为了长远发展的需要，在距自己一定距离处新建一个城市或使原有居民点发展为城市。分散型城市化在城市的中级乃至高级阶段占主导地位。分散型城市化导致城市外围农村地域变质、城市平面扩大。

(3) 旧地型城市化是指原来的农村地区在并无城市直接作用和影响的情况下，由于某种资源的发现和开发，或者由于对外交通地位的建立，或者由于生产结构的变化，使得农民脱离土地从事非农业生产、农村地域转化为城市地域的过程，也就是农村城市化的过程。

第二节　城市化的过程与特点

世界各国的城市化大体上都经历了比较近似的发展过程。由于自身社会经济条件的差异，不同的国家处于不同的发展阶段。全面正确地认识世界城市化的各个主要阶段及其特点，有利于正确认识中国城市化的发展趋势并科学地选择中国城市化的模式。

一、城市化的过程

发达国家的城市化进程大体上可看作是一条类似于正弦波的倒S形曲线，即诺瑟姆(R. M. Northam)曲线或生长理论曲线[①]。当城市化超过30%时，进入了快速提升阶段；而超过70%后则进入相对稳定阶段(图3-2)。

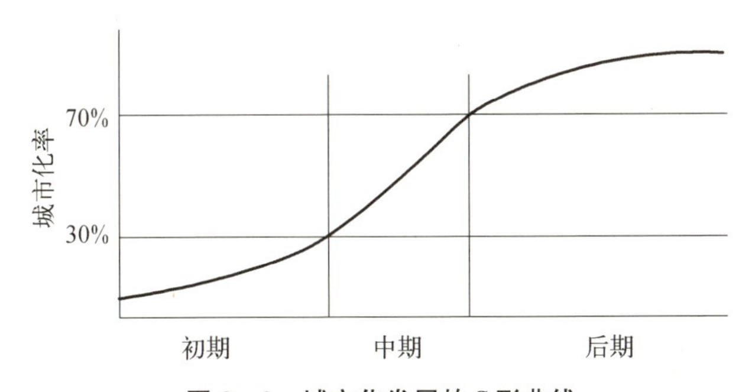

图3-2　城市化发展的S形曲线

(来源：R. M. Northam，1975. *Urban Geography*. New York：John Wiley & Sons.)

诺瑟姆在总结欧美城市化发展历程的基础上，把城市化进程分为三个阶段：一是城市化起步阶段(城镇人口占总人口比重在30%以下)。在这一阶段，城市化水平较低，农村人口占绝对优势，农业占据主导地位，工业化水平较低，从事工业生产的劳动力较少，经济发展速度也较慢，因此要经过数十年甚至上百年的时间，城市人口比重才能达到30%；二是城市化加速阶段(城镇人口占总人口比重在30%～70%之间)。随着工农业劳动生产率的提高，产生了大量的农村剩余劳动力，工业化进程的加快也导致工业吸收大批农业人口，城市吸纳人口能力的

① R. M. Northam，1975. Urban Geography. New York：John Wiley & Sons。

增强，表现为大量人口向城市集聚；三是城市化成熟阶段（城镇人口占总人口比重在70%～90%之间）。此时的城市化主要依赖城市自身的发展，农村人口的相对数量和绝对数量已经不大，农村剩余劳动力基本上全部被城市所吸纳，农村人口的转化趋于停止并相对稳定在10%以下，城镇人口比重则相对稳定在90%以上的饱和状态，城市人口增长缓慢。

随着后工业时代的到来，目前学术界普遍认为世界各国的城市化发展经历了一个从分散到集中再到分散的过程。这一过程，大体可分为六个阶段：

1. 相对集中阶段

这是城市化的启始阶段，人口逐渐向城市地区集中，农村地区和郊区的人口减少，城市数目上升，城市整体人口增加。

2. 绝对集中阶段

这是城市化的发展阶段，随着工业化的推进，城市中心区人口高速增长，郊区人口低速增长，城市整体人口高速增长。

3. 相对分散的郊区化阶段

这是城市化发展到比较高的水平后普遍出现的一个阶段。此时城市中心区人口低速增长，郊区人口高速增长，城市整体人口低速增长。

4. 绝对分散的郊区化阶段

这个阶段一般在发达国家的城市化进程中出现得比较多。在这个阶段，城市中心区人口下降，郊区人口低速增长，城市整体人口低速增长。

5. 相对分散的逆城市化阶段

这个阶段城市中心区人口继续下降，郊区人口低速增长，城市整体人口负增长。

6. 绝对分散的逆城市化阶段

这个阶段城市中心区人口高速负增长，郊区人口负增长，城市整体人口较快负增长。

20世纪50年代以后，多数发达国家出现的城市人口下降、农村人口上升或者城市人口增长速度下降、农村人口增长速度上升的现象，就是城市化从集中到分散过程的具体表现。但是，20世纪80年代以后，在某些发达国家的大城市如美国的芝加哥、底特律等城市又出现了郊区人口、农村人口向城市中心区回流的新趋势。

二、城市化初期的特点

随着18世纪欧洲产业革命的开始，机器大生产取代了手工生产，而工业生产的集中促使了城市化的发展，城市化进程速度迅速加快。比如英国，在公元2

世纪还只有 3 万人的伦敦，随着产业革命的发展，其人口猛增至 100 万人；1700 年，只有不到 2%的英国居民在城市里生活，到 1900 年，大多数英国人都成了城里人。农业和交通的发展、新大陆的发现和新商路的开通，最重要的是生产力的提高，这些都为这时期城市化的发展奠定了基础。进入 19 世纪以后，发达国家的城市化明显加快，村镇向城镇发展，小城镇向城市化发展，城市人口迅速增长。在这个时期，各个国家在城市化过程中表现出一些共同的特点。

1. 城市化与工业化进程紧密相关

发达国家的城市化起始时间一般与工业化起始时间大体相同。英国工业革命开始于 18 世纪后半叶，城市化也从 18 世纪末、19 世纪初加快了前进步伐。到 1850 年，英国已成为“世界工厂”，其工业总产值占世界工业总产值的 39%，贸易总额占世界贸易总额的 21%①。同时，人口城市化率也超过了 50%，成为世界上第一个城市人口超过乡村人口的国家②。近代美国，19 世纪中期至 20 世纪初曾出现过两次工业发展高潮。与此同步，美国人口城市化率也从 1870 年的 26%上升到 1920 年的 51%③。

2. 轻工业是推动城市化的原始动力

英国产业革命首先从轻工业开始。轻工业是劳动密集型行业，它的发展需要吸收大量劳动力，因而成为推动城市化的原始动力。曼彻斯特原来是一个小镇，由于纺织工业的迅速发展，很快把奥尔德姆、海德等城市连接起来，形成一个庞大的纺织工业城。由于轻工业发展的需要，煤炭、冶金、制造等重工业也逐渐发展起来，从而进一步推动了城市化的发展。

3. 交通运输建设是城市化发展的重要条件

19 世纪 40 年代，美国建成了全国运河网，成为当时世界上运河最发达的国家。由于水上运输降低了运费，开辟了新的移民区，直接促进了布法罗、罗彻斯特、底特律、芝加哥等城市的兴旺和繁荣。然而，对美国工业化和城市化推动作用最大的是铁路。美国从 1828 年开始修筑铁路，到 1914 年铁路里程已超过欧洲各国铁路里程的总和，约等于世界铁路总长度的三分之一，成为世界上交通运输最发达的国家。由于铁路运输的发展，1860—1910 年，西部地区城市人口由 600 万人增加至 4 200 万人，人口城市化率从 20%升至 46%，大大促进了西部地区城市的发展。同样，随着运河和铁路的发展，英国出现了许多港口城市和铁路枢纽城市，并把全国城市联结起来，形成了一个庞大统一的城市体系。

---

① 樊亢、宋则行、池元吉编著：《主要资本主义国家经济简史》，人民出版社 1973 年版，第 61 页。
② 胡焕庸、张善余编著：《世界人口地理》，华东师范大学出版社 1982 年版，第 300 页。
③ 邬沧萍、侯文若：《世界人口纲要》，中国人民大学出版社 1987 年版，第 215 页。

4. 城市化的相当一部分初始资金来自国外

发达国家的城市化大都建立在本国工业化基础之上，城市化的初始资金也大都来源于国内，但也有相当一部分来源于国外。国外资金一般有三大来源：一是对殖民地的剥削和掠夺。如英国东印度公司的利润相当于商品价值的20倍，该公司的股本1600—1708年增加了50倍。英国从印度剥削和掠夺的财富仅1757—1815年就达10亿英镑。二是索取战争赔款。如德国在普法战争后向法国攫取了50亿金法郎的巨额赔款。日本通过甲午战争和日俄战争索取的赔款，也加速了经济发展和城市化进程。三是引进外国资金。如1873年前美国投入铁路建设30亿美元，其中引进外国资本占50%①。

三、当代城市化的特点

19世纪末开始的第二次工业革命，自20世纪40年代以来以电子计算机、生物工程、新材料、新能源等高新科技为主要内容的第三次工业革命，促使世界城市化进程进入一个新的阶段。这个阶段城市化的主要特点如下：

1. 人口城市化速度大大加快

从世界人口城市化增长幅度看，1800—1850年年均增长幅度为0.08个百分点，1850—1900年年均增长幅度为0.14个百分点，1900—1950年年均增长幅度为0.29个百分点，1950—1970年年均增长幅度为0.46个百分点，1970—1990年年均增长幅度为0.63个百分点②。从世界人口城市化率来看，1950年为29%，1975年上升为39%，1995年达到45%，2000年达到46.7%，2020年达到56.2%③。

2. 人口城市化进程很不平衡

人口城市化进程的不平衡性主要体现在两个方面：一是各地区城市化水平不平衡。根据《2020世界城市报告》的数据，2020年人口城市化水平，北美为82.6%，拉美为81.2%，欧洲为74.9%，大洋洲为68.2%，亚洲为51.1%，非洲最低为43.5%。二是各地区城市化质量不平衡。如欧美发达国家和拉美国家城市化水平都在70%以上，但城市化的质量却相差悬殊。这是因为欧美发达国家的城市化建立在高度发达的经济基础之上，其人口城市化进程与经济现代化进程基本上是同步的；拉美国家人口城市化的速度却往往超越经济现代化的步伐，经济基础的欠缺也使城市化质量大打折扣。

---

① 辜胜阻著：《非农化与城镇化研究》，浙江人民出版社1991年版，第29页。
② 谢文意、邓卫编著：《城市经济学》，清华大学出版社1996年版，第60页。
③ 联合国人居署：《2020世界城市报告》(world cities report 2020)，2020年10月31日。

3. 城市化高速发展阶段大城市超前增长

各国城市化的历史表明，城市化进程大体上可分为三个阶段，即人口城市化率不足30%的低速发展阶段、人口城市化率30%～70%的高速发展阶段和人口城市化率70%以上的成熟发展阶段。各国城市化的历史还证明，在城市化的高速发展阶段，大城市无论在城市数量上，还是在城市人口比重上，都有超前发展的趋势。从城市数量看，1900—1980年，世界上50万人以上的大城市由49座增至476座，增长8.7倍，其中，50万～100万人的城市由38座增至251座，增长了5.6倍；100万～250万人的城市由8座增至156座，增长了18.5倍；250万～500万人的城市由2座增至42座，增长了20倍；500万人以上的城市由1座增至27座，增长了26倍。这说明，城市人口规模越大增长速度越快。从城市人口比重看，1900—1980年不同规模城市人口占城市总人口比重的变化情况是50万人口以下的城市，从76.4%降至57.2%；50万～100万人口的城市，从11.4%降至9.6%；100万～250万人口的城市，从5.5%升至13.3%；250万～500万人口的城市，从3.5%升至7.4%；500万～1 000万人口的城市，从3.2%升至8.3%；1 000万人口以上的超大城市从零升至4.2%。显然城市人口规模越大，城市人口比重增长越快①。

4. 城市郊区化和城市带(群)的出现

这是发达国家、发达地区城市化的一个普遍现象。在美国，城市"郊区的横向扩展是20世纪二三十年代出现的现象，第二次世界大战后，尤其是20世纪60年代后更为加快，到1970年，全国郊区人口超过居住在市区内的人口，形成继1920年美国城市人口超过农村人口以来的又一次历史性转折"。其实"这些郊区并非独立的社区，而是中心城镇功能外延的产物，是大都市区的有机组成部分。这样，中心城市与周围郊区次中心结合起来，构成了大都市区的复合中心结构，出现了一种全新的城市景观"②。20世纪末，这种城市郊区化的趋势又有了新的变化。由于城市市区经济、社会的发展以及"对城市区域内部传统建筑的修缮，其结果又使这个过程出现了回归现象：城市中心区又出现了新的中上等富裕阶层，城市边缘地区出现了新的贫民区"③。

城市带的出现是现代城市发展的另一个重要趋势。目前世界上公认的大型城市带有五个：一是美国东北部的城市带，包括波士顿、纽约、费城、巴尔的摩、华盛顿；二是日本的东海道城市带，即东京—横滨、大阪—神户—京都城市带；三

① 谢文惠、邓卫编著：《城市经济学》，清华大学出版社1996年版，第61—62页。
② 王旭：《大都市区化：本世纪美国城市发展的主导趋势》，《美国研究》1998年第4期。
③ 孙常敏：《全球范围内的城市化与城市发展》，《学术季刊》1998年第4期。

是美国五大湖城市带，从芝加哥到底特律；四是英国城市带，包括伦敦、伯明翰、利物浦、曼彻斯特；五是欧洲西北部的城市带，包括阿姆斯特丹、鹿特丹、鲁尔、巴黎。城市带的出现和拓展，强化了城市的吸引力和辐射力，扩大了城市文明的普及范围，加速了城乡一体化的发展趋势。值得一提的是，中国目前也出现了若干个大型的城市带，在城市化和现代化进程中发挥了重要的作用。

四、各国城市化的差异性

世界各国由于自然环境、历史文化以及政治、经济、社会等情况的不同，在城市化过程中选择的道路上也有许多不同的特点。这些不同点主要表现在以下几个方面：

1. 城市化与农业的关系

在城市化与农业的关系方面，有两种截然相反的做法：一种是以牺牲农业为代价来换取城市化的发展，另一种是以农业高速发展为前提来促进工业化和城市化。前一种做法的典型是英国。18 世纪 60 年代，英国的粮食生产自给有余，还可以出口。到 19 世纪中期，随着工业化和城市化的发展，农业却停滞不前，国内消费的粮食、肉类和农业原料不得不依赖从国外进口。1852—1859 年，小麦消费量的 26.5%依靠进口。1850—1854 年，平均每年进口羊毛 4 322 万千克；1870—1874 年间，更增至 13 938 万千克①。后一种做法的典型是美国。1860—1870 年，美国人均粮食从 800 余千克增至约 2 000 千克，不仅自给有余，而且还向英国、法国、西班牙、葡萄牙等国大量出口，为工业化、城市化提供了大量资金。此外，随着农业现代化发展，农业劳动生产率提高，农村为城市提供了越来越多的劳动力，这也极大地促进了城市化的发展。

2. 城市化与外来人口的关系

城市化的发展，必然伴随着大规模外来人口的迁入。由于各国城市化的历史条件不同，迁入人口的来源和具体情况也有所不同。例如，英国城市化的外来人口，主要来源于本国农村。在 1776—1791 年和 1801—1806 年间，农村移民的增长率大大超过城市人口自然增长率。其中 1781—1786 年和 1801—1806 年，农村移民形成两个高峰期，分别占新增城市人口的 88.99%和 88.18%②。此外，英国农村移民还呈现出“梯级移民”的特色，他们往往先向附近中小城市迁移，然后再与这些中小城市居民一起向大城市迁移。欧洲其他国家城市化外来人口的

① 樊亢、宋则行主编，《外国经济史（第 1 册）》，人民出版社 1982 年版，第 94—95 页。
② 陆伟芳：《简析近代英国城市化的特征》，《扬州大学税务学院学报》1998 年第 3 期。

来源大体上与英国相同。与欧洲不同,美国城市化的外来人口由本国农民和国外移民两部分人组成,其中国外移民占有较大的比重。美国学者埃里克·兰帕德(Eric Lampard)写道:“19 世纪美国城市人口增长……一般依赖来自乡村和从国外来的移民。例如,在 7 个最大的城市中,巴尔的摩和费城的居民中外国出生的居民比例分别为 20%和 30%,辛辛那提为 47%,圣路易斯为 51%;……在其他州本国居民分别只占 13%、11%、19%和 22%。”①

3. 城市化与城市规模结构的关系

由于各国国情不同,城市规模结构与城市人口分布也各不相同。如英国不同地区的城市规模结构和城市人口分布相差很大。1976 年,10 万~100 万人口的城市英格兰有 136 个,威尔士、苏格兰分别只有 4 个,北爱尔兰仅 1 个。全国两个百万人以上的大城市伦敦和伯明翰都在英格兰。法国也有类似的情况,1810—1896 年,巴黎人口从 54 万人增至 250 万人,增长了约 4 倍,其他 11 个城市人口却增长不到 2 倍。德国则不同。20 世纪初,德国已基本实现了工业化和城市化,并形成了“三市鼎立、一区称雄”的城市空间分布基本框架,即柏林、汉堡、慕尼黑三个大城市分别位于德国东部、北部和南部,西部则是集数个工业城市为一体的莱茵-鲁尔工业区。1992 年,全国 100 万人口以上的大城市只有 3 个,其中人口最多的柏林只有 343 万人,比世界上许多大城市的人口少得多。但是中小城市却高度发达,而且空间分布相对均匀,各地区城市人口相对平衡。

五、中国城市化的特点

中国是一个人多地广、自然资源与自然条件差异性极大、地区发展不平衡的国家。通过 IU 比和 UN 比的测量,我们发现中国的城市化水平已经落后于工业化发展水平及非农化水平。之所以会出现这种情况,是与我国城市化进程中的一些特点分不开的。

1. 城市化起步晚、底子薄、基础差

中国城市化起步于 1840 年的鸦片战争,比世界城市化的历史开端晚了 40~80 年。在帝国主义、封建主义和官僚资本主义三座大山的压榨下,中国近代工业发展极其缓慢,以近代工业为基础的城市化也步履蹒跚。近代中国的城市,包括东南沿海地区的多数大、中城市,要么工业发展严重不足,要么工业部门畸形发展,城市基础设施普遍落后,经济结构非常不合理。沿海大、中城市由于被帝

① Glenn Porter. 1980. Encyclopedia of American Economic History. New York: Charles Scribner's Sons, vol.3.

国主义的“租界”分割得支离破碎，致使城市无法形成合理的城市规划和经济布局。

由于战争连年不断，政局动荡不安，中国近代城镇发展缓慢。到1949年，全国只有135个市和约2 000个镇，城镇人口5 765万人，人口城市化率仅10.6%。经过新中国成立初期的快速发展，到1957年，全国的市建制增加到177个，城镇人口达9 949万人，人口城市化率增加到15.7%[①]，但这一比例仍然远远落后于当时的发达国家及许多发展中国家的城市化水平。此外，当时的城镇缺乏发达的现代工业支撑，城镇基础设施和公用设施非常落后，城镇居民生活质量相当低下。这一切都说明，中国城市化不仅起步较晚，而且底子很薄、基础很差。

2. 长期实行重工业优先发展战略

新中国成立以后，在相当长的一段时期内，我国实行的是优先发展重工业的战略，政府投资不断向资本密集的重工业倾斜。据统计，1953—1985年，我国轻工业投资与重工业投资之比为1∶7.3。在“一五计划”时期国家投资轻工业、农业和重工业的比重分别为1∶1∶6；而在“二五计划”的1958—1962年期间，轻工业与重工业的比重更高达1∶8.4。由于钢铁、机械制造等重工业资本有机构成高，大多属于资本密集型行业。而资本密集型的重工业必然产生“资本排斥劳动”的内在机制，因而对劳动力的吸收能力比较低。有关研究表明，每亿元投资轻工业可吸收1.8万人就业，而重工业仅能吸收6 000人就业。1952—1987年，新增工业投资应当吸纳劳动力17 113.7万人，而实际吸纳劳动力仅8 097万人，少吸纳了9 016.7万人，即实际吸纳的劳动力仅为应当吸纳劳动力的47%[②]。总之，在国家工业化的1952—1977年间，工业净产值占国民收入的份额上升了30个百分点，而工业就业份额只上升10个百分点[③]，就业结构滞后于产业结构的差距十分明显。

3. 工业布局过分分散

在计划经济体制时期，特别是实行人民公社化以后，全国各省、市、自治区，各地、市、州甚至各县、市，都大办工业，都要建设自己的工业体系，都力求“小而全”“万事不求人”，因而造成地方工业异常分散的格局。20世纪60年代中期开始的三线建设之后，在“分散、靠山、隐蔽”的思想指导下，国家先后投入建设资金2 000多亿元，建成全民所有制企业29 000个。这些三线企业在西部的崛起，虽

---

① 苏少之：《1949—1978年中国城市化分析》，《当代中国史研究》1999年第2期。

② 国务院研究室农村经济组：《中国乡镇企业发展及其与国民经济的宏观协调》，《中国农村经济》1990年第5—6期。

③ 温铁军：《中国的“城镇化”道路与相关制度问题》，《开放导报》2000年第5期。

然对打破我国沿海和内地生产力布局不平衡的格局起了很大作用，但是这些企业分散建立在远离城市和铁路、公路干线的边远山区，既不利于企业的发展，又不利于人口城市化率的提高。正如某些学者所指出的，三线建设为改变中国工业结构打下了一个底子，使中国的现代工业有了一个开头，但同时也使这些工业基地处在分散、孤立的状态，形如“孤岛”，与原有的工业形式脱节，融不进去，也造成了城乡分离的不利局面①。虽然三线建设时期在西部形成了像六盘水、攀枝花市之类的新兴工业城市，但这些城市以能源、原材料生产为主，产业结构单一，吸引力和辐射力较弱。所以说三线建设再次使我国失去了让工业化推动城市化发展的机会②。

4. 长期实行限制农村人口向城市流动的制度和政策

从 20 世纪 50 年代后期开始，我国颁布了一系列政策和法令，实行限制农村人口向城镇流动的户口制度以及与此相关的粮食供应、副食品与燃料供应、住宅、生产资料供给、教育、就业、医疗、养老保险、劳动保护、人才、兵役、婚姻和生育等政策。这一系列制度和政策从体制上把城市人口和农村人口分割开来，极大地阻碍了城市化的正常发展，使得城市化长期处于停滞状态。更严重的是，20 世纪 60 年代初国民经济调整时期，国家实行“反城市化”战略，大规模地将城市人口迁往农村地区，全国近 2 000 万名城镇职工下放农村。20 世纪 60 年代末 70 年代初的“文化大革命”时期，又有大批城镇知识青年和城镇居民上山下乡到农村插队落户。这两次“反城市化”运动，共下放城镇人口约 6 000 万人，使人口城市化率先后下降了 2.9%和 0.7%。这种做法不但没有真正解决城市人口聚集问题，反而使我国的城市化问题长期得不到有效的解决。

中国城市化滞后的原因从根源上分析，可以归因于民族命运使然：“既然我们这个人口膨胀、资源短缺的小农经济国家通过‘复制翻版’重工业、短期完成了国家工业化这个特殊历史进程，就得承受这种‘重型’偏斜工业化必然伴生的制度‘成本’。”③从国家政策层面来反思，主要是在片面夸大城市化负面效应的思想指导下，实行了一系列阻碍、限制城市化发展的制度和政策。这不仅阻碍了城市化的正常推进，而且也妨碍了整个国民经济的可持续发展和社会的不断进步。

---

① 费孝通：《我看到的中国农村工业化和城市化道路》，《浙江社会科学》1998 年第 4 期。
② 辜胜阻著：《非农化与城镇化研究》，浙江人民出版社 1991 年版，第 124 页。
③ 温铁军：《中国的“城镇化”道路与相关制度问题》，《开放导报》2000 年第 5 期。

第三节 过度城市化

一、过度城市化及其特点

过度城市化，是许多发展中国家城市化的发展模式。这是因为，大多数发展中国家存在着城乡二元社会结构，城镇具有极大的拉力，农村具有极强的推力，这就促使农村人口大量、盲目地流入城镇，从而形成过度城市化。过度城市化具有如下主要特点：

1. 城市化起步晚，增长速度快

过度城市化国家的城市化，大多开始于20世纪初或第二次世界大战后。如拉丁美洲许多国家的城市化起步于19世纪末至20世纪初，但发展速度快。比如，1920年拉丁美洲人口城市化率仅22%，至1950年达到了41%，到20世纪末更达60%以上[①]。第二次世界大战后，亚洲和非洲一些国家也进入城市化快速发展时期，亚洲人口城市化率每年增长3%～4%，北非的阿尔及利亚、突尼斯、利比亚、埃及等国城镇人口增长速度也很快。1960—1982年，乍得、扎伊尔和加纳等国的经济几乎没有增长，但城镇人口却增长了52%[②]。有关资料表明，发展中国家人口城市化率增长速度与发达国家人口城市化率增长速度之比，1970—1980年为3∶1，1980—1990年为3.33∶1，1990—2000年为4∶1。这说明发展中国家人口城市化增长速度比发达国家城市化增长速度高得多[③]。

2. 过度城市化大都建立在传统第三产业的基础上

过度城市化国家的城镇，由于工业发展不足，因而主要靠传统第三产业的发展来吸收进入城镇的农村劳动力。例如，拉丁美洲的人口城市化率，1950年就已达41%。但是直到1969年，拉美各国经济活动人口中在第二产业就业的劳动力还不到14%，其中在现代工业部门就业的劳动力仅近8%。这说明，拉丁美洲的城市化水平大大超过了工业化水平。在这种情况下，进入城镇的农村劳动力大量涌入第三产业，从而使第三产业成为吸纳进城劳动力最多的产业。亚洲、非洲过度城市化的国家，大都也存在着同样的问题。

---

① 胡焕庸、张善余编著：《世界人口地理》，华东师范大学出版社1982年版，第353页。
② 潘纪一、朱国宏著：《世界人口通论》，中国人口出版社1991年版，第266页。
③ Asian Development Bank. 1997. Aspects of Urban Water and Sanitation in the context of Rapid Urbanization in Developing Asia.

3. 过度城市化的动力机制主要是“推力”而不是“拉力”

所谓城市化的“推力”是指由于农村经济不发达和生活质量低下，把大量农村劳动力和农村人口推向城镇的力量；所谓城市化的“拉力”是指城镇较高的经济社会发展水平和生活质量，对农村劳动力和农村人口的吸引力。任何国家的城市化，都是在“推力”和“拉力”的共同作用下发展的。一般地说，同步城市化国家的城市化，大都是拉力大于推力；过度城市化国家的城市化，则是推力大于拉力。这是因为过度城市化国家，大多是经济欠发达的落后国家。这些国家的城镇，由于工业化水平不高，发展缓慢，对新增劳动力的需求有限，因而拉力明显不足；反之，由于这些国家往往忽视农业发展，甚至采取降低农产品价格、扩大工农业产品剪刀差、增加农民负担等牺牲农业、农村和农民的政策，致使农村长期处于贫困落后的状态。这样，贫困落后的农村和大量剩余的农村劳动力，就必然会产生强大的推力。正是在这种情况下，农村的巨大推力就成为推动这些国家城市化发展的主要动力。

4. 过度城市化国家的大城市和特大城市畸形发展

大城市和特大城市畸形发展，是过度城市化国家比较普遍的现象。从世界范围看，1950 年全球 800 万人口以上的特大城市只有纽约和伦敦 2 个，到 1994 年已发展到 22 个，其中发展中国家 16 个（亚洲占 12 个），占 73%。这说明，发展中国家特大城市的发展速度大大超过发达国家。

除此之外，发展中国家首位城市指数和四城市指数偏高的较多。所谓首位城市指数是指一个国家最大城市人口与第二位城市人口的比值，四城市指数是指一个国家最大城市人口与第二、第三、第四位城市人口之和的比值，它们是衡量城市规模结构是否均衡的重要指数。一般地说，这两个指数偏高，城市规模结构就不够均衡；反之，城市规模结构就比较均衡。

20 世纪 90 年代，主要发达国家首位城市指数和四城市指数的情况是：美国为 2.10 和 0.93（1998），法国为 2.49 和 1.33（1990），德国为 2.08 和 0.90（1992），主要发展中国家首位城市指数和四城市指数的情况是：孟加拉国为 2.49 和 1.54（1991），埃塞俄比亚为 18.43 和 7.50（1993），墨西哥为 5.95 和 2.47（1990）。总的来看，发展中国家（其中多数是过度城市化国家）两个指数偏高的国家较多且偏高幅度较大，这是城市规模结构不均衡的具体表现。

某些发展中国家的过度城市化还导致了一种特殊的“逆城市化”进程的出现。这种“逆城市化”与发达国家的“逆城市化”在本质上有着明显的区别。后者是追求生活质量的一种自由和主动选择，而前者则是社会底层的弱势群体被边缘化、贫困化，因此不得不流向城市的边缘地带。城市的改造、城市移民的不断增加和城市生活成本的攀升导致越来越多的社会底层家庭从原来相对靠近市中心的地区向城市周边转移，不断地扩大城市规模，结果造成城市逐渐被贫民窟所包围的尴尬局面。

二、过度城市化的主要问题

1. 城镇人口过分集中，社会要素分布严重不平衡

由于城镇人口过分集中于中心城市，过度城市化国家往往面临经济、政治、文化等社会要素的分布严重不平衡的困境。比如，1940—1970 年期间，墨西哥第一、第二大城市墨西哥城和瓜达拉哈拉市的人口增长了 5 倍，而中北部和南部地区多数城镇的人口只增长了 2 倍左右，尤加坦半岛上最大城市梅里达的人口仅增长了 1.5 倍。1970 年，墨西哥城就拥有全国人口的 24%、制造业就业人口的 30%、商业就业人口的 28%、服务业就业人口的 38%、政府机构就业人口的 69%、国家对高等教育投资的 62%和研究活动的 80%。各种社会要素高度集中于一个城市，一方面是特大城市的过分膨胀和畸形发展，另一方面是其他地区、其他城镇经济、政治、文化和社会发展严重滞后，扩大了城乡、地区之间的差距，引起一系列社会问题，阻碍了全国经济、政治、文化和社会事业持续、健康、均衡的发展。

2. 农业衰退和农村凋敝

过度城市化国家，在城市化进程中大都忽视发展农业，甚至实行牺牲农业的政策来加速城市化进程。实行这种政策的必然结果是农业衰退、农村凋敝、农民贫困，农村劳动力大量流失。如，1941—1975 年，委内瑞拉第一产业的比重从 51%猛降到 18%①，下降速度之快不仅在拉丁美洲居首位，而且在世界上也很突出。委内瑞拉这种以牺牲农业为代价来推进城市化的做法，结果使该国不得不依赖进口来弥补国内农产品的不足。

3. 生态环境和自然资源受到严重破坏

过度城市化国家，由于城市化发展速度飞快，再加上缺乏科学规划和有效管理，往往造成生态环境和自然资源的严重破坏，特别是对耕地的过度占用和对水资源的严重污染。比如，埃及绝大部分国土都是沙漠，只有纵贯全国的尼罗河河谷地带（一般宽度不超过 20 千米）才是最宝贵的可耕土地。然而，全国大多数城镇都在只占全国面积 4%的尼罗河谷的肥沃土地上兴建和发展，使有限的宝贵

---

① 胡焕庸、张善余编著：《人口世界地理》，华东师范大学出版社 1982 年版，第 112 页。

耕地逐年减少，造成全国粮食长期供应不足[①]。同样许多过度城市化国家，由于城镇过度发展，环境保护措施没有及时跟上，致使水体、大气、土地严重污染，生态环境已严重恶化。

4. “城市病”十分严重

过度城市化国家的大城市，由于人口过分集中和增长过快，政府无力提供基本的基础设施和公共设施，致使许多大城市“城市病”越来越严重。比如，墨西哥城由于过多抽取地下水，1898—1957年，地面累计沉降5～7米。更重要的是，这些国家的大城市由于第二、第三产业发展缓慢，无法提供足够的就业机会，从而导致失业、贫困、疾病、犯罪、房荒、交通拥挤、环境污染等一系列社会问题。其他发展中国家的大城市，如达卡、波哥大、加拉加斯、亚的斯亚贝巴、卡萨布兰卡、金沙萨、安卡拉等，也都同样存在着严重的“城市病”。

第四节　世界城市化的主要经验和问题

世界城市化的发展，已经积累了丰富的历史经验，也面临着一系列时代性的新课题。深入探讨这些历史经验和时代课题，对于制定中国城市化的发展战略具有重要的现实意义。

一、世界城市化的主要经验

1. 发达的农业是城市化顺利发展的重要前提

世界城市化的历史经验说明，农业的发展一方面为城市化提供了充足的农村剩余劳动力与稳定的农产品来源，另一方面为城镇工业品提供了广阔的销售市场和一部分资金。因此，农业既是国民经济良性运行的基础，又是城市化顺利发展的重要前提。一些发展中国家以牺牲农业为代价推进城市化，不仅造成了农业衰退和农村凋敝，而且往往会陷入过度城市化的困境。英国、日本、韩国等国家在城市化过程中，也实行了一些牺牲农业的政策，使农产品供应依赖大量进口，特别是粮食自给率很低，因而城镇经济和居民生活往往受国际市场农产品价格波动的影响，很不稳定。中国是一个人口大国，粮食和农产品供应不能过分依赖国际市场，因而中国的国民经济和城市化，必须以发达的农业为基础和重要前提。

---

① 邬沧萍主编：《世界人口》，中国人民大学出版社1983年版，第375页。

2. 人口城市化与经济非农化基本同步

同步城市化是一种成功的城市化模式，这已为世界城市化历史所证明。这种城市化模式的特点，是城市化水平与工业化水平同步增长和协调发展。然而，20世纪50年代以来，由于第三产业在国民经济中的地位日益提高，已成为城镇吸纳劳动力最多的产业部门，对城市化的推动作用越来越突出，因而在衡量城市化发展水平时需要更关注人口城市化水平与经济非农化（包括第二产业和第三产业）水平的同步。这就是说，衡量城市化的发展状况，应该主要是NU比，而不是IU比。中国要加快城市化发展进程，不仅要大力发展第二产业，而且要大力发展第三产业，并努力使人口城市化水平与经济非农化水平保持基本同步。

3. 集中型城市化与分散型城市化相互结合

世界城市化的历史经验证明，集中型城市化有利于发挥大城市的聚集优势和规模效应，有利于提高城市的经济效益和社会效益，有利于形成区域性、全国性、甚至国际性的增长极。但是，城市规模过大，人口和经济、社会活动过于集中，就会大大增加拥挤成本，就会造成一系列经济、社会和生态问题，而且往往会造成区域性，甚至全国性的经济、社会发展不平衡。分散型城市化有利于城镇空间分布的平衡，形成合理的城镇体系，有利于加强城乡联系和区域联系，促进城乡之间和区域之间经济、社会的平衡发展。但是，城镇规模过小、过于分散，就难以充分发挥聚集优势和规模效应，不利于形成区域性、全国性和国际性的增长极，因此只有把集中型城市化与分散型城市化结合起来，取长补短，才能促进城市化健康、顺利地发展。第二次世界大战以后，在发达国家和发展中国家发达地区出现的以一个或几个大城市为中心，以若干个中等城市为纽带、一批小城镇为连结点，以郊区和农村为基础的城市带，就是这种集中型城市化与分散型城市化相结合的一种形式。

中国是一个大国，必须走大中城市和小城镇协调发展的道路，加快大型城市群的成长，才能更好地把集中型城市化与分散型城市化结合起来。《中华人民共和国国民经济和社会发展第十一个五年规划纲要》明确：“要把城市群作为推进城镇化的主体形态，逐步形成以沿海及京广京哈线为纵轴，长江及陇海线为横轴，若干城市群为主体，其他城市和小城镇点状分布，永久耕地和生态功能区相间隔，高效协调可持续的城镇化空间格局。已形成城市群发展格局的京津冀、长江三角洲和珠江三角洲等区域，要继续发挥带动和辐射作用，加强城市群内各城市的分工协作和优势互补，增强城市群的整体竞争力。具备城市群发展条件的区域，要加强统筹规划，以特大城市和大城市为龙头，发挥中心城市作用，形成若干用地少、就业多、要素集聚能力强、人口分布合理的新城市群。”这是党和国家对促进城市化进程和城乡和谐发展做出的重要战略决策，对我国经济和社会发展必将产生重要而且深远的影响。

20世纪80年代改革开放初期，香港制造业的大举北上形成了广东珠三角经济区；90年代初，上海浦东开发区的崛起带动了长三角经济区的快速发展。之后，国家一系列的政策催生了环渤海经济区的形成和成熟，带动了东北老工业基地重振计划，也使得西部大开发战略及中部崛起战略陆续提上议事日程。经过几十年的发展，我国逐渐形成了京津冀、长三角、珠三角、山东半岛、辽中南、中原、长江中游、海峡西岸、川渝和关中等十个较大的城市群。

4. 努力把城镇现代文明扩散到农村

世界城市化的历史说明，农村人口转变成城镇人口是城市化的主要形式，同时农村社区现代化也是城市化的一种重要形式。事实上，发达国家的人口城市化率一般都只有70%～80%，但城镇现代文明却扩散到了农村，广大农村居民能够与城镇居民一样享受现代文明，这实质上是另一种形式的城市化。发达国家的实践证明，要把现代文明扩散到农村，第一，必须改变生产方式，即用先进的科学技术、装备和合理的组织形式，促使农业生产力和生产关系实现现代化；第二，必须改变生活方式，即用科学、健康、文明的生活方式，逐渐取代封闭、愚昧、落后的生活方式；第三，必须改变农村居民素质，即努力提高农村居民的思想道德素质和文化科学素质，使广大农村居民逐渐成为有理想、有道德、有纪律、有文化的新型农村居民。努力把城镇现代文明扩散到农村，是中国城市化的一项重要任务。

5. 注重环境问题，建设可持续性发展城市

注重环境问题，建设可持续发展城镇，已成为世界各国城市化的共同目标。一个城市能否称为可持续发展城市主要是看其在自然环境、经济和社会发展等方面是否具有可持续性。而维护城市的可持续性，关键是保护城市的生态环境，提高城市自然和环境的承载能力，并通过加强需求管理，采取经济、行政和法律手段，限制和防止需求的过度增长，以使供给与需求保持适度的平衡①。中国的城市化，在环境方面既欠下了许多旧账，又不断增添新账，因此，要特别注重环境问题，要在建设可持续发展城镇方面迈出踏踏实实的步伐。

6. 把市场调节的基础作用与政府调控的主导作用结合起来

国际经验证明，城市化是市场经济的客观要求，市场经济是城市化的强大动力，这是因为，只有市场机制才能合理地配置资源，推动城镇第二、第三产业发

① 魏后凯：《面向21世纪的中国城市化战略》，《管理世界》1998年第1期。

展；才能引导乡镇企业向城镇集中，促进中小城镇更快地发展；才能推动农业现代化，促使农业剩余劳动力进城务工经商；才能吸引外来资金、人才、技术等生产力要素参与城镇建设，加快城市化进程。发达国家的城市化，基本上都是在市场机制作用下实现的。我国在相当长一段时期内否定市场机制作用，是造成城市化滞后的重要原因之一。因此，要加快城市化进程，就必须深化经济改革，建立完善的市场经济体制。国际经验同样证明：市场机制不是万能的。由于城市化是一场深刻的社会大变革，它涉及经济结构调整、社会结构变迁、城镇合理布局、区域协调发展等一系列重大问题，因此必须要有强有力政府的正确决策。至于城市基础设施、公用设施等“公共产品”的供给，或者是经济学认定的“市场失灵”领域，或者是非营利性自然垄断部门，更不可缺少政府的宏观调控。此外，国际经验还表明，城乡二元社会结构的发展中国家，如果没有政府的宏观调控，农村人口就会盲目地涌入城市，许多大城市就会恶性膨胀，并造成“城市病”等一系列严重社会问题。总之，只有把市场调节的基础作用和政府调控的主导作用结合起来，才能促进城市化健康、顺利地发展。

南美洲一些大国，比如城市化程度最高的巴西和阿根廷，为应对人口的过度流动和严重的城市问题，提出了一系列政策措施。最典型的有三种措施：一是在大城市附近兴建基础设施齐全的卫星城，以此分散城市核心区的压力并对无序的城市周边进行资源整合和重新规划；二是转变对城市贫民窟的政策，从放任自流和强制拆迁转变到改造贫民窟，即贫民窟居民房产合法化，并在居民区修建学校和卫生站，提供基建设施和服务；三是为防止农村人口过度流向城市，巴西和阿根廷均采取了帮助农民就地就业和脱贫的倾斜政策，具体途径包括大力支持农村基础设施建设、开展家庭农业援助计划、为农民建立和城里人同等的社会保障体系等。

二、世界城市化面临的主要问题

1. 城市化与经济发展问题

城市化与经济发展不协调是当前世界城市化过程中的一大难题，也是其他各种城镇问题产生、蔓延的重要根源，主要表现在两个方面：一是过度城市化，它比较普遍地存在于发展中国家；二是滞后城市化，中国和印度最为典型。这两种做法，都违背了城市化的客观规律，都严重地阻碍着城市化的正常发展。

2. 城市化与生态环境问题

城市化与生态环境问题是世界城市化面临的又一大挑战。工业化和城市化提高了人类征服自然的能力，同时也带来了对生态环境的严重破坏。如淡水资源的严重污染和巨大浪费，土地资源、森林资源的过度开发和破坏，大气环境的日益恶化和污染，城镇环境噪声日益泛滥，大城市、特大城市和超大城市过于拥挤等，已成为当今世界城市化最难对付、最令人头疼的问题。生态环境恶化，是工业化、城市化快速发展时期的产物。当代发展中国家大都处于工业化、城市化的快速发展阶段，因而生态环境问题在发展中国家表现得最为尖锐、最为突出。

3. 城市化与资源问题

城市化是在工业化的基础上产生、发展的，而工业化是以对自然资源的大量消耗为前提的。因此，随着工业化、城市化的发展和城镇居民生活的日益现代化，对自然资源的过度开发就成为一个非常突出的世界性问题。有关资料表明，自然资源过度开发，自然资源严重短缺，主要是工业化、城市化高发达的西方国家造成的，如美国总人口仅占全球总人口的3%却消耗了全球40%以上的资源，就是一个最好的证明①。目前，石油、森林、淡水、某些动植物已成为世界性的短缺资源，特别是石油已成为国际性的战略资源，淡水已成为许多国际争端的焦点，就是当代自然资源过度开发、自然资源严重短缺的集中表现。

4. 城市化与就业问题

城镇就业问题主要表现在两个方面：一是失业。失业率是反映经济社会状况的晴雨表。欧美日等发达国家城镇失业率一般在5%左右，经济萧条、经济危机时期则可能上升到10%左右；发展中国家城镇失业率往往更高，有的国家城镇甚至达到20%～30%。二是不充分就业。不充分就业实质上是失业的另一种形式。所谓不充分就业者，就是那些有技术、有劳动能力的人，被迫从事不适合其技术和劳动能力或者不能完全就业的就业者。如哲学博士去开出租车、化学博士去当售货员、一周只能工作12个小时等等。城镇失业和不充分就业，是对人才和经济的巨大浪费，是对政府能力和信誉的严重破坏，是引发各种社会问题、造成社会不稳定的重要根源。

5. 城市化与贫困问题

贫困既是经济落后的必然结果，又是社会制度不公平的集中反映。城镇贫困，无论发达国家还是发展中国家都存在，这是一个世界性的普遍问题，但在发展中国家尤为突出。据有关统计资料，全世界城镇约有1亿人无家可归，5亿人住房条件很差，亚洲、非洲、拉丁美洲地区大部分城镇中半数人口居住在贫民窟里。这些地方环境极为恶劣，卫生条件极差，各种疾病流行，每年造成约1 000

① 王春光、孙晖著：《中国城市化之路》，云南人民出版社1997年版，第221页。

万人死亡[①]。无论是在发展中国家还是在发达国家,城镇贫困问题都具有很强的顽固性。这个问题得不到合理解决,不仅直接影响着亿万城镇居民的生存和发展,而且严重地阻碍着城市化的顺利发展,威胁着社会的公平和稳定。

6. 城市化与住宅问题

随着城市化迅速发展,大量人口急剧聚集,居民住宅成为困扰许多城镇的棘手问题。在发展中国家,住房奇缺、居住拥挤、质量低劣、设施简陋、破损严重、环境恶劣等,是大多数城镇都存在的普遍问题。在发达国家,许多城镇的中心区空房率高,无人居住或未利用的废弃建筑到处存在,不仅造成土地和房产的巨大浪费,而且往往成为犯罪、越轨行为的集中场所。如何解决这两类不同性质的住宅问题,是发展中国家和发达国家城镇规划、建设、管理中的一个重要问题。

7. 城市化与交通问题

城镇交通问题是世界各国城市化进程中面临的又一个难题。它主要表现在两个方面:一是交通拥挤。在许多大城市、特大城市和超大城市,甚至一部分中小城市,由于物流、人流的增加,流速加快,城镇汽车拥有量迅速增长,大大超过了道路的增长速度和承受能力,因而交通拥挤、堵塞现象相当普遍并十分严重,某些重要路段从早到晚都处于高峰状态,造成严重的经济损失和时间浪费。二是事故增多。据统计,目前世界上每年因交通事故死亡人数超过 50 万人、伤残达 1 300 万人,其中相当大一部分就发生在城镇[②]。如何缓解交通拥挤、减少交通事故,是大多数城镇尚未解决的一个大问题。

8. 城市化与犯罪问题

无论是发达国家还是发展中国家,在城市化高速发展时期,由于社会结构剧烈变动等原因,城镇的犯罪率一般都是高于农村的。据统计,1920 年,日本城乡人口之比为 37∶63,而犯罪人数之比却为 56∶44;第二次世界大战前,法国城镇人口占总人口的 30%,但犯罪人数却占 46%;1987—1988 年,美国凶杀犯罪案件增长约 3%,而下列大城市的增长率分别为华盛顿 65%、休斯敦 38%、迈阿密 29%、费城 19%、纽约 12%;一向被认为社会比较稳定的英国伦敦,犯罪率也呈上升趋势,1988 年 9 月至 1989 年 9 月,伦敦发生各类犯罪案件 73.8 万起,其中暴力案件达 3.1 万起[③]。城镇犯罪危害了城镇居民人身和财产安全,伤害了人们的精神和心理健康,扰乱了城镇正常的经济、社会生活秩序,严重地阻碍着城镇

① 林广、张鸿雁著:《成功与代价——中外城市化比较新论》,东南大学出版社 2000 年版,第 29 页。
② 林广、张鸿雁著:《成功与代价——中外城市化比较新论》,东南大学出版社 2000 年版,第 54 页。
③ 林广、张鸿雁著:《成功与代价——中外城市化比较新论》,东南大学出版社 2000 年版,第 106 页。

健康、顺利地发展。

世界各国的城市化基本都经历了从分散到集中再到分散的过程。由于历史条件的限制及实际情况的差异，各国的城市化进程分属于这个过程的不同阶段。各国城市化的成功经验说明：发达的农业是城市化协调发展的重要前提；经济非农化应该与城市化同步；城市化过程中要注意集中与分散的正确结合；要努力将城市文明扩散到农村，缩小城乡差异；注重环境问题，走可持续发展的道路；将市场调节和政府宏观调控结合起来推动城市化的进程。同时，在城市化过程中要特别注意吸取发展中国家过度城市化的经验教训，保证城市化快速、有序、合理的向前推进。

参考文献：

[1]　胡顺延，周明祖，水延凯.中国城镇化发展战略[M].北京：中共中央党校出版社，2002.

[2]　简新华，刘传江.世界城市化的发展模式[J].世界经济，1998(4).

[3]　美国统计局.1910 年第 13 次人口统计[R].华盛顿特区，1913.

[4]　世界银行.2009 年世界发展报告：重塑世界经济地理[R].2008(11).

[5]　肖金成、袁朱，《中国十大城市群》，北京：经济科学出版社，2009.

[6]　中国地图出版社编辑部.世界各国主要城市人口资料手册[M].中国地图出版社，1996.

[7]　中国国家统计局.中国城市统计年鉴 1999[M].中国统计出版社，2000.

第四章 古典城市社会学理论

城市并非现代现象，人类最早的城市比任何有文字记载的历史都更为久远。城市与人类文明历史相伴随，文明的城市化是现代进程，而城市社会理论也是地道的现代性学问。早期西方城市社会学的研究可以追溯到欧洲的传统阶段，即1887年至1921年。这一期间，滕尼斯、齐美尔、涂尔干等古典社会学家的工作，无不与城市现象与城市过程密切相关。

第一节　欧洲传统城市社会学理论

19世纪是欧洲城市大发展的年代。工业革命掀起了城市发展的大浪潮，造成大量农村人口涌入城市，食物、住房、卫生设施、医疗保障、就业非常紧张，供不应求。恶劣的工作条件和就业的不稳定导致城市里疾病流行、犯罪率上升、街道混乱不堪，这些引起了许多社会学家的关注，欧洲的传统城市社会学就是在这样的背景下产生的。

一、滕尼斯：共同体与社会

斐迪南·滕尼斯(Ferdinand Tönnies，1855—1936)，德国著名社会学家和哲学家，是德国现代社会学的奠基人之一。作为社会科学家，早在年轻时代，他的声望就已跨越德国国界，蜚声欧美。在他逝世60年后的今天，他的社会学著作，尤其是他的成名之作《共同体与社会》的基本思想和概念，仍然对社会学有很深刻的影响，仍然饮誉国际社会学界，在社会学的经典文献中占有重要的一席之地。

1887年，滕尼斯出版了代表作《共同体与社会》，书中发现并深刻阐明人类群体生活中的两种结合的类型，从人类结合的现实中，抽象地概括出共同体与社会这两种类型。共同体以小乡村为代表，社会以大城市为代表。

共同体生活的特征是“亲密无间的、与世隔绝的、排外的共同生活”，其成员有着共同的利益，为了共同的利益而共同劳动，把人们连接起来的是有着共同利益和共同目标的家庭和邻里关系，在他们中间存在着“我们”和“我们的”意识。

社会的特点是“分崩离析、肆无忌惮的个人主义和自私自利，甚至相互敌对”。在城市中，人们更多理智并工于心计，根本不相信有什么共同利益，家庭和邻居的纽带也没有什么意义，法律和理性支配一切，习俗和情感的作用在减弱，唯我独尊，自私自利，彼此冷漠，互不关心。

在滕尼斯看来，共同体是“活生生的机体”，而社会是“机械的组合”，共同体比社会更有人情味，他对社会的出现及其给社会结构带来的破坏忧心忡忡，对以城市为代表的社会表现出悲观的情绪。尽管如此，滕尼斯还是客观地指出，社会取代共同体的趋势是不可抗拒的。

滕尼斯的思想中蕴含着城市社会学的端倪，他是那些最早认为城市生活具有自身特点和研究价值的人之一。为了区分共同体与社会，他是第一个使用连续统（continuum）来理解人类聚居形式理论的，该理论对城市社会学产生了深远的影响。这个连续统的两极是聚居形式的“理想类型”，由于运用这种“理想类型”的公式，任何一种现实的聚居形式都能够根据他们在这个连续统中所处的位置进行分类，或者具有某种程度礼俗社会特性，或者具有某种程度的法理社会特性[①]。他运用的这种相互对立的“理想类型”，后来成为许多城市社会学家争相沿用的模式。

二、涂尔干：机械团结和有机团结

埃米尔·涂尔干（Émile Durkheim，1858—1917），法国著名社会学家，他与滕尼斯生活在同一个时代，也亲眼目睹了19世纪的城市改革。他沿用滕尼斯通过建立理想类型研究城市社会的方法，创立了一种相互对立的聚居类型：以农业社会为代表的机械团结和以城市社会为代表的有机团结。

在传统农业社会里，社会分工不发达，人与人之间的活动、经历、生活方式基本相同，社会成员之间的同质性很高，大家持有大致相同的价值观、信仰、道德标准和行为规范，这些精神内容构成了一种具有强大约束力的“集体意识”，把社会成员联系在一起，人们不依赖其他群体就能满足自己的需要。涂尔干认为农业

① 康少邦、张宁等编译：《城市社会学》，浙江人民出版社1986年版，第5页。

社会的根本特征是建立在共同的信仰和习惯、共同的仪式和标志基础上的社会联系——一种“机械团结”，介入这种团结的人几乎是同质的，他们无意识地联系在一起，所以是机械的。

在工业化城市社会中，个体不必受制于血缘关系的机械性联系，取而代之的是他们能在分工体系中从事相互依赖的工作，并有更好的机会与更大范围内的人们进行互动。城市是以分工建立起来的社会联系，人们从事不同的职业，相互依存，形成一个整体。劳动分工导致的团结不是建立在个人相似性的基础上，而是以人与人之间的差别为基础。基于社会分工的有机团结之所以能够存在，是因为每个人都拥有自己的行动范围，都有自己的人格，涂尔干用有机体这一类比把归因于劳动分工的团结称为有机团结，它是现代城市的特征，它依赖复杂的劳动分工，使居民有获得更多自由、更多选择的可能性，因而是有机的。

涂尔干在这种复杂的劳动分工中发现了使所有居民获得更大自由的可能性。虽然涂尔干也认识到城市会产生许多问题，如非人格化、疏远化、异质化和竞争等，但他还是对有机团结较之机械团结的基本优越性进行了论证。分工是城市的特征，也是破坏传统社会整合性的力量，是建立新型社会聚合力的基础。他认为城市内的社会差别和个性发展，是保持社会聚合力及人类获得更大发展的前提。涂尔干看到了现代城市因分工而具有的内在有机性，他相信新工业秩序将会取代早先的生活方式。与滕尼斯相比，涂尔干对发展城市社会持乐观的态度。涂尔干的思想对后来的人类生态学派有着重要的影响。

三、韦伯：完全的城市共同体

马克斯·韦伯（Max Weber，1864—1920），杰出的德国社会学家，西方现代社会学的奠基人之一。滕尼斯、涂尔干和齐美尔都对城市做了抽象的分析，这就是说，他们对自己的见闻做了普遍化的辨认，把他们当作欧洲城市历史的主要倾向和他们自己熟悉的城市的主要因素，以此为基础创建他们的理论[①]。而韦伯并不满足于从思辨角度对城市进行分析和阐释，他认为只有对世界不同地区、不同历史时期的城市进行详尽的比较分析后，才能揭示城市的本质内涵、建立一种普遍的城市模式。为此，他提出了一种建立“理想类型”的方法，即从具体独特的现象中抽取一些主要性质，舍弃其他性质建立典型和标本。

在《非正当性的支配——城市的类型学》一书中，韦伯通过比较分析法，考察了欧洲和中东历史上的城市，提出了“城市共同体”的理想类型。他认为，一个聚

① 康少邦、张宁等编译：《城市社会学》，浙江人民出版社1986年版，第9页。

居地要发展成为一个城市共同体，至少得具有较强的工商业资格，而且还得有以下的特征：防御设施；市场；自己的法院以及——至少是部分的——自己的法律；团体的性格；至少有部分的自律性和自主性，包括官方的行政，在其任命下，市民得以某种形式参政[①]。也就是说，完全城市共同体应具备贸易、军事、法律、社交和自治功能。韦伯指出，如果严格遵守上述的定义，那么即使是西方中古的城市也只有一部分能够称为真正的“城市共同体”，而在亚洲，除了某种极为零散的例子之外，几乎没有城市能完全适合这一标准。

通过对东西方城市的比较研究，韦伯指出，虽然东西方城市都有市场，也有防御设施，但在完全城市共同体应具备的其他特征方面，东西方城市之间存在着明显的差异。这些差异具体表现在如下几方面[②]：

第一，东方城市并没有像西方城市那样有一套特殊的、适用于市民的实体法或诉讼法，也没有市民自律性任命的法庭；

第二，东方城市基本上没有自律性的行政，一般而言，东方城市在行政上从属于中央集权制度，西方城市的权力是分散的；

第三，东方城市的社会组织是以亲属、氏族为基础，西方城市的社会组织则以个人为基础；

第四，东方城市的居民并没有具备类似西方古代与中古城市的市民权，也没有像西方城市那样的法人性格；

第五，东方城市的居民对当地行政事务的自律权力及参与程度，远不及西方城市；

第六，尽管亚洲的行会及其他职业团体也有某种权限，但这些权限不过是一个特定团体对有关其团体具体利益的特定问题所拥有的权限或实际权力，东方城市通常不存在类似西方可以代表市民的共同体（如市参政会），真正意义的城市市民以及具有特殊身份资格的市民在东方的城市几乎是不存在的，即使有，也只是发育不全的萌芽。

在韦伯看来，只有中世纪具有防卫力量并能自给自足的城市才应该得到完全城市共同体的称号。同时，他还探讨了城市和文化的关系，并强调城市发展与政治、经济因素联系十分紧密，政治、经济等社会因素制约和影响着城市的发展。

韦伯的历史研究和比较研究对于城市社会学是个重大的方法论上的贡献。

---

① ［德］韦伯著：《非正当性支配——城市类型学》，康乐、简惠美译，广西师范大学出版社 2005 年版，第 23 页。

② ［德］韦伯著：《非正当性支配——城市类型学》，康乐、简惠美译，广西师范大学出版社 2005 年版，第 22—36 页。

四、齐美尔：大城市与精神生活

格奥尔格·齐美尔(Georg Simmel，1858—1918)，德国社会学家，一生居住在柏林，与柏林一起成长，经历了柏林从小城市发展为大城市的过程。大城市生活给予他丰富的经历，也对其思想的形成和发展产生了重要的影响。

齐美尔的都市社会学思想主要见诸发表于1903年的一篇论文——《大城市与精神生活》，论文中提出“个人应学会使自己适应社会”。齐美尔从考察城市生活的社会心理出发研究城市，城市的特征在于城市生活充满理智、工于心计。城市是一个竞争体，它推动城市的发展。城市中错综复杂的空间组织、城市经济方面发达的劳动分工，金钱在城市生活中的重要性都揭示了城市的理智。城市人学会适应城市生活，从而变得更加聪明、理智和老于世故。文中提出用以解释大都市社会关系及精神生活的三个社会学独立变因，即规模、分工和货币经济。

芝加哥大学社会学家路易斯·沃思认为，从社会学的角度看，《大城市与精神生活》是有关城市问题的最重要的单行本论文[①]，彼得·桑德斯(Saunders)认为，大城市理念在齐美尔著作中的地位，犹如托克维尔的民主理念、马克思的资本主义理念和韦伯的官僚化理念在他们著作中的重要地位，论文的主要论据来自他的著作《货币哲学》[②]。

如果说滕尼斯和涂尔干关于现代城市的研究重点都在于对城市社会关系的考察并且这种研究是宏观层次的话，齐美尔所开创的是对城市生活的社会心理的系统的微观考察。

1. 大城市人的心理状态

齐美尔在《大城市与精神生活》中分析了大城市与小城市或乡村在生活方式上的差异。在他看来，都市的制度和过程改变了人的心理、性情和行为，形成了具有鲜明特性的都市人的生活方式。

大城市中人们的交往倾向于“非个人化”，通常都带有强烈的目的性，人际交往大都局限于个人的社会角色，如：商人面对客户，雇主面对工人，工人之间是同事，社会功能决定了每一个人的角色和人与人之间的社会关系；邻里关系被切碎，人们只能在不同的碎片中交往；人们是以理解的理性来处理事情和对现象作出反应[③]。

而在小城市或乡村，每个人都有机会相遇，彼此之间的往来不一定具有具体

---

① 孙逊、杨剑龙主编：《阅读城市：作为一种生活方式的都市生活》，上海三联书店2007年版，第36页。
② 黄凤祝著：《城市与社会》，同济大学出版社2009年版，第94页。
③ 黄凤祝著：《城市与社会》，同济大学出版社2009年版，第101页。

的目的性，人际往来超越了社会角色，如：商店的雇员或老板，与他们的邻居相识并参与到他们的生活中，自愿地帮助他人；在感性和精神生活的情景中，存在着一种缓慢、均匀、有规律的节奏，以舒适的感性来处理和对现象做出反应。

另外，在齐美尔看来，大城市和小城市或乡村生活的不同，主要是量的不同，而不是质的不同。在大城市中，神经刺激的强化是每个城市居民必须加以应付的东西；而小城市或乡村的情形不同，那里生活节奏和感官映像的刺激慢很多，稳定和平缓得多。

由于大城市生活节奏快、环境复杂、社会组织严密、精神刺激强烈，导致整个城市生活变得更加充满理智，更加工于心计，缺少人情味，难以捉摸。城市中的个人显得更加精于计算，对与自己无关的事情漠不关心、厌倦，人与人之间缺乏真情实感。总之，大城市中，心和理是分开的[①]。

2. 规模与大城市人的精神生活[②]

规模理论被其用作分析群体集居形式对社会关系及人的个性、自由和心理的影响。在齐美尔著名的“三人组合分析”案例中，“3”这个自然数具有一种特殊的社会学意义。在他看来，一个两人群体和一个三人群体之间的不同，不仅是量的亦是质的。在两人群体中，任何其中的个人只能依靠仅有的另一个人，群体的社会关系纯粹是直接性的。这样就导致了对相互关系的良性确认、对另一方个性的关注和对非直接性制约因素的禁止。但在三人群体中，群体间交往的关系形式远比两人群体复杂，正是从“3”开始，群体直接性交往关系的原生态被打破，并导致了非直接的、超个人的社会制约因素和新社会关系形式的产生。可以想知：群体的规模越大，对社会制约、协调机制的要求就越复杂，群体成员间社会交往中的非直接因素就越增长。群体的统一性不再由成员间的直接交往关系来维持，而必须以正规的控制工具诸如各种法律机构来代替。如果说基于情感的传统习俗是维系小群体社会的黏合剂，那么基于理性的法律制度则是维系大群体社会的纽带。在此基础上，齐美尔论证了规模增长对社会人的自由、个性、心理等精神生活的影响。在小群体（如乡村社会）中，群体的社会关系是直接性的，这就增加了相互关系的紧密度和依赖性。但在一个正在实现某种规模的群体（如都市社会）中，每个成员越来越多地受制于那些超个人情感的机构的运作，传统社会中个人对他人所承担的情感义务相对减弱，个人的自由空间相对增大，但同时亦造成了成员间情感的疏离。群体的规模越大，社会交往关中的情感成分

---

① 黄凤祝著：《城市与社会》，同济大学出版社 2009 年版，第 101 页。
② 叶中强：《齐美尔、沃思的都市社会学及其在当代中国的影响》，《江苏行政学院学报》2002 年第 3 期。

和个性化程度就越低。由是，大都市社会生活的特点就是把许多陌生人赶到一起亲密相处，个人在享受自由空间的同时往往变得越来越孤独。

3. 分工与精神的异化[①]

齐美尔认为，大城市人口的增长和货币经济的发展，是促进社会分工的两大因素。社会分工的加强，影响了城市居民的社会生活。简单地说，分工切碎了市民完整的社会生活，使市民生活局部化和段落化。在社会中个人没有一个完整的关系，他所拥有的社会关系只是其关系碎片中的一个章节。大城市社会中，强烈的变化、压力和紧张，导致个人情感的强烈释放。在个体化的社会中，"自我"是个人可以感受到的唯一真实，是唯一不会随便改变的社会环境。分工促进了自私和个人主义的发展。齐美尔认为分工和货币会导致个人和社会精神的异化，劳动者创造出来的文化世界凌驾于个体之上。分工导致创造者与其所创造的事物彼此分离。这种情况波及人类创造的所有事物，人所创造的物的世界，成为自身身外的一种"客观精神"。主观精神外化为客观精神，客观精神反过来又影响主观精神的创造。客观精神在社会中，成为一种独立的文化世界，制约着社会主观精神的发展。

4. 大城市理智的精髓——金钱的重要性

齐美尔对金钱重要性的论述揭示了城市理智的精髓。齐美尔认为，"大城市始终是金钱经济的地盘"，"金钱具有一种适用于世间万物的共性，它要求交换价值。它把所有的人格和品质都简化为一个问题：值多少钱？"[②]。金钱在城市生活中如此重要，其中一个原因在于发达的劳动分工要求有普遍化的交换手段，金钱正好具备发挥这个重要作用的条件。正如齐美尔所说：金钱作为共同衡量媒介的结果是人与人之间的互动与关系变成金钱的关系。齐美尔认为，理解城市居民与传统农村居民心理差异的关键，要考虑货币经济的作用。在商品经济占支配地位的城市社会中，人们在与他人的交往中采取一种讲求实际的功利态度，这种形式上的公平态度往往伴随着对别人的漠不关心。作为一种等价物，金钱是最有力的平衡器，它可以把各种性质上不同的事物之间的差别表达出来，金钱变成所有价值的共同标准，它把一切事物的精髓、个性和它们的具体价值都抹杀掉了。另外，齐美尔要求人们，不论对都市现象是同情还是厌恶，重要的不是去谴责都市生活，而是去理解。

5. 简评

齐美尔可以称得上是第一个学科意义上的城市社会理论家，他被认为是第

---

① 黄凤祝著：《城市与社会》，同济大学出版社 2009 年版，第 101—103 页。

② 向德平编著：《城市社会学》，武汉大学出版社 2002 年版，第 12 页。

一位现代性社会学家，致力于把握现代性社会中，个体和群体的心性质态以及文化制度的形式结构：对“钱”的文化社会学分析、对都市人的处身心态的社会分层以及与之相应的文化心理现象（审美主义）的社会分析，相当周到地勘定了现代学诸课题的位置和论题[①]。

齐美尔开创了都市文化、心理和都市人格的研究，所有这些研究都可以归纳为现代性的范畴[②]。弗里斯比称齐美尔具备了其同代人无法匹敌的捕捉现代性基本体验的能力。齐美尔的同时代人也承认他是“这个时代唯一名副其实的哲学家，真实表达了这个时代碎片化的精神”，“现代性的碎片”概括了齐美尔都市分析的精髓，都市制度和过程将一切的质都转变为量，拉平和掏空了一切的人格和规定性；齐美尔认为，“现代性的本质是心理主义，是根据我们内在生活的反应来体验和解释世界，是固定内容在易变的心理成分中的消解，一切实质性的东西都被心灵过滤掉，而心灵形式只不过是变动的形式而已”[③]。齐美尔分析中的规模、分工与货币经济的互相作用所形成的疏离、孤独、冷漠和充满理性算计，成为大都市区别于传统乡村社会关系和人的精神状态的一种形象说明。这种将大都市社会关系及精神生活状态归诸三个社会学元因素互动的结果，在方法论上给予其后继者以极大影响。

另外，齐美尔对美国城市社会学的发展影响是最为直接、最为有力的，芝加哥学派的城市研究就深受齐美尔思想的启发。他们很少沿着韦伯的传统进行历史的和比较的研究，而是更多地集中于对城市情境中社会行为及互动的研究。

五、对欧洲城市社会学传统的评价[④]

滕尼斯的《共同体与社会》着重比较了乡村生活和城市生活，阐发了城市生活的特性，也指出了城市生活的缺点。涂尔干发现城市是通过不同的分工联结而成的，是典型的有机团结，同时他也指出了城市存在着非人格性、异质化和竞争等问题。齐美尔从城市社会心理的角度揭示了城市的高节奏和理智化的精神生活特征。韦伯则建构了城市理想模型，把中世纪城市看作历史上唯一的完全城市社区，现代城市因过分理智和重视利润而衰落[⑤]。

但不可否认的是，他们所阐发的精辟论断和开创的研究路向，为城市社会学

---

① 刘小枫著：《现代性社会理论绪论》，上海三联书店 1998 年版，第 8 页。

② 向德平主编：《城市社会学》，高等教育出版社 2005 年版，第 48 页。

③ [英] 戴维·弗里斯比著：《现代性的碎片——齐美尔、克拉考尔和本雅明作品中的现代性理论》，卢晖临等译，商务印书馆 2003 年版，第 51—53 页。

④ 康少邦、张宁等编译：《城市社会学》，浙江人民出版社 1986 年版，第 12 页。

⑤ 王光荣：《当代城市社会学研究的生态学视角》，《南通大学学报(社会科学版)》2006 年第 2 期。

的独立发展积累了宝贵的思想资料，奠定了城市社会学的基础，他们的思想构成了古典城市社会学的核心，他们的思想从诞生之日起，就对城市社会学成为社会学的重要分支学科之一产生着重大影响。

第一，他们坚持认为城市是社会学的研究对象。虽然滕尼斯和涂尔干没有创立城市理论，但他们把乡村和城市生活的差别加以对比，进行了类型学的明确分析。齐美尔和韦伯前进了一步，提出了城市工作机制的理论。后来的城市社会学就是从这些成果中发展起来的。

第二，他们都认识到对城市和城市所创造的生活方式不能等量齐观。他们指出，城市增加了人类进行选择的机会，他强调理智，以复杂的劳动分工为特征，并为其居民提供了前所未有的体验。他们对于城市特殊性质的关注，从那以后已成为这一学科的重点。

第三，把这些理论家的思想结合在一起，就构成了这个学科要研究的主要领域。滕尼斯、涂尔干和韦伯都注意到城市的社会结构，齐美尔指出了城市体验的重要性。此外，他们都对比较方法的重要性给予了充分肯定。滕尼斯、涂尔干和韦伯都注意到城市的社会结构，齐美尔则提出了城市体验的重要性。此外，他们都对比较方法的重要性给予了充分肯定。滕尼斯、涂尔干和齐美尔对城市和乡村加以比较，说明了他们各自不同的特征。韦伯以此为基础进一步指出，要创立一个货真价实、恰如其分的城市理论，对城市的分析就必须进行历史的、跨文化的比较。

第四，他们都把对城市的评价作为其工作的一项基本内容，并直言不讳地说明城市为其居民创造的生活究竟是有益还是有害的。

然而，从现在的观点看来，滕尼斯、涂尔干、齐美尔和韦伯的思想只是对他们所生活的时代的城市的反映，他们的思想有很多不尽合理的地方。如滕尼斯的“共同体”和“社会”的概念、涂尔干的“有机团结”和“机械团结”的概念都过于绝对化，城市远非他们所想象的那么简单[①]，并且远远没有形成独立的城市社会学。

他们中的解释存在着不尽一致之处。例如滕尼斯认为“社会”问题成堆而“共同体”较为人道，涂尔干则用“有机团结”和“机械团结”概念对此做了恰恰相反的解释，部族的或乡村的生活是停滞不动的、不能发展的，而城市生活则是自由的、充满发展的潜力。在另一层次上，齐美尔认为他所研究的社会心理适应问题是大城市自身的产物，他暗示说，所有大城市都会产生类似的精神过程。韦伯

---

① 王明洁：《城市社会学的主要理论及其发展》，《城市问题》1999年第3期。

对此持异议，他论证说，只是在某种特定类型的城市中，比如，在现代资本主义城市中，才会产生齐美尔观察到的现象，而其他类型的城市将会产生根本不同的社会心理适应类型。

第二节　人类生态学理论

19 世纪末 20 世纪初的美国与欧洲一样，也处于迅速的工业化和城市高速发展发展时期，能够反映这一变化的莫过于芝加哥这个城市。1830 年，芝加哥还仅仅是个居民地，只有 3 000 人，尚未组成城市；1871 年，其人口已达到 30 万人；1890 年，芝加哥已成长为拥有百万人口的大都市；到 1900 年，它的人口接近 200 万人[①]。大量的移民、迅速扩张的市区、铁路枢纽的便利和巨大谷物交易市场的吸引力，令这个美国中西部最重要的城市充满活力，同时也带来了大量的社会问题。1871 年芝加哥大火烧毁了整个城市，却为大批的建筑师提供了一展身手的大好机会，使芝加哥成为规划设计的天然实验室。同样，城市的迅速成长，也使芝加哥成为"社会学研究的天然实验室"[②]。这正是芝加哥学派诞生的历史背景，芝加哥学派为城市社会学成为一种学术性的学科奠定了基础[③]。

芝加哥学派把城市看作一个由内在过程将各个组成部分结合在一起的社会有机体，并将生态学原理（竞争、淘汰、演替和优势）引入城市研究，从人口与地域空间的互动关系入手研究城市发展。他们认为，城市的区位布局、空间组织是通过竞争谋求适应和生存的结果。竞争和适应是城市空间组织的基本过程，自然的经济力量把个人和组织合理地分配在城市的特定区位上，最终形成最佳的劳动分工和区域分化，使整个城市系统达到动态平衡[④]。

一、帕克：人类生态学

帕克（R. E. Park）是芝加哥学派的代表人物之一，建立了美国第一个城市研究中心，对城市进行了系统的研究，对城市研究最重要的贡献便是创立了"人类生态学"（Human Ecology）理论。1925 年帕克、伯吉斯（E. N. Burgess）和麦肯

---

① 康少邦、张宁等编译：《城市社会学》，浙江人民出版社 1986 年版，第 15 页。

② 向德平主编：《城市社会学》，高等教育出版社 2005 年版，第 50 页。

③ ［美］曼纽尔・卡斯特著：《21 世纪的都市社会学》，刘益诚译，夏铸九校译，《国外城市规划》2006 年第 5 期。

④ 孙明洁：《城市社会学的主要理论及其发展》，《城市问题》1999 年第 3 期。

齐(R. D. Mckenzie)三人联合出版了《城市——对都市环境研究的提议》一书,标志该学派的诞生。

帕克在1916年发表的《城市:对于开展城市环境中人类行为研究的几点意见》中,一开始就对城市下了一个基本定义:"城市,它是一种心理状态,是各种礼俗和传统构成的整体,是这些礼俗中所包含,并随传统而流传的那些统一思想和感情所构成的整体。换言之,城市绝非简单的物质现象,绝非简单的人工构筑物。城市已同其居民们的各种重要活动密切的联系在一起,它是自然的产物,而尤其是人类属性的产物。"[①]帕克把城市看成是一个由内在过程将各个不同组成部分结合在一起的社会有机体。帕克紧接着提出了人类生态学的定义和构想。同时指出,城市社区里存在一些因素,它们导致一种有序的、典型的人口和机构组合方式。分离这些因素并进而描述由于这些因素的合力而造成的人口、机构群集方式的科学,就是人类生态学。在城市社区这个范畴内,帕克把自己的学说称之为"从动物和植物中分化出来的人类生态学"。

人类生态学,顾名思义,是借用了自然科学中的生态学的概念和方法来研究人类社会而形成的一种理论。同时,古典人类生态学家试图发现人类社会与生物社会的差别,因此在帕克看来,城市分析不仅包括生物层面的,还包括社会层面的。生物层面是城市社区的基础,它涉及人类生活的基本需要,涉及人类能不能适应环境,适者生存,优胜劣汰,涉及一定区域内人口的规模问题,人类社区的生存与竞争的生态性质正是生物层面的特征。社会的文化层面是建立在生物层面基础上的,是一个以习惯、规范、法律、制度为基础的结构,它涉及人类社会不同于生物社会的独特方面,即人类的理智、道德、心理。

第一,城市分析是一个生物的过程。帕克把城市看作一个有机体,城市过程如同生物为生存而适应或改变环境的生态过程。达尔文关于"植物和动物在自然环境中为了生存和争夺资源而发生的淘汰、适应与进化"的进化理论是帕克理论的来源之一。生态过程的核心是对有限资源的"竞争",竞争导致各种支配形式,并促成高度复杂的劳动分工,从而形成各种特定的组织形式[②]。

第二,城市分析是一个空间改变和重组的过程。生物在争夺资源和适应环境的过程中形成不同的群落与生态分布,一些物种的栖息地被另一些物种所侵占,最终后者取代前者,此过程被称为"接替"(succession)。城市也是这样。城

---

① [美] R. E.帕克、E. N.伯吉斯、R. D.麦肯齐著:《城市社会学:芝加哥学派城市研究文集》,宋俊岭等译,华夏出版社1987年版,第1页。

② Park. 2004. Human Ecology, from W. Allen Martin(eds.), The Urban Community. New Jersey: Pearson Education, Inc., p14

市一方面从中心向外扩张，显示了城市的机体扩展；另一方面，在扩张的过程中，城市又形成了分化，形成了不同的自然区域。自然区域是由自然力量与社会力量相互作用产生的。自然区域不仅是静态的区域，也是重要的动态的生态过程。这一生态过程包括人口的集中与扩散，功能的中心化和去中心化，分异、侵入和接替等。"这样芝加哥社会学家发展出城市社区的动态概念，将城市社区看作是生态过程的产物。在这一过程中，有着一系列的空间的功能和社会的功能，据此可以发展出一种研究城市社区的比较生态学。他们为后来的城市社会学的发展提供了一个基础。"①

第三，城市分析也是一个文化的过程。虽然帕克在分析城市以及城市人类时处处类比生物学，但他坚持人与其他生物有重要的区别：一是人并非单纯地依赖自然环境，还通过与其他人群的交换而改善自己的生存条件；二是人也并非如其他生物那样只是依靠本能，人能发明工艺和技术，人有能力创造他们自己的世界；三是人在自己生物性社群基础上建立了扎根于习惯和信念的制度性结构。人类社群是由人口与文化构成的，文化包括工艺和技术设计，即不是物质性的习惯和信念②。帕克指出，如果仅仅关注建立在"竞争"——生物层面的社会秩序，不关注建立在"共识"——社会文化层面的社会秩序，那么人类生态学与动植物生态学没有任何区别，人类生态学应该认真思考人类社会竞争受习惯和文化制约这一事实，因而帕克的理论是"人类生态学"而绝非一般"生态学"。

同时，在帕克看来，人类城市社区是由人口、器物（物质文化）、信仰（精神文化）、栖息地的自然资源四个要素构成的，四个要素之间的互动关系随时随地影响着社区的生物性均衡和社会性均衡。人类生态学就是要研究生物性均衡和社会性均衡得以维持的过程，研究一旦生物性均衡和社会性均衡被打破，从一种相对稳定的秩序向另一种相对稳定的秩序转变的过程③。

帕克为城市社会学的发展做出了巨大的贡献，他使城市社会学从本质上个人的、观察式的活动变成一门基于经验的学科④。

二、同心圆理论、扇形理论和多核心理论

古典人类生态学是试图从空间关系揭示城市中人与人、制度与制度之间的

---

① Park. 2004. Human Ecology, from W. Allen Martin (eds.), The Urban Community. New Jersey: Pearson Education, Inc., p.57.

② Park. 2004. Human Ecology, from W. Allen Martin (eds.), The Urban Community. New Jersey: Pearson Education, Inc., pp.18－19

③ Park, R. E. 1952, Human Community, The Free Press, Glencoe Illinois, p.158.

④ ［英］彼得·沃森著：《20世纪思想史》，朱东进、陆月宏、胡发贵译，上海译文出版社2008年版，第325页。

相互关系，研究者都期望发展出一种模型，能将城市运动的过程揭示出来，同时，有些学者看到在市场机制的作用下，个人为争夺城市中的有利地段而展开激烈的竞争，同时经济状况或付地租的能力又决定个人或社会集团在此过程中的竞争能力。在两者的共同作用下，城市地理空间上产生居住隔离，强者占据城市中的有利区位并形成独特的社区，弱者虽占据较差的区位，但也形成社区，同时每个社区又在竞争中不断调整自身成员的数量和质量，谋求与其他社区或集团的平衡①。其中伯杰斯的同心圆理论、霍伊特(H. Hoyt)的扇形理论、哈里斯(C. D. Harris)和厄尔曼(E. L. Ullmn)的多核心理论正是这种思想的反映。

1. 伯杰斯的同心圆理论

伯杰斯的主要贡献是对社会发展与现代城市的空间扩张的内在关系做了开创性的分析。为了描述他所谓的“社区的脉动”，伯杰斯发明了一种完全有机的、动态的和发展的理论。

伯杰斯是第一个运用古典人类生态学理论来建立有关城市发展和空间组织模式的学者，他以芝加哥城为分析对象，构造了一个有关城市生态的“同心圆理论”②。其同心圆模型既是芝加哥城市形态的一张地图，也是有关城市扩展的动态过程的一个理论图表。

在伯杰斯看来，城市的持续发展源于人口压力，他引发了中心集聚化与贸易分散化的双重过程，即空间资源的竞争将新的活动吸引到城市中心，但同时也将其他活动驱赶到边缘地带。城市发展便是那些在城市中心地段竞争的失败者重新定位于边缘地带的过程。城市发展依据竞争进行分配，竞争的结果导致空间与功能的区分，城市最终成为以高度集中的中央商业区为中心，并为其他四个功能不同的区域如居住、通勤等同心环带所环绕的同心圆结构。

第一环为中心商业区，这是城市地理位置最优越的地方，这里人口密度高、流动性最大、商业最为繁华。一般来讲中心商业区是城市布局的中心，在这一地区聚集了满足城市基本功能需要的、同时具有较优势竞争力量的部门，如实力雄厚的政府机构和高级服务产业(办公、饭店)。通常是一些获利较高、用地紧凑的部门，如商业、金融部门。中心地区的优势地理位置带来了竞争并使这一地区的土地价格上升，一般部门难以承受这里的高地价，所以一般在中心商业区看到的都是百货商场、专业商店(珠宝店、皮货店)、银行、高层商务中心等。

第二环为过渡区，紧靠中心商业区的地带。这个地带“通常是‘贫民窟’或称

① 孙明洁：《城市社会学的主要理论及其发展》，《城市问题》1999 年第 3 期。

② [美] R. E.帕克、E. N.伯吉斯、R. D.麦肯齐著：《城市社会学：芝加哥学派城市研究文集》，宋俊岭等译，华夏出版社 1987 年版，第 48—62 页。

‘退化地区’，这是些贫困、堕落、疾病集中的地区，内中还有犯罪与恶习”，会有许多商业和轻工制造业以及主要是由移民、贫民、游民组成的居住区。过渡区经常变化，区内建筑经常被拆除，让位于中心商业区。居民的社会地位提高，会迁出过渡区，由新来的移民所代替。第二环成为城市里房屋破败、世风腐化、犯罪率最高的地区。

第三环是一个由工厂的工人和商店的职员组成的工人住宅区。居住在这里的居民有个基本的特征是他们一般为第二代移民，他们是从过渡区迁移出来的，这里的房屋较陈旧、简陋，但由于他们的位置接近工厂和中心商业区，往返方便且交通费用远比住在郊区便宜。他们的子女希望离开第三区，沿离心的方向移动。

第四环为高级住宅区，以白领工人、中产阶级和职员、小商人为主，他们居住在一些高级公寓或独门独院的房屋里，基础设施齐全。

第五环为往返区，上层社会和中上层社会人士的豪华郊外住宅坐落在这里。另外还有一些小型卫星城，住在这里的人大多数在城市中心区工作，他们使用大交通或使用自己的小汽车，上下班往返于市中心和居住地。

伯杰斯认为，城市人口的社会构成特征与生活方式是按照空间划分的。伯杰斯从三向度的动态过程来刻画城市发展与社会分化的关系：一是为竞争稀缺资源而展开的生态过程；二是伴随生态过程而导致的城市空间的改变与扩张；三是空间分异形成不同社群及其生活方式。

同心圆理论解释了城市居民社会层次和地理分布的规律，这与城市的地价因素紧紧联系在一起：随着居民社会经济地位的提高，其居住地离城市中心会越来越远，从中心商业区往外看，则依次是贫民区、蓝领工人区、中产阶级区和上层社会区。

同心圆理论反映了各个地理层次之间的动态关系：城市地域存在着一种从中心逐渐向外扩张的趋势。当内环的人口和机构增加时，它必然要侵入它外围的一环，最终接替那里的人口和机构，而外环的人口和机构也肯定会向紧挨着的外一环地区侵入。结果，每一环的地域都会扩大，城市按照相对固定的五环模型向四周蔓延。伯吉斯同心圆五环模型为城市结构分析提供了一个简明的图表，从中可以清晰地看出城市结构及其发展的一般性规律。如果叠加上城市所在的具体地理因素（山川河流）的影响，就能解释所有工业化城市的结构①。

显然，城市的这种同心圆结构反映了城市的政治经济关系。城市的扩张会

---

① 吴超：《芝加哥学派城市社会学观点的回顾与思考》，《国外建材科技》2007年第5期。

使其占地范围越来越大,但这种同心结构仍然会存在,扩展的趋势是内层的每一个地带向相邻的外层地带入侵,最后达到替代。在城市的生态结构里,每一地带的职能机构和居民密度与该地区离中心商业区的距离成反比。密度最大离中心商业最近,反之则越远。

同心圆理论的不足主要体现在以下几个方面:一是同心圆理论针对的是快速发展的中心大城市,对于人口状况较稳定、第三产业比重不高的中小型城市而言并不适用;二是同心圆理论过于简化,属于韦伯的"理想型",无法表达城市中复杂的结构关系,特别是受文化等无法计量的因素干扰时,这种简化的理论是无法说明问题的。在现实的城市生态结构中,自然的、人为的、经济的、政治的等各种因素都会影响城市生态结构,但同心圆理论是一个普遍期待的模式,可以以此来对实际土地利用进行比较和分析[①]。这个层面上讲,同心圆理论为后来的研究提供了诸多启发和思考。

2. 霍伊特的扇形理论

伯杰斯关于城市发展的同心圆理论对城市社会学的研究产生了很大的影响,同时也遭到不少批判,一些学者纷纷提出自己的理论以弥补同心圆理论的不足,霍伊特于 1934 年提出的扇形城市理论就是其中之一。

霍伊特认为城市的发展是一个复杂的过程,其结构并不像同心圆模型那样单一。一般来讲,工厂在城市生态结构形成中起着重要的作用,但工厂分布并不是一个围绕中心商业区的环状,而是从城市中心向外放射出去,从中心到边缘形成一个扇形结构。城市中的低收入者一般居住在与工厂区相邻的地区,他们或住在贫民窟,或住在城市边缘地区的"村舍",或住在有钱人留下的旧房子里。有钱人则搬到远离工厂的地方,这些地方多半是在城市边缘。白领工人和中下阶层则住在邻近城市中心商业区的地方。这种运动过程使整个生态结构成为若干个扇面结构组成。

霍伊特提出几个假设[②]:

一是高租金地区多循建设完善的交通路线发展;

二是高租金住宅区扩张的地区通常没有形成人为的障碍,向高地与河边发展;

三是高租金出租公寓通常出现在商业区附近;

四是高租金地区位置紧挨中等租金的地区。

霍伊特的扇形理论与伯杰斯的同心圆理论在城市生态结构各部分的功能相关性上并无本质区别,都只有一个商业中心区,工业区靠近中心商业区,穷人靠

---

① 蔡禾主编:《城市社会学:理论与视野》,中山大学出版社 2003 年版,第 13 页。
② 张钟汝等编:《城市社会学》,上海大学出版社 2001 年版,第 20 页。

近工业区和中心商业区，城市居民的经济地位与距离中心商业区成反比。不同之处在于同心圆理论把每一个生态结构的每一部分看作一个均等的环状结构，每个环都均等地向各个方向扩张，而扇形理论没有把每部分的发展看作是均等地向各个方向扩张的过程，而是有些部分会向某一方向扩张，从而形成扇形的放射状。扇形理论比同心圆理论更能灵活地解释城市空间结构。

3. 哈里斯与厄尔曼的多核心理论①

在同心圆理论继续受到批评的情况下，诞生了哈里斯与厄尔曼的多核心理论。与同心圆理论和扇形理论相比，多核心理论的不同之处在于如下几点：

第一，城市生态中满足某种需求的机构会聚集在一起，从而形成不同的核心，围绕多个核心发展；

第二，城市中有些活动需要一定的资源，它们只能在城市的某些特定地区进行，城市中职能机构和居住的区位位置与环境资源联系在一起，强调某些设施的形成与该地方是否存在维持其设施存在的条件相联系；

第三，机构间的生态联系与功能上的互相依赖有关，只有相互协调的机构才会形成相互联系的空间生态关系，而相冲突的职能机构则会在空间上分离；

第四，决定城市核心的分化与城市地域的分异有四个过程，即各个行业以自身利益为前提的区位过程、产生集中效益的过程、相互间因利益得失而产生的离异过程和地价房租影响某些行业区位处于理想位置上的过程，这四个过程的相互作用、历史原因的影响和局部地区的特殊性使城市区位呈多核心状态。

以上三种理论代表了城市生态学的古典模式。同心圆理论是芝加哥学派的产物，另外两种是对同心圆理论的修正和补充。如果说同心圆理论是作为一种宏观上说明城市结构的抽象模型的话，后继学者在同心圆模型的基础上发展一系列城市结构模式，可以看作是针对具体城市或是局部城市特殊状况的一种修正②。三种模型有一个共同的弱点在于重在强调经济因素对城市空间结构的影响，而忽视社会文化因素的作用。

三、沃思：作为一种生活方式的城市性

沃思(Louis Wirth)是美国芝加哥大学社会学系教授帕克的学生，城市社会学理论的一名健将。1938年，沃思发表了题为《作为一种生活方式的城市性》(*Urbanism as a Way of Life*)的著名论文，全面阐发了他的城市社会学思想，文

① 蔡禾主编：《城市社会学：理论与视野》，中山大学出版社2003年版，第15页。
② 吴超：《芝加哥学派城市社会学观点的回顾与思考》，《国外建材科技》2007年第5期。

章第一次明确地把城市化理解为社会生活方式的变革过程。该论文可以看作是对齐美尔及帕克的城市社会学理论的整合与发展，但较之齐美尔等人，沃思的理论表现出一种更强烈的建立“纯都市社会学”的学科化企图[①]。

一方面，沃思承续和发展了齐美尔的规模理论，派生出了关于都市社会基本交往形式的思考，同时又以关于社会异质性的分析整合了齐美尔的分工理论，并全然剔除了齐美尔用作解释都市社会关系变动因素之一的货币经济理论。另一方面，沃思从帕克那里吸收了人类生态学的某些成果，将人类集居密度作为一个考量都市社会心理及其交往行为的元因素，创建了自己独特的都市社会学理论框架。

1. 城市的社会学定义

对城市进行社会学意义上的概念界定是城市社会学研究的首要工作。沃思看来，虽然不同学科给城市下了诸多不同的定义，但是依照社会学研究城市的路径所提出的城市的定义，目的并不是取代这些定义，而是希望通过将城市的特质强调为人类结合的一种特殊模式，来唤起我们对它们之间相互关系的关注。将那些体现了城市社区生活独特性的要素提炼出来是社会学的城市定义的意义所在。

沃思认为，仅仅依据人口规模来确定共同体(community)的特征显然是武断的，他指出只要数目仍作为唯一的标准的话，就不会有令人满意的城市定义，同时他还指出以居民职业、某些物质设施、公共机构和政治组织形式等作为界定城市的标准也是片面的。任何一个城市都会展现出一系列有别于其他城市的特征。一个社会学定义必须包括已公认为社会实体的基本特征，但却不能详细到能顾及上述多种简单分类蕴含的所有不同之处。在确定城市生活的性质时，某些城市特征要比其他特征更重要，城市既不是用特殊地点和历史条件限制的文化影响来界定，也不是用城市的物质约束来界定，而是以城市作为人类联系的一个特殊形式作为切入点，也就是说，城市性可以理解为一种生活方式，它表征着人类联系的具体形式。沃思关于城市的定义是：城市是由社会异质性的个人组成的、较大规模、较高密度和永久性的聚落。

2. 城市的基本特征

在沃思看来，城市的本质是异质性，他具体描述了城市的基本特征：

(1) 人口密度大以及人口在文化和职业方面的差异性导致城市生活中需要正规的控制结构，必须有强化的法律系统和管理系统。

(2) 千差万别的人口，是专业化生产的前提，而专业化总是以“特殊利益”为基础形成人类关系的，沃思称这种关系为“社会裂化”(social segmentalization)，

---

① 叶中强：《齐美尔、沃思的都市社会学及其在当代中国的影响》，《江苏行政学院学报》2002年第3期。

"裂化"的结果是人与人之间的纽带实际上是一种相互利用的关系。城市人是以高度分化的角色进行交往的,人们为了满足生活需要,必须与他人建立联系,这种联系属于次属联系。

(3) 城市在经济力量和社会过程两方面力量的作用下导致地域分化,形成具有不同特征的邻里和街区,沃思把这种将城市划分为许多区域的过程称为"生态专业化"(ecological specialization)。

(4) 城市人口的高密度、高流动性和异质性,对社会心理有很大影响。其一方面要求居民对不同的个体差异具有更强的容忍力,另一方面又导致更多的竞争、剥削和混乱,使人与人之间的传统感情丧失约束力,使人丧失了人情味。家族、宗法、门第等传统的稳定性因素已经不起作用,人与人之间的关系为金钱关系所取代。城市人口多、规模大还导致反社会行为增加,沃思认为在拥挤的地方,大量的人口流动会造成摩擦和冲突。

3. 城市性

沃思把城市特有的生活方式叫作城市性(urbanism)。认为城市社会学的中心问题是揭示那些典型的、相对长久地聚合了大量一致性个体的居住地的社会行为和社会组织形式。为了达到这个目的,城市社会学必须寻找有指标意义的城市性。据此,沃思试图从人口规模、居民密度、居民群体生活的异质性三个因素及其交互作用的关系中发展出城市性。

(1) 人口规模。城市人口数量越大,个人化和多样化的机会越多。随着城市人口的增加,原先的初级关系被竞争、理性的关系所取代,导致社会角色分化且专业化程度提高,社会互动呈现匿名性的特点。人与人之间的关系由此相应地增长了对他人的冷漠,最终导致社会情感关系的离析。都市中的交往可能确实是面对面的,然而这种交往又是非个人性的、浮浅的、短暂的和零碎的,都市居民在他们关系中显现的自我克制、冷漠和厌倦的态度,可被看作是他们抵御个人要求和他人期盼的装备物。都市规模的增长,扩大了作为都市生活特征的"社会距离"(主要指精神距离),一方面个人从关系密切的群体对个人及个人情感的控制中获得了解放和自由,另一方面则失却了自我表达的本性、道义和与一个一体化社会共生的参与感,大都市的精神生活由此趋于反常,"个人只是孤独地走在人群中"[①]。

(2) 居民密度。居民密度"强化了数量在使人及其行为多样化和使社会结构复杂化方面的作用"[②]。一方面,密度加剧了竞争,增加了人们彼此间的压力,

---

① 叶中强:《齐美尔、沃思的都市社会学及其在当代中国的影响》,《江苏行政学院学报》2002 年第 3 期。
② 叶中强:《齐美尔、沃思的都市社会学及其在当代中国的影响》,《江苏行政学院学报》2002 年第 3 期。

使得人与人之间的态度变得漠然与厌倦；另一方面，密度也可以提高人们对异质人群的宽容度。密度增加迫使人们逃往密度小的地方，从而形成城市的进一步扩张。人口规模的增长，导致分工精细的职业结构以及专司社会控制的正式机构的产生，并由此造成复杂的社会功能分化和社会结构分层。复杂的功能分化和结构分层形成了一种人们依据自己特定的身份，而非原有的个性的交往形式，“我们看到了一种同一性，这种同一性指明了各职能人员的角色地位，而忽视了隐伏其后的个人特异性”①。他人仅被按其所扮演的角色地位来对待，这由此而增长了一种工具式的对待他人的态度。由于人群集居的密度增加了人们交往的频率，反而突出和强化了这种非个性的交往关系，增长了对互不相知的人的感知概率。同样，在人口稠密的大都市中，都市居民间的接触和交往，往往是基于职业的往来和角色互动的需要，而非建立在个性需求或情感表达的基础上，因此都市社会的交往形式带有明显的浮面性、短暂性、局限性和匿名性。

(3) 居民群体生活的异质性。异质性摧毁了阶级和种族的界限，异质性越高，群体间的宽容度越大，同时异质性高导致社会分化加剧、公共生活的匿名性和非个人化程度提高。社会功能的极度分化造成了大量社会异质性人群的集居。沃思认为，在同质性的小群体(如乡村)中，个人与各级社会组织之间的关系被直线状地置于一个同心圆中，大群体中(如都市)则形成了许多异质性的社会圈，这些社会圈之间的关系是部分相关乃至毫不相关的，个人有机会参与许多不同的社会圈，但没有一个社会圈能完全支配其忠诚度，故而个人同社会疏离成为一个普遍现象，个人的不稳定和不安全感亦随之增长。此外，异质性人口的密集居住带来的另一种对个性的影响是必须对异质性容忍，这就导致一种个人必须从属于群体的社会平衡化过程——如果个人欲完全地参与都市的社会、政治和经济生活，他必须使自己的某些个性服从大社区的要求，以此使自己沉浸于群体运动。而个人的行为亦必须是集体主义性质的方显其有效；个人的政治参与须通过代表制度方可实现；官方机构在广大范围内负责制定各类条款和提供各种服务，而个人则越来越依靠这些条款和服务。在大都市中，个人被降低至一个实际上无能的层面。在都市中，人的个性极易瓦解，心理疾病亦相应增加。

沃思看来，在以上三个变量的基础上，似乎可以解释城市性的特征并对不同规模与类型的城市间的差异做出说明。这三个变量，使人与人之间的直接关系变成次级关系，人际关系更加疏远，人与人交往中感情成分更少，有更多计算和功利的考虑。密度与异质性增加了社会的复杂性、专业性，而这种复杂化、专业

---

① 叶中强：《齐美尔、沃思的都市社会学及其在当代中国的影响》，《江苏行政学院学报》2002 年第 3 期。

化导致竞争的加剧，使任何人之间的交往越来越追求表面的效果。社会控制方式越来越趋于正式，这也造成人们心理上的重要变化——更加孤独、无助并有深刻的受挫感。

沃思的理论成了令人叹服的文献，在长达20年之久的时期内支配着城市社会学整个领域，他对城市社会学的贡献不仅仅是他给都市生活留下了一个意义丰富、逻辑一致的社会学定义，更重要的是沃思系统地整理了以前的城市社会学思想，将欧洲的传统理论和芝加哥学派的观察研究相结合，组织成一个名副其实的城市社会学理论，一方面克服了古典社会学纯粹思辨的偏颇，另一方面也纠正了芝加哥学派的先驱者偏重描述性研究的倾向，第一次向世人证明创造出一种真正的城市理论是完全可能的。此后的城市社会学研究（尤其是以城市—乡村连续统角度的研究）大多是以沃思这一经典论述为参照系的。虽然对这一参照系存在着褒贬不一的看法，但正如沃思本人的初衷一样，“我们希望用这种方法达成一个能组成城市性理论的基本观点，这些观点中的一部分能够被相当大量的、已经可以得到的研究材料所证实和支持。而另外一些则可以作为一种假设而接受……至少这个程序会，或者说希望它会显示出什么阻碍了我们关于城市的系统知识的形成，并显示出什么对将来的研究是重要的和有成果的假设”[①]。从这个意义上讲，沃思的基本目的达到了。

四、对人类生态学的评价

芝加哥学派在20世纪初创立的人类生态学理论可以说影响深远：

第一，人类生态学理论的诞生和发展对于美国社会学早期发展的影响和贡献是巨大的。人类生态学填补了美国社会学发展理论方面的不足，是美国第一个完全意义上的本土社会学理论。在结构功能主义异军突起之前，人类生态学理论支配了美国社会学界。

第二，人类生态学理论对于城市社会学学科的诞生和发展其影响功不可没。人类生态学是城市社会学第一个完全意义上的自身理论体系，是新城市社会学理论范式出现之前城市社会学领域唯一居支配地位的理论范式。在当代，人类生态学理论虽然面临新城市社会学理论范式的强大挑战，但它仍然是城市社会学领域唯一能与新城市社会学理论相抗衡的理论范式，仍为当代城市社会的发展和变迁提供独特的研究视角。

第三，人类生态学理论对于城市社会学的发展影响不仅表现在理论贡献上，

---

① 叶中强：《齐美尔、沃思的都市社会学及其在当代中国的影响》，《江苏行政学院学报》2002年第3期。

而且也表现在对城市社会的经验研究上。后来的城市社会学家以人类生态学理论为指导纷纷展开了对城市的经验研究，积累了大量成果。

但同时芝加哥学派也遭到了不少批判[①]：

第一，芝加哥的社会学家同他们的欧洲同行一样，只是对特殊类型的城市，即进入高速发展的、先进的工业化的西方资本主义城市进行了研究，这样一个狭窄的活动范围使他们的工作受到了限制。例如：芝加哥学派完全忽视了历史或比较的分析，如果他们能像韦伯一样以历史的或跨文化的角度观察城市，他们对城市环境的评价将会发生什么变化？假如他们的理论不仅仅局限于规模巨大、人口稠密、民组众多的芝加哥，那又会出现什么情形？

第二，有学者认为城市人类生态学过分强调生物性因素，而忽视了社会性因素，尤其是文化、情感、象征等的作用。还有学者对帕克的生态学理论根基，即将社会区分为生物的和文化的两个层次的二分法提出质疑与批判，这种批判削弱了古典人类生态学的理论根基。

第三，是城市空间成长模式的批判。伯吉斯的城市生态模型是在研究芝加哥生态地图的基础上提出的，霍伊特的扇形理论和哈里斯与厄尔曼的多核心理论都证明了同心圆理论并不具有伯吉斯所期待的普遍性。吉登斯就认为芝加哥学派的城市模型是由美国经验提炼出来的，只适合美国的某些城市，更不用说欧洲及日本、中国的城市了。随着后来大量的对城市空间结构的研究发现，形成城市的因素相当复杂，因此伯吉斯的模型被认为过于简单化并缺乏解释力。

第四，还有学者从统计学的角度指出，人类生态学家的研究应将生态学相关与个体相关区分开来，否则容易出现以生态学相关作为个体相关的证据的谬误，也即由集体资料所得的生态学相关不宜过分推论来解释个人行为层次。

任何一种城市理论都是时代的产物，不可避免地存在这样或那样的局限性，但我们不能因此而否定它的贡献，更不能在研究的过程中忽视任何一种研究范式的存在。

---

① 康少邦、张宁等编译：《城市社会学》，浙江人民出版社 1986 年版，第 22 页。

第五章 现代城市社会学理论

20世纪60年代末开始，先后以列斐伏尔（Henri Lefebvre）和卡斯特为代表的一批欧洲社会学家对以美国芝加哥学派为代表的传统城市社会学理论展开了批判。他们认为，芝加哥学派对于都市文化的观点有着意识形态的偏差——它将都市文化视为一种统一的文化，无视都市居民的阶级、性别和宗族差异；同时基于一个都市而得出的城市生态学理论也不具有普释性；并且普遍的社会问题以及特殊的都市议题，已经与芝加哥学派当时所要处理的问题很不一样了①。因此，社会科学研究需要建立一套新的城市社会学理论，来更好地处理现代性和全球化发展过程中的城市问题。于是，一场批判色彩浓烈的新城市社会学运动逐渐展开。

然而，从社会理论的演进脉络上来讲，诸多社会思想家的理论是伴随着人类城市的发展而同时产生的；从现代性或后现代性的谱系上来讲，多元空间维度的交织，不同思想碎片的穿插，大量话语语境的解构和重建，使得空间/都市理论充满了想象力和思辨性。在有限的篇幅内要清晰地梳理出所有的现代城市社会学理论是几乎不可能的，因而本章将把视野聚焦在那些与经验研究联系更加密切的“中层理论”的层面，重点介绍几位具有代表性的城市社会学家和他们的理论流派。

第一节 空间的政治经济学

马克思的理论几乎是所有社会科学共享的丰富遗产，从城市社会学的角度来审视的时候，我们发现，马克思有着强烈的地理和空间直觉，敏锐地注意到资

---

① [美] 曼纽尔·卡斯特著：《21世纪的都市社会学》，刘益诚译，夏铸久校译，《国外城市规划》2006年第5期。

本主义的兴起导致时间对空间的消解，空间形态在资本主义发展过程中出现重大转折，这在《共产党宣言》里体现得最为充分。同时，在《德意志意识形态》中，城镇与乡村的对立，内在地表达了对空间的某种程度的强调，并揭示出客观的表象外衣下隐藏着各种基本社会关系之内核，这实际上隐约论及了空间的社会性。因此，尽管马克思本人没有任何直接关于城市或空间的著作[①]，但是他对于资本主义制度的深刻理解和隐含的空间线索，为新城市社会学运动提供了广阔的理论空间。列斐伏尔、哈维和索亚是其中最重要的三位研究者，他们利用马克思的理论和批判方法，发展了城市空间的政治经济学。

一、列斐伏尔：空间的生产

昂利·列斐伏尔（Henri Lefebvre），1901 年出生在法国西南部兰德斯的一个官僚家庭里，获法国巴黎索邦大学哲学博士学位后，列斐伏尔参加了一个名为"哲学革命"的哲学小组，并广泛参与了当时的社会运动，后来还加入了法国共产党。最初，他还是以哲学教授作为职业，1940 年后，他投入了著名的"法国抵抗运动"，还在图卢兹地区担任了一个电台的总监。1947 年，他的《日常生活批判》第一卷首次出版，这也是列斐伏尔最重要的著作之一。1958 年，他被驱逐出法国共产党后，担任了一份新左派杂志的编辑。1961 年，列斐伏尔重返学术界，担任斯特拉斯堡大学的社会学教授，1965 年加入了新成立的巴黎第十大学[②]，他的思想直接影响了后来从该校开始爆发的 1968 年法国学生运动。1991 年，列斐伏尔逝世的时候，已经被视为 20 世纪法国最富有影响力的思想大师之一，被誉为"日常生活批判理论之父"和"现代法国辩证法之父"。他的哲学思想不仅仅是对西方马克思主义的发展产生了巨大影响，并对社会学、地理学和政治学都产生了巨大影响，为后人留下了《空间的生产》《城市革命》《资本主义的生存》和《日常生活批判》等六十多部著作、三百余篇论文的丰厚遗产。其中，他对"空间"的深刻洞察力，引发了西方学术界对空间的发现和再认识，是他最重要的一项理论贡献。

在列斐伏尔看来，所谓的现代社会中，空间起着越来越重要的作用，这是毋庸讳言的。列斐伏尔的空间思想着重体现在《空间的生产》一书中，他的思想与传统的思想思维方式有很大不同。他对空间的认识，不是光靠眼睛、理性，更依靠感觉和感受，以发掘空间的深刻和丰富，清楚感知到空间内部的矛盾，而这些矛盾也促成了抽象空间的拓展和另类空间的出现。他把自己这种独特的研究方

---

① 不过，马克思最重要的战友和伙伴，恩格斯曾经在《英国工人阶级状况》中精彩而深刻地论述了现代工业城市中的阶级不平等。

② 巴黎第十大学曾是法国左派学生运动的基地，法国现任总统萨科奇毕业于该校法律系。

法叫作"空间分析"或"空间学",以同现有的术语相区别。在此之上,他成功构建了空间生产的本体论框架。

列斐伏尔力图纠正传统社会政治理论对于空间的简单和肤浅的看法,他认为空间不仅仅是社会关系演变的静止的容器。空间的作用不单单是使任何事情不在同一个地方发生的手段,它超越了这种单纯的、物理性的、自然的含义。自然空间的地位早已如烟般逝去,它虽然产生了社会过程,但是现在已经沦为被社会生产力操纵的产物了。如今的空间与社会生产的关系密不可分,因此空间的研究虽然始于"对自然节奏的研究,即对自然节奏及其在空间中的固化的研究",但显然"这种固化是通过人类行为尤其是与劳动相关的行为才得以实现的。因此,也就是始于社会实践所型塑的空间节奏",这说明,社会空间是一种被用来使用的产品,或用来进行消费,而且也是一种生产方式。自身在空间中的投射与固化,这也产生了空间本身,所以说,社会空间不但是行为的领域,而且是行为的基础。空间是富含着社会性的,它是生产关系、社会关系的脉络,同时叠加着社会、历史、空间的三重辩证,空间里弥漫着社会关系,它不仅被社会关系所支持,也被其所生产。空间还是一个模型,承载着商品生产性的使用价值。为什么呢,因为社会必然处于一个个既定的专属的生产模式中,它的特殊性质架构出了空间,空间性的实践界定了空间,也赋予空间社会实践性。因此,在此传承之中必然有着历史的溯源,社会的特性叠加在空间之中。人类从根本上来说是空间性的存在者,总是忙于进行空间与场所、疆域与区域、环境与居所的生产。在这空间性的生产过程中,人类被包裹在周围的复杂社会空间的重叠和渗透之中。其实,人类就是一种独特的空间性单元:一方面,我们的行为和思想塑造着我们周遭的空间;另一方面,我们的集体性、社会性也同时产生了巨大的空间和场所①。

马克思在研究人类历史发展过程中,提出了商品、货币和资本等概念。在列斐伏尔看来,在资本主义的生产模式中还要加入空间的范畴。列斐伏尔认为,任何一个社会、任何一种与之相关的生产方式,包括那些通常意义上被我们所理解的社会,都生产一种空间,它自己的空间。而且他强调,我们通过对生产的分析已经可以显示,我们已经由空间中事物的生产转向空间本身的生产,生产力的发展壮大以及知识指导生产的介入是促成这种转变的根源。空间也一样是种需要被节俭地使用以及谨慎地管理来增加价值回报的手段,这与资本主义社会化大生产的性质非常吻合,因为资本主义国家处在空间生产的核心。

在列斐伏尔的空间生产理论中,空间与马克思提出的生产、消费、阶级等核

① Lefebvre, H. 1991, The Production of Space (translated by Donald Nicholoson-Smith). Blackwell

心概念具有直接的对应关系，这种对应构成了列斐伏尔构建空间生产理论的基石。空间作为生产资料，它与生产力、技术和知识都是相关联的，区域、国家的空间配置相当于工厂增添了机器设备一样，增进了生产力。所不同的是，这样的层次是递进的、更高级的和不易察觉的。同时空间还可以作为消费对象，就像工厂里的机器、设备、劳动力和原料一样，它们是生产资料，同时也是消费对象，当作生产资料来被消费，以获得产出。同时，由于不同的空间承载着不同的景观、场景、物质以及代表着特定的文化积淀和历史遗迹，它是独特的，因而是具有使用价值的，也是促成被消费的原因。

然而生产与消费所构筑的经济领域无疑是阶级生成与发展的现实背景，正是在生产过程中，剩余价值的诞生构建了资产阶级与无产阶级对立的真实基础，所以从某种意义上说，当空间的生产和消费与现实的资本主义经济运行一旦具有了一种本质上的同构性，那么阶级的概念也就逻辑地被输入到了空间领域之中，即空间的政治也就相应地诞生了。在此，列斐伏尔正是按照经典马克思的理论逻辑，从空间的生产推出了空间的政治学，即空间的阶级对立。随着阶级斗争的介入，阶级行动可以制造差异，反抗和阻止抽象空间的蔓延，并反抗内在于经济成长的策略、逻辑与系统。这种形式与量化的抽象空间，否定了所有差异，包括那些自然和历史以及身体、年龄、性别、族群等的差异，因为这些因素的意蕴，正好掩盖了资本主义的运作，属于富裕与权力之中心的支配空间，不得不去型塑属于边缘的被支配空间。在后资本主义中，经济与政治趋向融合，但是政治并没有凌驾于经济之上，直到经济与政治空间实现融合，才能消除差异。

因此，空间应该、也能够成为一种政治经济学。空间虽然表现为客观的，是一种科学对象，被当作是“中性的”“无辜的”和“非政治的”，但就其本质来说，空间是政治性的空间，特别是在城市空间中强烈地表现出政治经济的痕迹：富丽堂皇的别墅和低矮破旧的贫民窟所形成的鲜明对比无声地彰显了阶级的对立。空间的占有与划割就是政治经济地位的体现，继而形成自己独有的文化和社会形态。“空间并不是某种与意识形态和政治保持着遥远距离的科学对象，相反，它永远是政治性的和策略性的”①。我们容易将空间的内容视为中立性的、非利益性的，所以我们把它与政治性很难联想在一起，它更多表现出的是一种纯粹形式的、理性抽象的缩影，正因为“它已经被占用了”，可见被各种历史、自然的元素模塑铸造，但这个过程是政治的，所以它脱离不开政治的、意识形态的东西，充斥着各种意识形态的产物。其实，社会空间已经被列为生产力与生产资料、生产的

---

① Lefebvre, H. 1991, The Production of Space (translated by Donald Nicholoson-Smith). Blackwell.

社会关系，以及特别是其再生产的一部分。空间的生产和任何类型的商品生产并无不同，并且商品的生产和空间的生产紧密交织，正因为有着空间的生产，使得占有空间的私人可以经营并产生剥削关系。

同时，列斐伏尔还不满足于资本主义空间与社会主义空间的二分，他还提出了所谓"空间生产的历史方式"，即借鉴马克思的生产方式理论与社会形态理论，将迄今为止的空间化历史过程理解为如下几个阶段：一是绝对的空间——自然的状态；二是神圣的空间——埃及式的神庙与暴君统治的国家；三是历史性的空间——政治国家，如希腊式的城邦、罗马帝国；四是抽象的空间——资本主义，财产的政治经济空间；五是矛盾性空间——当代全球化资本主义与地方化意义的对立；六是差异性空间——重估差异性的与生活经验的未来空间。社会主义空间与资本主义空间只是这个空间生产的历史方式中的两个必经的环节，如同它们是马克思社会形态理论中的两个环节一样。

至此，列斐伏尔的空间生产理论的构架基本完成，即以作为生产资料与消费对象的空间为基础，以空间中的阶级斗争为矛盾的主线，建立起来的一个空间的历史发展模式。列斐伏尔的理论发现是极具开创性的，他继承了马克思理论的批判性和历史性，并为空间理论的发展奠定了一个宏大的框架基础。

二、哈维：时空压缩

戴维·哈维(David Harvey)，1935 年出生于英国的肯特，1961 年获得了剑桥大学的地理学博士学位后，他担任了布里斯托尔大学地理系担任讲师，直至 1969 年，他来到了美国，加入了约翰霍普金斯大学的地理与环境工程系。其后，哈维逐渐在他的地理学研究中融入了定性研究的经验方法和马克思的理论传统，先后出版了《社会公正与城市》《资本的限制》《仪式与都市经验》和《资本的都市化》等重要著作。1987 年至 1993 年，他应邀回到英国，先后在牛津大学和伦敦政治经济学院等知名学府任教，1993 年后回到约翰霍普金斯大学，大力倡导跨学科的都市和空间研究，并指导他的博士从多个学科的视角完成了很多极具价值的实证研究，成为当代西方最重要的马克思主义学者、都市人类学家和后现代理论家。从 2001 年起至今，哈维是纽约城市大学文化人类学系的杰出教授，继续着他卓越而多彩的学术生涯。

与同时代的空间研究者一样，哈维最初也是受到了列斐伏尔思想的启发，并且继承了政治经济学的批判视角。哈维力图指明，在不同的历史时期里，资本主义是如何包含了不同的"空间定位"(spatial fixes)。在每一个资本主义阶段，空间的组织方式都是要有利于生产的增长、劳动力的再生产以及利润的最大化。

正是通过对此类时空的重新组织，资本主义克服了自身的危机时期，为新的资本积累奠定了基础，也为空间和自然随着时间推移而发生进一步转型奠定了基础。哈维审视了马克思有关时间消除空间的命题，试图证明该命题是如何能够说明从"福特主义"到"后福特主义"的弹性积累这一复杂的转换。后福特主义包含一种新的空间定位，最重要的是，包含着一些体现时间和空间的新方式。其中的核心在于，人与自然的种种经验与过程方面所发生的"时空压缩"(time-space compression)。时空压缩这个概念暗示着使空间和时间的客观属性发生变革的那些进步，变革如此之大，我们不得不改变看待这个世界的方式，有时采用一种相当极端的方式。采用压缩这个词是因为资本主义的历史以生活节奏的加快为标志，空间阻碍被大大克服，以致有时觉得世界内向倾塌在我们身上。

哈维具体阐述了这种"压缩"是如何产生出某种不祥的预感，就好像铁路最初改变了乡间的时间一样。哈维主张，"我们不得不改变……我们把世界展现给自身的方式……空间似乎压缩成一个电子沟通的'地球村'，一个在经济上和生态上相互依赖的'宇宙飞船地球'……由于时间范围缩短到这样一个点，使得现在就等于一切……我们不得不学习如何去应付那种势不可挡的感觉：我们的空间世界和时间世界的压缩"[①]。

虽然为了能够实现新一轮资本积累，出现了这些剧烈的时间和空间压缩形式，但是不管怎么说，这并不意味着场所/空间的重要性必然也随之降低了。当然由于资本所具有的"创造性破坏"力量，确实会有些重要性降低。但是在更一般的层面上，人们似乎已经更加敏锐地感到了世界上不同地方所包含的东西或可以指示的东西之间的那些差别。在这个世界上，始终有一种东西在敦促人们去寻根，"在这个世界上，形象的流动越来越快，越来越没有固定的场所。我们是谁？我们属于什么空间/场所？我是这个世界的公民，这个国家的公民，还是本地的公民？我在电脑空间里能有一种虚拟的存在吗？……"[②]。因此，时间和空间的关键界限越来越不重要，流动资本、移民、旅游者和寻求庇护者对场所的变异就会越敏感，在各个场所表性利益的动力也就越强。

哈维认为空间组织不仅具有其内部转型和构建的自身法则之独立结构，而且体现在更为宽泛结构里的一整套关系的表述。在《后现代的状况：对文化变迁之缘起的探究》一书中，哈维强调空间重组时候现代时期的核心议题。时空的

① 转引自[英]布赖恩·特纳编：《Blackwell社会理论指南(第2版)》，上海人民出版社2003年版，第525页。
② 转引自[英]布赖恩·特纳编：《Blackwell社会理论指南(第2版)》，上海人民出版社2003年版，第525页。

压缩导致文化实践与政治—经济实践出现剧烈的变化，这构成了后现代时期的一个重要特征，这一重要特征迫使人们调整空间观念且重新思考社会行动的形式。他认为空间与空间的生产是社会权力的源泉，掌握了资本循环的各个要素和阶段的空间动态正是资本持续积累的关键所在，由此空间能够建成为阶级斗争的重要议题。尤其在后现代时期，时空的压缩在城市生活中表现得非常明晰。资本家规制城市空间以追求金钱，进而空间秩序方面的改变会通过货币收益而重新分配社会权力。空间的组织和运作的功效对所有资本家而言都是重要的，由此资本家获得附加优势。在任何社会形态里，空间的实践充满了微妙性和复杂性，要改变社会的任何规划就必须把握空间概念和实践之改变这一复杂问题。他立足于列斐伏尔的空间概念提出了四个新的维度：针对人类事务中“间隔摩擦”作用的可接近性和间隔化；空间的占有和利用；空间的支配和控制以及空间的创造。表 5－1 为哈维归纳出的这个“空间网络”的具体内容。

表 5－1　哈维关于空间实践的“网络”

内容	可接近性与间隔化	占用和利用空间	支配和控制空间	创造空间
物质空间的实践（体验）	商品、货币、人的劳动力、信息等的流动；运输和交通系统；市场和都市等级制度；聚集	土地利用和建筑环境；社会空间和其他“草根”标志；沟通和相互帮助的社会网络	私有土地财产；国家和政府的空间划分；排外的社群和邻里；专属分区制与其他形式的社会控制（管辖和监督）	物质基础设施生产（运输交通、建筑环境、土地清理等）；社会基础的领地结构（正式的和非正式的）
空间的表达（感知）	距离的社会、心理和身体尺度；绘制地图；“间隔摩擦”理论（最小努力原则，社会物理学，商品范围，中心场所，其他形式的场所理论）	个人空间；被占有之空间的内心地图；空间等级；空间的象征性表达；空间“话语”	被禁止的空间；“领土规则”；社群；地区文化；民族主义；地理政治学；等级制	地图、视觉表达、交流等的新系统；新的艺术和建筑“话语”；符号学
表达出来的空间（想象）	吸引/排斥；距离/欲望；接近/拒绝；超越“媒介就是信息”	熟悉；家庭与家；开放场所；通俗表演场所（街头，广场，市场）；插话与涂鸦；广告	不熟悉；惧怕空间；财产和拥有；纪念性和创造出的仪式空间；象征性障碍与象征性资本；建构“传统”；压迫性的空间	乌托邦计划；想象性景色；科幻小说本体论和空间；艺术家的素描；空间和场所神话；空间诗歌；欲望空间

（来源：［美］戴维·哈维著：《后现代的状况——对文化变迁之缘起的探究》，阎嘉译，商务印书馆 2003 年版）

由此，我们可以大致勾勒出哈维围绕着“时空压缩”而展开的整体框架。哈维基于空间的跨学科研究，对西方思想产生了巨大的影响。吉登斯在自己的结构化理论中曾经大量引用和讨论了哈维的概念，而后现代思想家们更是直接视哈维为旗手和标杆。哈维成为当代城市研究中最受瞩目的社会科学学者。

三、索亚的第三空间和三元辩证法

爱德华·索亚(Edward William Soja)1940年出生在纽约的布朗克斯区，21岁时便获得了锡拉丘兹大学的地理学博士学位。他早年在肯尼亚开始了自己的学术生涯，帮助非洲国家进行现代化建设的规划，并先后在尼日利亚和肯尼亚的大学客座教授政治地理学。回到美国后，先任教于西北大学，后加入加州大学洛杉矶分校担任教授至今，教授政治经济学和规划理论。索亚常年关注洛杉矶的城市发展和重建规划，从政治经济学和文化研究的角度，开创性地发表了很多具有批判性的作品，并将他的研究视野拓展到了洛杉矶之外的区域发展和都市日常生活，代表作有《后现代地理学》《第三空间》和《后大都市》等，是著名的洛杉矶学派的领军人物。

与哈维一样，索亚的研究也始于列斐伏尔的不平凡的理论。列斐伏尔在他的社会理论中，将空间结构区分为空间的实践(spatial practices)、空间的再现(representation of space)与再现的空间(representational space)三个要素，即对应空间的实在(lived)、构想(conceived)和认知(perceived)的三个层面，由此强调一种历史性、社会性和空间性的“三元辩证法”。基于这种“三元辩证法”的思维方式，索亚提出了“第三空间”的概念。

索亚认为，空间的研究，一直拘泥于第一空间与第二空间的传统二元思维模式。所谓第一空间，指的是空间形式具象的物质性，它是可以由经验来描述的事物；而第二空间，指的是人类认知形式中的空间性，它是由空间的观念进行再表征的。第一空间通常被认为是“真实的”，而第二空间则通常被认为是“想象的”。从第一空间的视角出发，“空间中的物体”往往得到了更可观的考虑和强调，而城市空间也就成了一个具象事物的世界。城市空间可以作为一套物质化的“空间性实践”来研究，它们协同工作，生产与再生产作为一种生活方式的都市生活的具体形式。这种在根本上是唯物主义的方式早已成为对都市空间研究的主要视角。而第二空间的视角更倾向于主观性，“是假定制式的生产主要是通过话语建构的空间再现完成，故注意力是集中在构想的空间而不是感知的空间，第二空间形式从构想的或说想象的地理学中获取观念，进而将观念投射向经验世界”[1]。虽然，第一

① 包亚明主编：《现代性与都市文化理论》，上海社会科学院出版社2008年版，第114页。

空间和第二空间的视角涉及了城市空间真实的或想象的表层外观，但是这种二元区分的思考模式却削减了城市空间以及人类空间性的其他形式的复杂性与活力，把生活的空间特殊性减约为某种固定形式，即用以描述解释为历史、社会、政治、经济、行为、意识形态、生态等非空间性过程的物态化产品的固定形式。于是，人类生活内在的、动态的、充满问题的空间性被固化了，城市空间也被看作一些可以说明的东西，被减约为一种根本上是社会行为和意图的产品或产物。索亚认为，“这一减约的直接后果就是，都市生活的空间性仅仅被视为历史和社会过程的产物和附属，并且，历史和社会并不认为内在地是空间性的，即它的空间性只有很小的力量，并不能决定、解释什么”[①]。

于是，基于列斐伏尔“三元辩证法”的思想，索亚提出了第三空间的认识论。他认为，第三空间既是对第一空间和第二空间认识论的解构，又是对它们的重构，是“他者化”“第三化”的又一个例子，它不仅仅是批判和否定，也与“解构”的概念一样，本身的肯定和建构意味可以被大多数人所认同。第三空间认识论在质疑第一空间和第二空间思维方式的同时，也注入传统空间科学未能认识到的新的可能性，来使它们把握空间知识的手段重新恢复青春活力。为此，索亚强调在第三空间里，一切都汇聚在一起：主体性与客体性、抽象与具象、真实与想象、可知与不可知、重复与差异、精神与肉体、意识与无意识、科学与跨科学，等等。如此而来的一个必然结果是，任何将第三空间分割成专门别类的知识和学科的做法，都将是损害了它的建构和建构的锋芒，损害了它的无穷开放性。因此，索亚的第三空间，正是重新评估了传统二元论的产物，把空间的物质维度和精神维度共同包括在内的同时，又超越了前两种空间，而呈现出极大的开放性，向一切新的空间思考模式敞开了大门。在索亚赖以成名的“洛杉矶研究”中，他充分展现了第三空间的开放性和可能性。

除了“第三空间”，索亚在他的研究中还引入了一个开创性的概念：村镇联合(Synekism)。Synekism 直接源自古希腊词 synoilismos，字面上的意思是因共居于一所房子或 oikos(房子)而有的环境与条件，亚里士多德在他的《政治学》中使用这个词描述过雅典 polis(城市)或城邦的形态。从 oikos 这个词根和它组织与管理一个共享空间或共同居所的本义里产生了许多词，例如经济(economics)、生态学(ecology)、普世(ecumene)[②]和城市规划学(ekistics)[③]等等。所有这些

① 包亚明主编：《现代性与都市文化理论》，上海社会科学院出版社 2008 年版，第 27—28 页。

② 意思是“居住的世界”或“居住的中心区域”。

③ 这是近年来希腊建筑与规划理论家康斯坦丁·多克斯阿德提出来的概念，指对从家居到全球范围内所有人类居所的研究。

oikos 的扩展体都保存了希腊词根中"k"音，而上述词义也叠合在 synoikismos 的扩展意义上。因此，村镇联合也就特别是指"经济性和生态学意义上的互相依赖，以及人类在空间、在居家中的有目的的聚合性、集体性共居而有的创造性——有时是破坏性——协作"[①]。索亚认为，只有引入了这个术语，才能够更清晰地把握源于都市生活本性和源于可以广泛地称作"城市性"(cityness)的最重要的人类动态。从这个概念出发，索亚展开了一系列关于人类发展和都市生活的讨论，勾画出城市空间"后大都市转化"的地理性历史。

在"后现代的思想浪潮"中，索亚的"第三空间"与"后大都市"理论迅速得到了学术界的响应，不仅仅成为他个人学术生涯中的主要话题，也成为洛杉矶学派的主要理论工具。从此，由列斐伏尔所开创的具有马克思批判传统的政治经济学，成为空间和都市研究中最主要的理论视角之一，推动了空间政治经济学的一个繁荣时期。

第二节　新都市社会学

从广义上来讲，有别于传统芝加哥学派的所有现代城市社会学研究都可以被称为"新城市社会学"，尤其包括哈维和索亚在内的 20 世纪六七十年代崛起的这一批学者，他们的理论或多或少都受到了列斐伏尔的影响，关注城市与当代资本主义之间的关系，并且关心都市在现代性和全球化进程中的变迁。但是，严格来讲，用卡斯特本人的话来说，存在着两种不同的都市社会学派别，有着不同的学术兴趣和批判主题。相比较哈维和索亚等人从地理学出发的视角，卡斯特认为："新都市社会学要想面对我所举出的这些不寻常的问题进行自我更新，就必须创造出理论上和方法论上的新工具。都市社会学还必须抛弃那些限于大部分后现代理论的文字游戏中的解构和重构的无用实验，在实地研究中、在新信息的产生过程中、在发掘隐藏在社会下的领域中，以及在迷人又悲惨的都市生活的销魂魅力中，回归它的源头。我们不需要新的都市意识形态或善意的乌托邦——我们应该让人们想象自己的神话。21 世纪的都市社会学家真正需要的是新的工具箱(包括概念性工具)，以便展开必要的研究和了解新的空间与社会关系的艰苦工作。"[②]因此，我们把以卡斯特尔为代表的，有别于空间政治经济学的新城

① 索亚：《重描城市空间的地理性历史——〈后大都市〉第一部分"导论"》，包亚明主编：《后大都市与文化研究》，上海教育出版社 2005 年版，第 15 页。

② ［美］曼纽尔·卡斯特著：《21 世纪的都市社会学》，刘益诚译，夏铸九校译，《国外城市规划》2006 年第 5 期。

市社会学理论被称为“新都市社会学”。本节将以卡斯特为线索，介绍新都市社会学的发展概括和理论脉络。

一、集体消费和社会运动

曼纽尔·卡斯特(Manuel Castells)，1942 年出生于巴塞罗那市的一个贵族家庭。他青少年时期聪敏过人，踌躇满志，政治态度非常积极。在就读于巴塞罗那大学期间，曾与其姐姐一同断绝家庭关系而投身于反抗佛朗哥政权的社会运动中。因为这种原因他曾被放逐，以致未能取得巴塞罗那大学的学位。后来他流亡到巴黎，就读于巴黎索邦大学，师从法国著名社会学家图海纳(Alain Touraine)并兼任巴黎大学高等实践学院工业社会学研究室研究人员。1967 年，获巴黎大学社会学博士学位，继而应邀担任巴黎第十大学[①]助理教授。1968 年的“五月风暴”，年轻气盛的卡斯特再度卷入运动之中。这次他再度被放逐，只得转赴加拿大。1969—1970 年，卡斯特在加拿大的蒙特利尔大学担任社会学助理教授。1970 年，卡斯特又回到巴黎，尔后在巴黎大学高等社会科学院担任副教授暨城市社会学研究室主任达十年之久。1979 年，受美国加利福尼亚大学之盛情聘请，卡斯特离法赴美，成为加利福尼亚大学伯克利校区城市与区域规划学系的社会学教授。2003 年起，任南加利福尼亚大学传播通信技术与社会讲座教授、加利福尼亚大学伯克利校区社会学和城市与区域规划系荣誉教授，他同时还是多个国家政府的高级顾问。与卡斯特丰富的人生经历一样，他的学术研究也包含了大量的主题，如社会问题、消费文化、全球化与网络时代等等，跨越了社会学、政治学、地理学和传播学等诸多学科，迄今已出版 20 多部著作、发表 100 多篇论文。其代表作有《城市问题：马克思主义思路》《城市与市民：城市运动的跨文化理论》《高技术、空间与社会》和《信息时代》三卷本等。他的第一本个人专著《城市问题》曾被译成十多种语言，成为国际上都市研究的经典著作。他通过对欧洲、北美和拉丁美洲的田野调查而做的有关都市社会运动和社区组织的比较研究，1983 年获得了赖特·米尔斯奖。1998 年，卡斯特获得美国社会学会的罗伯特·林德和海伦·林德奖，以及马德里地方政府颁发的都市计划最佳论文弗兰德斯奖。2000 年，因其对“加泰罗工人商业团体”的杰出研究而获得国际五一奖章。当然，他的研究大部分还是围绕着城市而展开，因此被誉为“新城市社会学”的创始人。

早年受列斐伏尔的影响，卡斯特开始将城市的本质理解为城市空间，并把它

---

① 值得注意的是，列斐伏尔当时也在该校教授哲学。

融入马克思主义的基本理论框架，关注城市与资本主义的生产关系。但是，卡斯特后来发现，沿着这样的路径继续下去是非常困难的，如何去理解城市和城市空间的本质？马克思本人几乎只字未提。因此，卡斯特逐渐开始脱离列斐伏尔的影响，几乎从零开始建立了自己的概念和观点[1]。卡斯特使用的第一个重要概念是：集体消费。他认为，劳动者起初主要是通过个人的私人消费再生产自己的劳动力（如休息、休养、生殖、学习等）；在农业社会中，农民个人为自己提供食品、衣物、房屋、出行手段以及其他所需的大部分东西。但是，随着城市化的发展，城市劳动者的个人消费已日益变成以国家为中介的社会化集体消费。从住宅、城市环境、医疗、社会保险、福利事业，到教育、治安、文化娱乐、交通设施以及供水供电等，都成为社会公共事业，而它们又无一不是劳动力再生产的必要投入。这些公共事业的特点在于不是劳动者个人独占式的消费，而是社会上每一个劳动力都可以公共进行消费的资料。因此，称之为与个人消费相对应的集体消费。而对于这些集体消费资料（有人称之为社会资本），任何私人资本都不可能独立兴建，只有通过国家的介入，直接干预公共事业的生产、分配、管理与消费的组织过程才能提供集体消费资料。所以，资本主义社会的国家已成为一支凌驾于社会生产方式之上的独立力量，它不仅对资本主义生产工具的生产与再生产过程进行调控，而且直接介入劳动力的生产与再生产的消费过程中，成为日常生活的真正管理者。

城市是资本主义生产要素与消费要素两方面集中、积聚的场所，也就是资本积累和劳动力再生产或集体消费的主要场所。在这个场所中，占统治地位的资本家阶级的利益是强调资本积累，希望国家把大部分投资主要用在社会性生产过程中，如用于扩大再生产的基本建设方面，而将集体消费的投资压到最低水平。由于集体消费的最终目的是生产出供资本家重新榨取剩余价值的劳动力，因此，国家对生产与消费的投资比例从根本上讲是服从统治阶级经济利益的。但是，劳动者阶级则要求国家加大对集体消费投资的比重；现代化大生产的发展，对维持劳动力再生产的消费资料的生产也提出了日益高涨的要求，例如技术密集型产业对劳动者的教育水平与技能水平的要求不断提高，如果国家不能提供充分的教育与就业培训机会，必然会造成失业工人增多和在业工人收入水平下降。因此，追求资本积累的资产阶级与要求提高集体消费水平的工人阶级的利益是截然对立的，资本主义社会的核心矛盾本质上是阶级对立的矛盾。卡斯特明确提出，资本积累和阶级斗争是社会经济系统中两个相关与关键的特征。

① 正因为这个原因，卡斯特强调自己与列斐伏尔的差异，避免直接从空间的角度来进行政治经济学批判；也因为这种“背叛”，索亚多次对卡斯特提出批评。

他认为，城市只是由国家政府政策加以补充的市场机制的物理扩展；国家一方面代表统治阶级的利益，另一方面也不得不采取一定的措施缓和阶级矛盾，防止社会动荡；随着资本的市场运动，政府在何时、何地、以何种方式、在多大程度上组织和介入集体消费过程，必将极大地影响城市空间形态的变动。但是卡斯特指出，那些服务于资本利益的城市计划和政策，并不必然符合广大城市居民和贫困阶层的利益。

由此，卡斯特引出了他的第二个研究兴趣和重点：社会运动。在《城市与市民》一书中，卡斯特着重分析了欧美社会中蓬勃发展的城市社会运动。在他看来，城市社会运动本质上是广大城市居民自发组织起来对政府城市规划的抵抗，表明了百姓自我防卫意识的高涨。在长期的城市社会生活中，百姓们逐步产生了一种新的人与城市之间的互动关系和相应的社会利益、价值观念，即人对自己社区的看法。他们将社区与自身的经济利益和社会生活的各个方面联系起来，认识到为了城市规划而搬出自己长期居住的社区，不仅意味着自己离开一个地理环境，更重要的是意味着与长期在社区中建立起来的社会关系断绝，放弃了融汇在该社区中的社会与文化价值。同样，社区环境的好坏也与自己的切身利益息息相关。出于这种认识，在同一社区中生活的城市居民有可能超越阶层、阶级、种族、文化的界线，组织成政治团体，为捍卫社区的共同利益而进行斗争。如果政府不能向社区提供足够的消费资料，社区居民就组织社会运动来表示不满并进行抗议活动。这些社会运动对于影响政府城市政策的决策具有巨大作用。

在卡斯特看来，城市社会运动有三个主要目标：一是抵制以利润获取为主要目标，坚持提高集体消费水平的城市规划；二是社区文化的创造与认同；三是政治上自治管理，市民组织具有参与决策权。但是他指出，城市社会运动有局限性，它只能改良城市，却不能改变社会。他重申了自己的马克思主义立场：阶级斗争才是社会变迁的主要动力。

至此，我们可以看到，卡斯特的研究总体上还是基于马克思的理论框架，尤其是早期的研究，继承了列斐伏尔的思想，关注城市这个容器中的生产/社会关系。但是，卡斯特的话题更加广泛，并不仅仅局限于政治经济学的范畴，而是涉及更具普遍性的社会学问题。而且，近年来，卡斯特的都市研究的话题更加多元，更关注信息化和全球化所带来的都市转化趋势，提出了很多新的课题，由此引发了新都市社会学更繁荣的研究成果。

二、信息时代的城市生活

在过去的二十多年里，新的信息和通信技术对城市发展产生了巨大的影响，日益发达的全球通信网络在世界城市的形成和发展中发挥了关键作用。智能建筑、电信港、光纤以及其他关键技术，已成为正在浮现中的信息化城市的基础设施的一部分，这些电信设施的建设和扩张对一个城市未来的经济增长以及在全球城市体系中的地位将起到决定性的作用。巴顿(Batten)认为，未来城市的发展潜力将取决于以下几方面：一是能否把所有有形的实体网络(即基础设施)的节点、密度和效率连接到世界各地；二是能否在世界无形的网络体系中，发挥人口、知识、资金、货物和服务的全球性交换作用；三是有无创新性和适应性去不断开发网络中所固有的潜在协同作用并起到超前示范导向作用。在信息化环境下，一种新型的城市形态——网络城市应运而生，它是基于快速交通和通信网络以及范围经济的多中心的城市集合体，与传统的中心地城市相比，网络城市更富有创造性和竞争优势。

从都市经验的观点来看，我们正在进入一个电子通信设备无所不在的速成环境里。我们的都市生活脉络，已经变成了一个电子“e 托邦”(e-topia)。“e 托邦”的城市将较少依赖物资的积累，而更多地依赖于信息的流动；较少依赖地理上的集中，而更多地依赖电子互联；较少依赖扩大稀缺资源的消费，而更多地依赖智能管理。在这个新的都市形态里，我们常常有意或自动地通过在线信息系统进行交流，这种交流越来越无线化。米切尔(William Mitchell)认为，渐渐地，我们将会发现，仅仅通过重新连接硬件设施，替换一些软件，以及重新组织网络链接，就能使现有的地方适应新的需要，而根本不需要破坏实体建筑，也不需要建造新的建筑。“但是，场所效力将依然存在。随着传统上位置因素制约的减弱，我们将会为那些提供了特别的文化、场景和氛围的地方所吸引，这些独特的品质都是不能仅通过一条线路便可得到的，更何况还有我们特别在意的面对面的交流”[①]。

卡斯特把信息时代的社会关系归纳为由“流动空间”组成的网络型社会。事实上，他在早期的城市著作中就注意到了技术因素的重要性，“技术在改变城市形态方面所起的作用是无可争辩的，技术通过以下两种形式发挥作用：一是技术带来了新的生产和消费活动；二是通信手段的巨大发展几乎消除了空间障碍”[②]。随着现代科技的发展，卡斯特逐渐意识到技术，尤其是通信技术，是理解现代资本主义制度发展的焦点，技术的概念也取代了城市和城市空间。他进一

---

① [美] 威廉·J.米切尔著：《伊托邦——数字时代的城市生活》，吴启迪等译，上海科技教育出版社 2005 年版，第 163 页。

② 转引自[美] 安东尼·奥罗姆、陈向明著：《城市的世界——对地点的比较分析和历史分析》，上海人民出版社 2005 年版，第 44 页。

步指出，我们已经进入了一个崭新的时代——信息时代，它将给社会带来革命性的转变。从新闻到金融数据，信息时代几乎可以瞬间传递各种类型的信息，将世界任何地点与人们紧密联系。在这样一个没有时间障碍的时代，快速流动的信息带来许多重要的变化。在弱化主权国家作用的同时，增强了不同类型网络的力量，例如人群网络和组织网络，尤其是金融机构网络。

与他对城市的看法一样，卡斯特关于信息时代的看法也是在总结许多国家情况的基础之上获得的。他相信，信息时代将取代工业时代，而且许多变化会随着信息时代的到来接踵而至。其中一些变化对空间的使用具有这意味深长的含义。当快速通信手段使人们的交流不再受到空间距离的约束时，这些通信技术及其在特定地点的集中必将改变城市的本质和广义上的生存空间，比如工作场所的改变。此外，技术的集中以及金融业的发展，意味着由新技术组织的新城市中心将不断涌现，例如硅谷和奥斯汀[①]就是这类新城市中心的代表。最后，他还提到，越来越多的人聚集到大城市，新“大都市”的数目将持续增长。目前，上海、新墨西哥城、巴黎、香港以及其他许多城市代表着这类中心城市。

除此以外，还有很多新都市社会学围绕着电子通信作为一种新的社会交往形式而展开讨论。威尔曼（Wellman）和琼斯（Jones）以及其他为数众多的社会学专家的研究显示出电子通信网络的密度与强度，并证明虚拟社区可以算是一个社区，尽管与日常生活中面对面接触的社区有所不同。他们认为，关键要理解由特定利益或价值构成的各种电子网络之间以及这些网络和物质相互作用之间的沟通符号。只是因为互联网尚处在“幼年期”，现在还没有一个针对这些沟通过程的成型的理论。但是我们知道在线社会交往是具体的、不可忽视的，其物质空间位置往往以意想不到的方式有助于对电子通信网络的配置。虚拟社区社会学是新都市社会学中重要的一条发展轴线。格雷厄姆和马文（Graham & Marvin）以相似的脉络但不同的角度得出的分析——都市基础设施是分裂成碎片的网络，被都市文明的新电子线路重新配置，并开启了一个了解城市的视角：城市不仅是沟通的系统，同时还是周密分割的机器。换句话说，这是一个同时沟通与不沟通的过程。新都市中心的矛盾和（或）互补关系——公共空间的实践与虚拟社区中出现的新沟通模式为都市社会学的一个新方向打下基础，这是一个关于由流动（flows）和场所（places）交织而成的“受控城市”（cyborg city）或混血城市的社会学。

① 美国得克萨斯州的一个城市，是戴尔电脑公司的总部所在地。

三、全球化与世界城市

从上文的论述可以看到，信息时代的都市发展伴随着全球化的过程，因此，世界城市自然也就成为新都市社会学中重要的一个研究范畴。世界城市（world city），又称为全球城市（global city）、国际城市（international city），作为学术用语，最早由西方城市和区域规划先驱哥底斯在1915年所著的《演化中的城市》一书中提出，并从经济和商业等两方面将“世界城市”描述为在世界商务中具有异乎寻常优势的那些城市。1966年，著名英国城市规划专家霍尔（Peter Hall）出版了他的著作《世界城市》（*The world cities*），较为全面地描述了世界上主要的、具有国际影响力的城市，从此拉开了现代世界城市研究的序幕。

有七位学者的研究成果最具代表性：第一位自然是霍尔，他认为“世界城市”是“主要政治权利中心、国际最强势政府和国际商贸等全球组织的所在地”，并据此选择了纽约、伦敦、巴黎、东京、莫斯科和德国的莱茵—鲁尔区、荷兰的兰斯塔德区作为他的研究例证。第二、第三位是金（Anthony King）和泰勒（Peter Taylor），他们采用不同的研究路径，把世界城市放在世界体系中来考察，认为世界城市乃其特定的世界经济体系的中心。依据对早期欧洲社会变革的研究，他依次列出了威尼斯（意大利）、安特卫普（比利时）、热那亚（意大利）和阿姆斯特丹（荷兰）为不同历史时期的世界城市，因为这些城市分别为当时世界霸权国家的经济中心，这些城市因此被称之为霸权城市。他们还进一步为后来的各历史时期标定出了这类城市，即17世纪的阿姆斯特丹、19世纪的伦敦和20世纪的纽约。第四位是戈特曼，他是第一个在实证研究美国东海岸城市基础上提出大都市带（megalopolis）概念的著名学者，他不仅提出了判别大都市带的一系列指标，同时也注意到了不同大城市在大都市带的职能分工，认为“脑力密集型”产业乃世界城市的最重要标志。第五位是弗里德曼，他是第一个对这一研究命题进行系统研究的学者。作为这一研究的里程碑，弗里德曼在其近20年的学术生涯中对这一命题进行了深入分析，并提出七大著名论断和假设，迄今仍然是研究世界城市的最重要基础。第六位是司瑞福，他接受了弗里德曼的基本思想，但更强调服务功能的重要性，认为一个世界城市的地位不仅取决于其所拥有的公司总部的数量，而更在于这些公司总部的等级和级别并据此选择了两个指标来分析世界城市，即公司总部数量和银行总部数量，依据这两个指标在数量和级别上的不同组合，他将13个世界城市分为三级。第七位是萨森，她将世界城市称为全球城市，是那些能为跨国公司全球经济运作和管理提供良好服务与通信设施的地点，是跨国公司总部的聚集地。她着重于微观角度，即企业区位选择的角度，论述信息时代世界城市所具有的集中控制功能。她认为，从全球层面上看，全球城市在世界经济中发展所起的关键动力在于其集中了优良的基础设施和服务，从而使它们具有全球控制能力。

以下我们再回到卡斯特的理论，他从信息流动的角度分析了世界城市形成的力量基础，构造了所谓的“发展的信息模式”(information mode of development)。他认为，信息技术使得地理摩擦为零，世界经济将由“地方空间”转变为“流动空间”。信息的流动具有独特的网络结构特征，通过建立全球性的具有“瞬时”通达性的网络，就可以消除国家疆域的壁垒，这种情形充分表现在以通信联系为基础的世界资本市场交易之中。如何获得信息空间的进入权和对信息空间主要节点的控制权，就是在国际资本积累博弈中取得最终胜利并成为世界城市的关键所在。在全球化、信息化过程中，社会的变革具有一种空间维度，在更深的层面上，这种变革最终是为了建立一种新的空间逻辑，其特征为资本积累、生产组织、市场联合、信息交流与全球权力实践的新过程。我们可以更进一步认为，这种空间逻辑是以占主动地位的各种流体空间为特征的，是由那些将全球与各个管理枢纽连为一体的电子循环圈构成的。然而，这并不是我们社会的唯一空间逻辑形式，而只是占主导地位。与之相比，我们发现，作为贯穿历史的普遍原则，地方空间是日常生活组织的区域形式，是大多数人类所经历的模式。流体空间使全球融为一体，与此同时，地方空间仍旧被按地区分块。主导着历史的一个根本性的机制，是流体空间而非地方空间，从而在传统开发关系中产生了两个不同的空间，传统的开发关系是分割的、薄弱的和自然性的。只有市民才能从头到脚地重建城市，从而使之复原，新时期功能与内涵之间的关系通过全球与地方的联系而形成。

此外，卡斯特依然关注世界城市中的社会运动，他指出，从反全球化运动到同性恋运动，这些运动已不再仅仅是工人阶级反对资产阶级的运动，也不再是社会主义反对资本主义的运动。新社会运动藐视任何简单的描述或列举，它们的共同之处似乎是当地民众对全球力量，尤其是对全球资本主义入侵和发展的反应。而且新社会运动关心新问题，特别是“身份”问题。新社会运动更关注参与者之间身份认同感的形成，无论这种认同感是源于它们共同的种族背景，还是对全球化产生的负面作用的关注。

总体而言，“世界城市”研究最主要的贡献在于其为研究城市提供了一个全新的视角。即从城市存在于变化的更广阔的外部环境出发来看待城市。面对这个全新的都市世界，“21 世纪的都市社会学”有着更为广泛和深邃的研究空间。

本章只是粗略地勾勒出近年来西方都市研究理论的一个发展线索，我们可以发现，这里涉及了都市空间、都市文化、信息时代、全球化、当代资本主义制度和后现代性等众多当代社会科学中最重要的话题，也直接推动了巴特（Roland Bathers）和雅各布斯（Jane Jacobs）等人"城市文本解读"的文化研究及佐京（Sharon Zukin）的城市文化学、奥罗姆（Anthony Orum）的城市制度学和林奇（Kevin Lynch）的城市意向理论等等。哈维和卡斯特等人的空间里面，还直接启发了布迪厄、吉登斯和沃勒斯坦等人的社会理论，尤其是吉登斯在其成名作《社会的构成》中用了很多的篇幅来讨论哈维的"时空压缩"的概念，并延续到《现代性的后果》等一系列现代性的研究中。现代城市社会学的理论影响越来越大，甚至从20世纪后半叶开始，社会思想和社会理论已经呈现出一种"空间转向"的趋势。

现代空间/都市理论的繁荣，反过来也推动了经验研究的发展。近年来，以吕（Martina Löw）为代表人物的一批德国城市社会学家，试图结合列斐伏尔、布迪厄和吉登斯等人的理论——空间产生于社会行动和社会关系，同时又产生决定了社会行动和社会关系的再造——在空间理论的指导下，展开了性别研究、社会分层和都市人类学等大量具体的经验研究，帮助我们更好地去了解和分析生活在其中的城市空间。

然而，在我们阅读这些现代城市社会学理论的时候，必须强调的是，当代都市研究的语境已经发生了根本性的变化，因为从历史角度看，最迅猛的都市化过程是与欧美和北美的工业化联系在一起的。但如今的都市问题已经超越了西方文明或资本主义的范畴，而且这一前所未有的都市化进程主要正发生在最难以控制的后发展国家里面，后发展国家正在卷入一场"都市革命"，这场革命正在改变着后发展国家原来以农业占主导地位的农业社会的结构。因此，无论是空间的政治经济学还是新都市社会学，当我们在中国城市社会学的研究中使用时，必须加以适当的批判和谨慎的整理。

最后，借用索亚在《第三空间》序言中的一段话，来体现现代城市社会学理论对当代学者和读者们的最大价值：

（这就是）鼓励你用不同的方式来思考空间的意义和意味，思考地点、方位、方位性、景观、环境、家园、城市、地域、领域以及地理这些有关概念，它们组构成了人类生活与生俱来的空间性。鼓励你用不同的方式思考，我并不是让你抛弃你对空间性的旧有的、熟悉的思想方法，而是请你用新的方法来质问它们，以期打开并且扩展你先已确立的空间或地理想象的范域和鉴别情愫。[①]

① 索亚：《"第三空间"导论——去往洛杉矶和其他真实与想象地方的旅程》，包亚明主编：《后大都市与文化研究》，上海教育出版社2005年版，第23页。

参考文献：

[1]　蔡禾.城市社会学：理论与视野[M].广州：中山大学出版社，2003.

[2]　[英] 安东尼·吉登斯.社会的构成[M].李康等，译.北京：三联书店，1998.

[3]　[美] 戴维·哈维.后现代的状况：对文化变迁之缘起的探究[M].阎嘉译.北京：商务印书馆，2003.

[4]　何雪松.社会理论的空间转向[J].社会，2006(2).

[5]　[美] 曼纽尔·卡斯特.网络社会的崛起[M].夏铸九等，译.北京：社科文献出版社，2003.

[6]　[西] 若尔迪·博尔哈，[美] 曼纽尔·卡斯泰尔.本体化与全球化：信息时代的城市管理[M].姜杰，等译.北京：北京大学出版社，2008.

[7]　[英] 布赖恩·特纳.《Blackwell 社会理论指南》第 2 版[M].李康译，上海：上海人民出版社，2003.

[8]　夏建中.新城市社会学的主要理论[J].社会学研究，1998(2).

[9]　谢守红，宁越敏.世界城市研究综述[J].地理科学进展，2004(5).

[10]　Helmuth Berking，Martina Löw(Hg.)，2008，Die Eigenlogik der Städte：Neue Wege für die Stadtforschung，Campus，Frankfurt/Main.

第六章 城市规划与空间型塑

人类试图规划美好的城市，而形成后的城市反之深刻影响人类社会。本章旨在探究城市规划、空间的理论和实践。通过介绍人类社会生活典型空间——城市，阐释对“空间”的社会学理解、对20世纪的城市规划以及对“空间”的理论概括等，展现有关城市规划的理念和实践发展状况，提示城市空间转向的一些基本趋势。

城市空间的转向影响城市规划，城市规划是对发展目标的细化并提供发展建设和管理服务的充分依据，其规划是面向未来的，是对城市发展目标的细化；其任务是使城市空间合理布局、对城市发展做出预测、对城市建设综合安排，并指导已建成城市环境设计与开发。

第一节 城市规划理论

一、古代城市规划思想概述

1. 中国古代城市规划思想

对中国人而言，城市观念中“城”的概念将城市和城墙合二为一。“城”既代表城市、又代表城垣。在漫长的历史发展过程中，中国的绝大部分城市人口都在有城墙的城市之中。考古学证据揭示，春秋战国时代的城市规模已经很大，城市功能已相当复杂。三国之后，城市规划有了明确的意图，综合了整体观念，并具有了建造大型城市的高超技术水平，在城市建设中发挥了作用。如隋唐时代长安城的规划就是中国古代最杰出的城市规划成就之一。隋朝时期，宇文恺制定并按规划建设的长安城、洛阳城已十分巨大。古长安城的城市平面呈矩形，皇宫在城北居中，采用了严格的中轴线对称布局[①]。这一布局对此后中国都城规划影响深远，奠定了金中都、元大都和明清两代北京城的规划基调，同时也影响了此后亚洲的其他国家，如日本的平安京、平城京都模仿了隋唐长安城的布局。

中国古代城市规划有其鲜明特点：

第一，中国古代城市一般有严格的层级，是按照一定的制度进行规划和建设的。如在反映早期城市规划思想的著作《周礼·考工记》中，对周代的城市建设制度有明确的记载。城邑大小因受封者的等级而异，城内道路的宽度、城墙的高度和建筑物的颜色都有等级区分。《考工记》对王城的规划为："匠人营国，方九里，旁三门，国中九经九纬，经涂九轨，左祖右社，面朝后市，市朝一夫。"[②]这些关于城市规划的原则，被认为有社会经济制度的根据。

第二，中国古代城市一般都重视城市的选址。《管子》中反对商周以来用占卜确定城市位置的方法，提出"凡立国都，非于大山之下，必于广川之上，高毋近旱而水用足，下毋近水而沟防省"的原则，主张建设城市要选择依山傍水的地形，以免受旱涝之害，节省开渠引水和筑堤防涝的费用[③]。许多中国历史文化名城，如西安、洛阳、开封、苏州、杭州、北京、南京等的选址，都符合上述选址原则。千百年来这些城市虽几经天灾战祸，但经过重建、改建或扩建，一些遗迹保存至今，城市持续发展。

第三，中国古代都城以宫城为中心，通过中轴线对称展开平面布局，在空间上体现了皇权为核心的思想。宫城为核心，坐北朝南，主要殿堂位于中轴线的布局体现了中国古代城市布局的传统特征：一是由于传统的中国庭院式低层建筑群主次分明，以中轴线可突出主要建筑物；二是封建统治阶级意图中的等级观念和秩序感可如实反映在这一布局中。

第四，中国古代城市规划讲究人与自然的和谐，重视利用水源和城市园林。北方古城如唐代长安、宋代开封和元朝大都，均将水流引入城内，在总体布局上把城市建筑与水面巧妙地结合起来，既满足了生活用水的需要，也美化并改善了环境。不少南方城市的规划更借用河流舟楫之便，有的甚至在城中开辟出一系列与道路系统相辅相成的河道网。河道网的形成，一方面提供了方便的交通网络，同时为生活排水提供便利，形成独特而合理的城市布局。

---

① 推崇对称布局虽并非中国城市所独有特征，西方文艺复兴时期的城市规划也表现出一种对几何对称的推崇，认为其代表上帝与宇宙的完美(法古斯·费莱明编：《城市的进程》，吉林人民出版社 2000 年版，第 107 页)。然而，严格中轴线对称布局无疑是中国古代空间型塑的主要特征。

② 闻人军译注：《考工记译注》，上海古籍出版社 1993 年版，第 130 页。

③ 谢浩范、朱迎平译注：《管子全译》，贵州人民出版社 1996 年版，第 53 页。

当然，重视“城墙”一直是中国古代城市规划中值得关注的鲜明特色之一。如“城”字所含的原有象形意义一般，城既代表城墙，又象征城市，在传统用词上是合而为一的。中国城墙的基本功能是防御入侵、保护城内居民与资源。通常一座坚固的城墙经得起敌军大规模的攻击，而重要的城市（如北京、济南、兰州与广州等）甚至筑造第二道城墙。随着帝制时代的终结，中国古代都城的瓦解也是由城墙的消失为主要标志的。因此，具有以其选址、对排水系统和水道的规划并形成为区域范围内自给自足的节点等特点的、有城墙城市的发展和繁荣具有里程碑式的意义。

由此可见，中国古代传统的城市规划思想和历史经验对现代城市规划和空间型塑有着非常重要的启发作用和参考价值。

2. 西方古代城市规划思想

考察古代西方社会，有两大文明都市是十分值得一提的：一是古希腊城邦中以雅典为代表的一系列都市群。希波达摩斯（Hippodamus）提出城市建设体系标志着希腊城邦建设规划的诞生。古希腊的建筑师结合理念和当时实际，探讨城镇形态，这一城市建设体系逐渐形成并发展成熟，采用了方格网状的街道系统，通过街道将市场与各类建筑有机地结合起来。希腊城邦的建设以阿格拉（都城广场）为市民经济和社会生活的中心、以阿克罗鲍里斯城为核心。其中商业聚集区阿格拉位于交通便利的海岸线上，而阿克罗鲍里斯城[①]则为抵御外来侵略，建筑了城墙。希腊城邦中规模最为宏大的雅典城在城邦中享有盟主地位，其主要街道是根据帕特农（传说中的雅典保护神）行走的路线而修建出来的道路，划分成 12 个区域，市场周围布置着寺院和行政设施。亚里士多德曾赞美方格网状区隔是最完美的规划。这类规划在规划理念史上被尊崇为“权威派”。

另一大古代文明都市是古罗马。古罗马是由小型国家群组合而成的大型城市国家。当时急剧而快速的都市进程导致采取规则统一的发展模式成为不可能，因此看起来古罗马的城市群似乎是不规则的。然而，细看古罗马城由中心部位向外放射状延伸而分布的八条大道，就能体察到当时罗马城的主要规划理念。“罗马非一日建成。”环绕罗马中心广场的行政中心和市民广场，并有包括凯旋门在内的列柱大街，还依次建造了竞技场、浴场、喷泉等，配置了规划精细的上下水道。更值得一提的是，古罗马城市已开始通过规定建筑物的高度不得超过道路

① 即雅典卫城，是希腊最杰出的古建筑群，阿克罗波利斯建造的神庙，是综合行的公共建筑，为宗教政治的中心地。雅典卫城面积约有 4 平方千米，位于雅典市中心的卫城山丘上，始建于公元前 580 年。卫城中最早的建筑是雅典娜神庙和其他宗教建筑。雅典卫城，是世界新七大奇迹之一，也称为雅典的阿克罗波利斯，希腊语为“阿克罗波利斯”，原意为“高处的城市”或“高丘上的城邦”。

宽度的两倍等相应的法规来规范建筑活动。

随着古罗马帝国的衰落，漫长的中世纪时期，西方的城市建设也陷入没落状态，城市规划思潮没有得到相应的发展。15世纪前后文艺复兴运动的到来，使人文主义精神开始盛行。这一期间的城市规划理念受到人文主义精神的影响，也强调以人为本来取代神的权威。当时虽说还没有独立的城市规划学科，但建筑学中包含着城市规划的内容。当然，在其他相关学科中也已经有人注意到对城市的研究，涌现了如阿尔伯蒂（Alberti）、达·芬奇（D. Vinci）、帕拉第奥（A. Palldio）、斯卡摩锡（Scamozzi）等优秀的建筑师和艺术家。其中影响较为深远的有阿尔伯蒂的著作《论建筑》和斯卡摩锡提出的"理想城市方案"[①]。

这一时期，对后世产生巨大影响的还有托马斯·莫尔（Thomas More）的"乌托邦（Utopia）"和康帕内拉（Tommaso Campanella）的"太阳城（the City of the Sun）"。莫尔的乌托邦描绘了有"巨大壮丽""布局也相仿"的54座城市和由此组合而成的理想社会[②]。康帕内拉构想的"太阳城"由相互连通的七个同心圆组合而成，城内实行一切物品的公有制，人们受到良好教育，享有荣誉并过着幸福生活[③]。两位杰出的人文主义斗士的作品影响深远，甚至可以说为反思和批判现代城市沦为商品、大量生产理性化与自动化消费之牺牲品的现状提供了极为恰当的素材。

二、近现代城市规划论的萌芽、发展与演进

城市规划的诞生源于人类社会发展的需要。第一位现代建筑大师路易斯·沙利文（Louis Sullivan）曾感叹道："形式随功能而生。"进入近代之后，功能转变导致了城市规划的理论在西方出现过多次转向。通过考察经济、社会及自然环境因素对土地使用状况的历史以及产生的影响，能反映出城市规划从起源到现代的连续发展过程。这一过程表明，如今呈现出各种新意的城市规划理念并非是无源之水、无本之木，它们的背后有着丰富的、已经被隐匿了的世界。

1. 近代城市规划的萌芽与发展

（1）公共卫生与城市规划。

城市化初期遇到的公共卫生问题是城市规划产生的一大契机。早在14世纪中叶欧洲发生鼠疫，尽管当时大多数人并不生活在城市，然而伦敦、佛罗伦萨、威尼斯等大城市中死亡的人口约占了总死亡人数的一半。此后也发生过类似的

---

① 清华大学建筑与城市研究所编：《城市规划理论·方法·实践》，地震出版社1992年版，第12页。
② ［英］托马斯·莫尔著：《乌托邦》，戴镏龄译，商务印书馆2006年版，第50页。
③ ［意］康帕内拉著：《太阳城》，陈大维等译，商务印书馆1997年版，第3—10页。

疾病，如1894年香港的鼠疫主要由外轮船员和乘客传染到多个沿海城市，波及60多个国家，病亡人数高达上千万人。

在农村，因居住分散，人们被恶性疾病传染的概率很低。在人口众多、聚居紧密的大城市，开始预防遭受类似疾病的传播，如欧洲各国较早开始对城市环境加以整治，并建设公共卫生的基础设施，如城市的上下水道、垃圾处理和环境卫生设施等。1875年，英国制定颁布了世界第一部《公共卫生法》(*Public Health Act*)，规定地方政府必须义务建设标准的供排水系统，有权制定规划实施的相关细则，还规定每一居室的最小面积和街道的宽度。城市规划也由此萌芽。这也是早年英国的城市规划由卫生部或健康部管理的重要理由之一。因此，防止城市疾病、努力实现公共卫生催化了"城市规划"的进程[①]。

(2) 环境治理与城市规划。

18世纪中叶进入第一次工业革命之后，资本主义迅速发展，英国率先完成了早期的工业化。工业发展加速了城市化，到了19世纪中叶，半数以上的人口已经居住在不同的城市。几乎所有的英国城市都分布在矿产、港口等附近。高度密集的人口、过度开发的区域导致了空气与水的污染，工业发展的负面效应不久就显现出来。以1885年的曼切斯特为例，婴儿死亡率高达80%，导致人均寿命降低到不满30岁。

城市环境的不断恶化引起了许多有识之士的注意。罗伯特·欧文(Robert Own)就曾发起倡议，认为为了避免全人类的灾难，必须改善环境问题。其中重要的内容之一是建设城市的公共设施，改善工人的工作环境和生活条件。经各方努力，英国国会在1890年通过的《工人阶级住宅法》(*The Housing of the Working Class Act*)，详细规划了工人住宅区并制定了包含供排水、道路、房屋日照等在内的旧房改造标准。

环境治理的功能体现出城市规划的雏形。此后环境治理逐步深入，形成了新的城市美化运动。在19世纪末的美国，城市美化运动通过1893年芝加哥举办的哥伦比亚世界博览会(the World Columbian Exposition)而走向高潮。该博览会的主要目的不仅仅只是一场有大型展场或模型的盛会，而是试图通过城市美化建设，建立一个"梦幻城市"，以此拯救因当时中心城区环境恶化导致中产阶级逃离城市中心的"沉沦城市"。这次世界博览会使城市美化运动不久之后就在全美展开，对于现代城市规划体系的形成也产生了深刻的影响[②]。在2010年的

① 仇保兴：《19世纪以来西方城市规划理论演变的六次转折》，《规划师》2003年第11期。
② 仇保兴：《19世纪以来西方城市规划理论演变的六次转折》，《规划师》2003年第11期。

上海世界博览会上，确定的“城市，让生活更美好”的主题，可以说也是继承了上述历史经验的一种延伸。

2. 埃本尼泽·霍华德的“田园城市”

英国的埃本尼泽·霍华德（Ebenezer Howard）是“田园城市”运动的发起人。他对以往的城市规划经验进行了深刻反思，并在1898年出版了代表作《明日：一条通向真正改革的和平之路》（*Tomorrow—A Peaceful Way to Real Reform*），1902年修订后改为《明天日田园城市》（*Garden Cities of Tomorrow*）。这一著作使他因此成为现代城市规划的开山鼻祖。霍华德提出了“田园”的三大目标，即空间目标、社会目标和管理目标①。

（1）空间目标：一是田园城市控制规模，限制城区用地过度扩张；二是几大田园城市组成一个中心系统；三是居住区和工业区由绿化带和其他开敞地分隔开来；四是功能合理的布局居住、工作等基础设施；五是城市各功能区之间交通顺畅；六是人不能生活在混凝土之中，市民可以自由地与自然景观接触。

（2）社会目标：一是通过公共政策减轻房客的房租压力；二是资助建立各形式的合作社；三是土地出租的收益归公共所有；四是建设各种社会基础设施；五是创造各种就业岗位，包括自我创造就业岗位的专业户。

（3）管理目标：一是城市建设规划须具有约束力；二是建立城市规划指导下的建筑方案审查制度；三是社会成为公共设施建设的承担者；四是把私人资本的借贷利息限制在3%～4%范围之内；五是为使政府能提供公共基础设施，建立公有或国有企业。

为解决工业化阶段城市化带来的许多问题，霍华德提出的三大目标中包括了对城市空间、社会和政府管理的弊端反思。尽管被简·雅各布斯（Jan Jacobs）批判为是从“个人的角度而非城市规划的角度”发表意见②，霍华德的“田园城市”还是对此后的城市规划师产生了深远影响。人类在城市规划方面的伟大实践，如20世纪英国的新城镇规划、20世纪30年代之后美国的新城规划和控制大城市发展等等，无一不曾受到霍华德“田园城市”理论的深刻影响。

3. 理性主义下的《雅典宪章》

1933年现代建筑国际会议在雅典召开，建筑学家勒·柯布西耶（Le Corbusier）起草的《雅典宪章》成为城市规划的纲领性文件，此后被公认为是近代城市规划的历史性总结，是城市规划理论发展史上的里程碑。

---

① 吴志强：《百年现代城市规划中不变的精神和责任——纪念霍华德提出“田园城市”概念100周年》，《城市规划》1999年第1期。

② ［加］简·雅各布斯著：《美国大城市的死与生》，金衡山译，译林出版社2006年版，第19页。

(1)《雅典宪章》的理念集中体现了理性主义的贡献：一是它改变了传统规划对城市主要构成要素的忽视，却对城市形式和图案过分关注，而从城市中人的活动和土地使用功能出发，对所涉内容进行合理的探索；二是使城市规划从传统的注重直觉和理念中摆脱出来，转变为对科学和现实的关注，因而将城市规划转变为科学的一部分；三是广泛吸收其他学科取得的成就改造自身。勒·柯布西埃本人就在城市规划和设计中充分运用了物理学的力学原理。

(2)《雅典宪章》的主要贡献：一是强调城市与周围区域之间不能割裂，城市与其周围区域之间存在着有机联系；二是创造性地概括了城市的四大功能，即居住、工作、休闲及交通，为此，柯布西耶提出了“阳光城”的概念，提议拆除城市中的低矮房屋，建设高楼大厦，以享受充足阳光；三是提出保存具有历史意义的建筑和地区的重要性。

4. 以人为本的《马丘比丘宪章》

在《雅典宪章》公布 44 年之后，现代建筑国际会议(CIAM)在秘鲁首都利马的玛雅文化遗址地“马丘比丘”召开并制定了著名的《马丘比丘宪章》。该宪章在前言中指出：“雅典代表的是亚里士多德和柏拉图学说中的理性主义，而马丘比丘代表的却是世界上启蒙主义思想所没有包括的、单凭逻辑所不能分类的一切。”

总结 40 多年城市规划和人类社会的发展经验，《马丘比丘宪章》作出了超越理性主义的尝试。世界上存在着理性主义所不能包括的其他文化形态。因为世界是复杂的，人类的一切活动远非《雅典宪章》所代表的理性主义所能完全覆盖的。因此，《马丘比丘宪章》对《雅典宪章》进行了一系列的批判，其主要观点如下：

(1) 城市规划不能为了追求清晰分区而牺牲了城市的有机构成。城市交通政策必须使私人汽车从属于公共运输系统的发展；作为一个动态的过程，区域或城市规划不仅包括规划的制定，也包括规划的实施；规划重在规划的编制过程，尤其是规划的实施。

(2) 城市规划要防止照搬照抄不同条件、不同变化背景的解决方案。因为不同的国家和民族、不同的历史文化、不同的经济发展水平，对解决城市问题的方案应该是不同的。如果照搬西方国家的规划，对发展中国家来说有可能是灾难性的。而某个城市的特征取决于该城市的结构和社会特征，一切能说明这种特征的有价值的文物都必须保护。保护必须同城市建设过程结合起来，以保证这些文物具有经济意义和生命力。生活空间的创造重在内容而不是形式，在人与人的交往中，“宽容和谅解的精神”是城市生活的首要因素。不应着眼于孤立的建筑,而要追求建筑、城市、园林绿化的统一。科学技术是手段而不是目的,要正确运用。公众参与城市规划的全过程是文明进步的趋势。城市是市民的城市,不是当权者或规划师的城市。

由此可见,《马丘比丘宪章》试图修正《雅典宪章》所体现的过度“理性主义”,成为城市规划发展史上的第二座里程碑。尽管1977年以后,世界建筑师协会先后召开了多次大会,并制定了包括《北京宪章》在内的多个宪章。但迄今为止,却仍没有哪一个宪章能像《马丘比丘宪章》那样,深刻地洞察现代世界城市化过程中的弊端,并有针对性地提出相应的对策。

5. 走向开放、民主的城市规划

遵照《马丘比丘宪章》,城市规划成为一个充满价值判断的决策过程,规划者就不应该将自身的价值观凌驾于城市民众之上,而应通过形成开放的机制,以公众参与、平等协商来进行城市规划。因此,通过各种尝试出现了一系列城市规划的新理念[①]。主要有:

(1) 辩护式规划:在制定规划过程中充分发挥民主作用,突出为公众服务,尤其是为社会弱势群体利益服务。

(2) 开放式规划:在规划过程中,先将社会的复杂性、多元性以及各种利弊显露出来,在不同的声音都被释放、不同的利益都得到诉求的基础上,进行规划。

(3) 沟通式规划:在公众参与城市规划过程中,规划者最重要的事情是“倾听”和“沟通”,与不同利益代表者相互沟通和交流,经过协商达成共识是规划的前提。

(4) 行动性规划:如果通过制定公共政策得出的方案并不能在实际中得到很好执行,就应重视规划如何按照政策履行,规划者应在公共政策的执行中起到关键的作用。

尽管城市规划问题表面上是空间规划问题,实际上却是一个来源于经济社会的问题。没有一个城市空间的规划问题,是仅依靠空间技术手段顺利解决的。原因在于,城市规划的内容无法与其所在社会的价值取向相互脱离,而这些价值观念在近现代是动态变化的,这使得一个“成功”的规划将在不同时期被赋予完全不同的意义。利益取向的差异、阶层的差异、文化经济发展阶段的差异都使得评价规划的标准有所不同。

因此,城市规划有必要借鉴社会学知识。作为一种“探索性”的学科,不断从新的需要出发,在探索解决新问题过程中寻找恰当的办法是必须的,同时,城市

---

① 仇保兴:《19世纪以来西方城市规划理论演变的六次转折》,《规划师》2003年第11期。

规划也不能忽视城市发展的历史和城市空间的形成过程。今天的城市为何会变成如此的模样？我们需要借鉴的正是来自社会学对“空间”的理解。

第二节 “空间”的社会学理解

一、充满风险的现代城市空间

现代城市空间是安全的，还是充满风险的？1995 年 3 月东京地铁出现的“沙林毒气”事件，2001 年 9 月纽约爆发震惊全球的“9·11”事件，2005 年 7 月的伦敦则遭遇了地铁公交“连环爆炸案”。进入了 21 世纪，大规模的恐怖事件在世界一些主要大城市仍时有发生，导致城市空间变得充满风险。

引起风险的首要原因，通常认为是恐怖活动。所谓的“恐怖主义(terrorism)”来源于“恐怖(terror)”一词，特指一些个人或群体通过恐怖活动以求达到政治目的的活动。尤其指对恐怖活动的对象不加区别的、包括普通民众在内的、无差别式的恐怖活动，它将日常生活的公共空间转变为恐怖活动的场所，其手段十分卑劣。

恐怖主义虽是使得城市空间风险化的主要原因，然而给人类社会所带来的问题远非仅仅只此而已。一旦发生了恐怖活动，如果对该活动的路径不加以截断，那么之后的恐怖活动就将不断增加。正如乌尔里希·贝克(Ulrich Beck)指出的那样，对安全和风险规避的活动一旦开始就会向着追求完美的程度不断扩大。这就使得维护安全和管理的一方试图去除一切安全隐患。这一来，在维护安全或稳定的名义之下，更为严格的管理技法都很快登场了。

这一点在最近几年的城市空间中已经开始明显地呈现出来。

首先是对敌对势力和集团进行严格的管理和监视。管理的对象逐渐扩大，直到对文化、宗教、意识形态、语言、生活方式上呈现异质性的人群都作为潜在“安全隐患”加以监视、管理。管理的技法也日益更新。比如美国从 2005 年、日本从 2006 年修改相关立法，分别要求入境的外国人提供指纹和身份照片并做记录。其次是对可能发生风险的城市空间作为监视和管理的对象。无论是在纽约、伦敦、巴黎，还是在东京，众多的监控摄像头被安装在街道路口、车站、广场、百货商店内外甚至是住宅小区的公用区域。在我国，整个城市空间的“网格化”管理，甚至成为上海等大都市的基层派出机构实施的重要工程之一。

尽管历史文化背景迥然不同，然而为了规避城市空间中含有的各种风险，不同国家的都市都呈现出许多共同特征。带有门卫、拒绝他者进入的社区，保安严密的楼宇等作为空间管理的技法被不断普及化。城市社会学所关注的问题是，不同的人们能在同一空间中共生吗？陌生人迁移集聚而形成起来的城市曾经是拥有不同文化背景的、异质性他者们共同生活的试验场，然而现今的城市空间中呈现出的风险与危机则似乎警示着人们去思考，应当如何维护城市空间的开放性？如何使得伴随着公众的宽容建立起良好的社会秩序？

正如“空间论的转换(spatial turn)”这一概念所揭示的一样，在将“速度”作为衡量发展指标的近现代，空间随着借助大幅度提升速度的交通工具的出现而似乎很容易就能被跨越。然而，速度提升甚至走向极致，与其说是意味着空间的消失，不如说是使得多元的空间得以呈现出来。自社会学诞生以来，没有哪个时代如今日这般如此频繁地探讨“空间”问题。为何需要关注这一问题呢？这就需要我们回顾一番社会学视角下对空间理解的历史。

二、社会学视角的空间体验

1. 社会学发现的“城市”空间

虽然自19世纪社会学诞生以来，对于空间(尤其是社会空间)的构成并非社会学的主要关心对象。究竟从何时开始，人们把社会空间作为社会学的研究对象加以提出的呢？主要的契机来自城市自身在短期内的巨大发展。多数城市的规模长时间在人口总数100万人左右徘徊。至18世纪末期开始，城市发展十分迅猛，首先是伦敦变成一个超大型城市，接着是纽约、柏林、东京等城市的兴起。产业革命之后延续了工业化的进程，同时殖民主义导致了一些主要城市建成为帝国都城，随之也发展出为大型城市所服务的卫生、建筑、交通等技术系统。

以德国为例，19世纪是城市化的世纪。1830年都市人口仅占总人口比例20%的德国，到19世纪60年代达到了40%，1882年的统计显示为60%，到了1895年增加到了80%。伴随着城市人口的迅速增加和城市化程度的提高，德国的社会学家滕尼斯十分敏锐地指出，原有家族、村落和小城镇里人与人之间充满信赖和亲密感的“共同社会(gemeinschaft，或译共同体、礼俗社会)”逐渐消失了，而被人与人之间彼此独立、保持对他人采取防备态度并拒绝他人的“利益社会(gesellschaft，或译社会、法理社会)”所代替了。对比“共同社会”和“利益社会”的不同，我们发现，从空间型塑的视角，城市化进程实际上导致了进行私人生活的“私密空间”与营造公共生活的“公共空间”之间的分离。

进一步而言，新技术的应用也导致了在“共同社会”中并非典型存在的“公共空间”得以大量出现。如德国历史学家沃尔夫冈·希弗尔布施(Wolfgang Schivelbusch)所指出的那样，在城市中或城市之间，铁路交通就是产生出一种新的公共空间的媒介。铁路交通将原本私密空间中形成起来的“习惯与道德”完全改变了。运用火车交通的状况和以往熟人们结伴出行的旅行方式不同，互不相识的大批乘客在不同地点上下火车，他们彼此陌生，在目的地到达之前交流不上几句，甚至连招呼都不曾打过。于是，在类似的新公共空间里，人们开始逐渐有了新的行动模式，形成了新的生活状态和社会秩序。

2. 城市空间带来挑战

然而，城市化带来的“公共空间”的形成与发展并未能够使得人们仅仅发现城市的繁荣，而是发现了庞大的贫困者、恶劣的居住条件、残酷的劳动调解方式等。1845年，恩格斯就基于伦敦与曼彻斯特的调查和见闻，写就了《英国工人阶级的状况》一文。而原本作为一名经营者的查尔斯·布斯(Charles Booth)则倾注自己的积蓄，对伦敦城区做了全域调查，发现了处于贫困状态之中的人口占总人口30%以上等问题。

由此产生的课题是如何解决因人类聚居模式转变形成城市空间后所滋生出的种种新问题。早期的城市规划者们的尝试影响至今。有代表性的一种思潮和当时的“生产力中心主义”保持了一定距离，认为人应当回归到原本的“田园”生活当中去。提倡这一观点的人们形成了一股以“反城市主义”为基盘的理想主义谱系。其中较著名的有英国城市学家埃比尼泽·霍华德(Ebenezer Howard)所提出的一系列有关“田园城市(garden city)”建设规划，作为新型都市建设的思想源泉之一影响延续至今。然而，与时代同步、逐渐占据主流的仍是与“生产力中心主义”配合的一些思潮。或者是基于企业家利益或产业会需要的资本主义理想而建设企业城的规划，或者是采取改良主义通过社会政策的扩充而改善原有城市的空间布局，或者是基于理想主义而以革命手段去建立新型的城市。

3. 马克斯·韦伯和都市自治

即便基于理想主义，现实中人们为了能够在将来以民主的方式去决定个人的自由和未来的生活，就只能努力去构筑其自治的坚实基础。如何构筑这一坚实的基础呢？马克斯·韦伯曾以其独特的视角对城市问题作了深入的思索。在韦伯看来，世界上任何城市都是那些与该城市的土地没有任何关系的，甚至人与人之间也没有以往的相互关系的人们的一种新集群。因此，城市是陌生人之间，还有陌生人与原住民之间产生社会与法制关系的古老舞台。比如古代的美索不达米亚、古希腊、中国等地，在成为共同生活的城市市民之前，他们首先是不同部落或民族的成员。换言之，在韦伯看来，城市是一个拥有不同身份和不同权利的人们偶然共聚在一起的空间而已。一些类似的都市共同体具有独自的防御工事、局部发达的市场、维持社会秩序的法律和法院、根据契约而结成的团体、自律性与市长的自我决定权[①]。

如果韦伯的观点是妥当的话，自治都市的历史是近代资本主义文明和国家形成的最具决定性的要因，从莎士比亚的《威尼斯商人》中，我们可以体会到中世纪欧洲都市中犹太人遭到差别对待和隔离排斥的现象。因此，重温韦伯的思考路径，我们注意到，在空间研究中，有着探讨让人真正享有自由的自治都市空间如何形成的课题。在当今城市化飞速推进之时，空间与自治、权利之间的关系作为一大紧迫问题凸现出来。

4. 城市：展现相互联系与保持距离的空间

几乎与韦伯同一时期，德国出生的犹太人、社会学家齐美尔也以其自由的心性和敏锐的视角，带着被德国主流社会所排斥的、一种作为“陌生人”的感觉，深刻揭示了当时正逐渐展现出来的现代城市固有特征。

在齐美尔眼中，速度的提升和量的变化是近现代都市展现出的巨大特征。因此，以其视点看待“空间的型塑”，这首先需要关注城市空间在数量、速度等物理和物质形式层面的变化上。在这一空间内出现的新兴的大型百货店、阡陌纵横的铁道线和地铁线路等将彻底摧毁了原有的传统空间。

齐美尔的分析并未就此为止。他进一步对城市空间导致的人际关系互动的变化作了分析并概括出了社会联系与社会距离共存的城市空间的多义性特征。在城市空间里，依靠血缘和地缘关系所结成的社会关系（第一层次的关系）被逐渐削弱，而以自由迁徙、按照一定目的和功能相互产生的社会关系（第二层次的关系）得到了空前强化。在城市，人际间陌生人相处机会的增多和社会活动中多数场合的匿名性特征导致的不是人际联系的强化，而是距离感的产生。同时，城市生活带给了人们前所未有的自由感——这种自由既有主观性认同，又有客观性和普遍性[②]。

因此，只要是在远离传统共同体秩序的个人汇聚而成所创出的城市空间之中，人们在生活和工作上尽管有些程度上的差异，然而与传统的共同体空间相比，他们在彼此之间只能作为“陌生人”而存在。

在当今的中国，为寻求更好发展机会，从乡村而迁入城市的人们络绎不绝。大都市是各地陌生人开创新天地的地方，同时也是构筑新的共同体和形成新的认同感的场所。于是，在城市空间，同省同乡、同校、同民族等各种新的团体关系

① M. Weber, Wirtschaft und Gesellschaft, 4 Aufl., J. C. B. Mohr. (1922)1956.

② G. Simmel, Soziologie: Untersuchungen über die Formen der Vergesellschaftung, Duncker & Humblot, 1908.

不断结成，形成了陌生人中有“熟人圈子”聚集区的共同体社会。这些都是在以往城市规划中有所忽视而又十分值得关注的问题。

5. 芝加哥学派的都市构造模型

1904 的美国圣路易斯万博会期间，韦伯为参加学术活动来到了美国。这一年正是他出版《新教伦理与资本主义精神》的前一年。韦伯在美国看到的是，超过欧洲的机械文明与大众社会一起所形成的美国城市。美国中西部新兴城市芝加哥留给韦伯的印象过分残酷，仿佛是一具整个剥离了皮肤，能从外部看到内脏活动的一个人体。然而，正是这个当时的后发边缘城市——芝加哥成为城市社会学最初开花结果的地方。

随着产业化和移民的涌入，位于北美大陆横断铁路延伸处的芝加哥在 20 世纪初急速城市化，到了 1910 年，人口达到近 220 万人。这一不曾过多地受到传统与历史力量束缚的所谓“野蛮都市”到底是如何形成并依靠什么维持着秩序的呢？

在这一都市里，从 1910 年至二次世界大战之间聚集了一批出色的社会学家。他们把芝加哥作为一个巨大的“社会实验室”，通过独特的分析方法对正在转型的这一城市空间进行了深入的研究，形成了影响巨大的“芝加哥学派”。1915 年，美国社会学家帕克参考和援用当时动植物个体群为对象的生物学新分支“生态学”，将自己的分析方法叫作“人类生态学（human ecology）”。他认为，动植物界的生态学现象在人类社会中同样存在，生物进化、自然选择、生存竞争规律同样适用与人类社会，城市的发展、形成以及城市社会运动，都遵循生态学规律。这一学派将城市看作“社会有机体”，而各种种族和文化群体之间时有入侵或被入侵、优劣、替代不时发生。

芝加哥学派运用“人类生态学”，以实验主义的方式将城市作为实验室，通过调查的空间分布，寻找其经济社会以及生物原因，对城市空间结构进行了周详的考察，发现了有价值的城市空间型塑的机制，为后来的城市规划提供了较为可靠的依据。

可以说，是否对“空间”有所考察是区别城市社会学“新”与“旧”的主要尺度之一。“新”城市社会学认为，其相对于“旧”城市社会学的主要差异之一在于，空间要素同阶级、性别与种族歧视等要素一起，被包含在新的都市发展规划研究之中了。在 20 世纪 50 年代之后，系统论、控制论等新的方法论兴起，加上计算机技术的飞速发展，使得科学理性的预测和模型的模拟等方法在空间建构以及城市规划中大行其道，这些都对我国的城市规划带来了深刻影响。

第三节　中国的城市规划

一、现代中国的城市发展状况

尽管城市规划的思想在中国传统社会中早就萌芽，然而并未形成系统而完整的体系。我国真正意义上的城市规划开始于新中国成立之后。通常认为七十余年来的城市规划工作走过了一段不寻常的发展道路。

1. 城市规划的起步阶段

这一阶段指新中国成立至“文革”前的一段时期。新中国成立初期，政府十分重视城市规划机构组织建设、相关政策法规的制定等。在1952年召开的全国城市建设会议中明确提出了根据国家长远规划有步骤、有重点地改造、新建城市，强化城市规划的意见。在该次会议之后成立了我国的城市管理专门机构，即建工部城市建设局。之后两年，建工部城市设计院作为我国的首个城市规划专门部门正式组建成立。

1954年召开的首届城市建设会议明确了城市规划工作的定位和原则。城市规划被认为是“国民经济计划工作的延续与具体化”，其遵循和贯彻的是“全面规划、分期建设、由内向外、填空补实”的原则。1955年，直属于国务院的城市建设总局建立，次年城市建设部成立。1956年，国务院发布了《关于加强新工业区和新工业城市建设工作几个问题的决定》。此后，国家建委出台了《城市规划编制工作暂行办法》。短短几年间一系列组织机构和城市规划政策的制定和实施为此后工作的推进奠定了良好的基础。

初期城市规划的重要成就体现在对全国进行的大规模规划工作上。这一时期，在苏联专家的协助之下，我国的城市规划人员运用城市规划的新理论和新方法，对一大批大城市进行了全面规划之外，到1959年底还完成了全国1 400多个城镇的规划设计工作。

这一时期的城市规划有如下特点：一是在考虑保护民族文化传统和文物古迹的基础上进行，保持了一批古城的历史风貌和格局。二是重视现代工业化的需要，在城市发展上留有空间和余地。三是在规划中注意增加各类公共服务的设施，改善居民的生活工作条件。

但是1959年之后，与其他行业和领域一样，我国的城市规划也受到了“左”倾思想的严重影响，陷入了非正常发展的状态。在“反右”“大跃进”“文化大革命”等政治运动中,城市规划无法发挥出其原有的作用,甚至一度陷于停顿状态。

因此,我国在城市规划发展中经历了20世纪50年代末期的“冒进”、60年代初期的“调整”,曾经有两千多万名城市职工“下放”农村,十年“文化大革命”实际上是十年“反城市化(Antiurbanization)”发展的道路,使得不少人甚至染上了“恐城病”[①]。

2. 城市规划的发展阶段

党的十一届三中全会之后,我国的城市规划工作重新步入正常轨道。一方面是恢复并加强了城市规划管理机构的建设:1979年,成立了国家城建总局;1980年在全国城市规划工作会议上,“控制大城市规模,合理发展中等城市,积极发展小城市”的方针得以明确提出;1982年恢复并重新组建了中国城市规划设计研究院,各省市自治区也相继成立了各层次的规划设计研究院。另一方面是进一步制定和完善了城市规划的政策和法规:1980年国家建委颁发了《城市规划编制审批暂行办法》和《城市规划定额指标暂行规定》;1984年,国务院颁布了新中国成立以来的第一个城市规划方面的基本法规,即《城市规划条例》;1989年,全国人大通过的《中华人民共和国城市规划法》将我国的城市规划正式推进到一个有法可依的发展阶段;1991年,建设部批准的《城市规划编制办发》正式实施,进一步促使我国城市规划稳步跨入科学发展的道路。

20世纪90年代以后,作为超大型城市的上海为了开发浦东,编制了面积达350平方公里、人口250万人的新区发展规划。以此为新的契机,我国大城市的发展真正从以往的“限制”走上了“控制”的正确路线上来。在20世纪的前半叶,人们难以找到超大型城市摆脱“城市病”困扰的出路,而今科学技术的发展、现代化的交通通信工具的普及已为这类城市摆脱原有困难提供了众多可能。解决大城市的困境,关键不在“大”,而在于“大”得结构合理。大城市规划上,通过结构形态的调整将逐步走向“群体化”和“区域化”。

我国的城市发展道路与西方发达国家的城市化道路比较,存在着相当大的差异。进入20世纪80年代之后,发达国家的城市化已经步入稳定,进入成熟期,而我国才刚刚进入城市化的快速建设期。当发达国家的城市在21世纪初逐渐进入后工业化社会时,我国的城市化将进入高速发展到逐步稳定成熟的时期。为适应城市化进程与城市规划设计水平的提升,在不断加强城市规划研究的同时,从城市经济发展和社会建设两者必须协调发展的战略目标出发,还需要组织、推进建筑学、自然科学、工程技术经济学、社会学、地理学等多学科与城市规划设计研究的相互合作,把城市空间规划和型塑、城市经济社会发展战略有机结

---

① 陈秉钊:《21世纪的城市与中国的城市规划》,《城市规划》1998年第1期。

合起来，真正实践出一条有中国特色的城市发展道路。

二、中国城市规划的目标和原则

1. 城市规划的目标

我国城市规划的总体目标和指导思想分别来源于两个重要的法规。1984年，国务院颁布《城市规划条例》，提出了把我国城市建设成为现代化的、高度文明的社会主义城市，不断改善城市的生活条件和生产条件，促进城市经济和社会发展的总体目标。在《中华人民共和国城市规划法》中，把“确定城市的规模和发展方向，实现城市的经济和社会发展目标，合理地制定城市规划和进行城市建设，适应社会主义现代化建设的需要”定为城市规划的指导思想。

在城市化发展道路上，新中国成立初期即提出了“不应片面发展大城市”的总体规划思路。从20世纪80年代初到90年代初的这段时期，正值我国经济，尤其是农村经济高速发展的黄金时期，小城镇在这一时期获得一定的发展成为必然。1989年12月颁布的《城市规划法》在总结了国内外的城市发展经验、教训之后，提出了结合我国城市发展实际，“严格控制大城市规模，合理发展中等城市和小城市”的目标，积极发展小城镇成为一大选择。

然而，究竟在总体的宏观规划上是优先发展大城市还是积极发展小城镇，在学术界始终存有争论。在对我国城市化理论进行全面盘点之后，城市化的社会伦理问题、适合中国国情的动态的“城市化综合模式”问题、包括城市规划在内的城市化制度层面都是需要进一步关注的重要问题[①]。从整体目标上，我国一方面需要进一步发挥城市中心作用，推进先进的生产与生活方式，促进城市周边区域的发展；另一方面急需超越二元分裂的“乡村城市（镇）化论”等，推动我国区域间经济社会的平衡发展。

2. 城市规划的基本原则

在城市规划时，需要遵循如下一些基本原则，以此实现城市规划的合理和合法性。

（1）法制化的原则。

城市规划是对城市空间、人口、经济和社会等方面的全面规划，影响广泛而深远，因此必须严格遵守法律法规，并执行相关政策进行。在《雅典宪章》中，遵照法律实施城市规划的主张得以明确强调。我国从20世纪80年代开始，持续推进了城市规划的法制化。1989年，全国人大通过《城市规划法》并从1990年4

① 赵新平、周一星：《改革以来我国城市化道路及城市化理论研究评述》，《中国社会科学》2002年第2期。

月开始正式实施。该法的颁布使得城市规划有法可依，促进了城市规划领域法治意识增强与普及，为城市规划顺利展开提供了法律依据，并维护了城市规划的合法性。

城市规划需要明确基本任务、基本方针、城市规划编制内容、旧城改造与新城开发以及规划管理、相关法律责任等。这些内容在《城市规划法》中都可以找到相应的明确规定。为进一步贯彻和落实《城市规划法》，主要需要做好普法和执法这两方面的工作。一方面，通过普及《城市规划法》的相关知识，促使法人、社会组织及个人自觉遵守法律；另一方面，加强执法力度，真正做到对违反法律的行为依法惩治，运用法规保障城市规划顺利推进。

（2）科学化原则。

科学化的基本原则主要指城市规划要反映城市发展的客观规律，其规划的科学性体现在对城市发展中的自然地理条件、经济社会发展规律的尊重基础之上。一方面，城市规划只有遵循科学法则、人类社会发展的客观规律，才能真正保持城市在各方面的和谐有序、可持续地发展。另一方面，城市规划要尽快吸收先端科技进步的成果，提高城市发展的规划与预测水平。

在城市规划科学化原则中包含着相当丰富的内容：一是不照搬国内外模式，从实际出发，科学合理规划用地、保护环境、节约资源的原则；二是遵循规划与城市实际经济社会客观发展状况相协调的原则；三是城市规划编制和规划管理的科学化；四是系统性、动态化处理“有序复杂性”[①]的城市规划问题需要科学的模型设计；五是摆脱单纯受建筑学影响的局限性，注重多学科交叉优势，促进城市规划学科的科学发展。当今新的城市规划理念中包含的“低碳发展”“紧凑型城市（区）”建设等思潮都在有所侧重而又综合体现出上述“科学化”的原则。

（3）保护传统和保障安全的原则。

在新中国成立之后，在对实施工业化发展与保护城市传统历史文化风貌上，过于一边倒的情况时有发生。改革开放之后，又出现了保护生态环境与推进经济建设发展之间的矛盾，同时旧城改造使得一些社会矛盾被激化。这些都对城市安全保障提出了新的要求。

一方面，城市规划当中要坚持保护城市传统历史文化风貌的原则，在规划中及时调整工业区与居民生活区的布局，关注和大力保护各城市的传统风貌、文化特色与生态自然环境，为城市实现科学的、可持续发展提供良好基础。

---

① ［加］简·雅各布斯著：《美国大城市的死与生》，金衡山译，译林出版社 2006 年版，第 394—396 页。

另一方面，城市规划必须贯彻“保障城市安全”的原则。编制城市规划要尽可能做好风险预防和规避，保障和维护城市安全。在自然环境方面，需要针对可能发生的地震、泥石流、洪水等各种自然灾害，做好安全防范和科学抵御灾害的地理选址和规划工作。在人文社会方面，随着城市经济社会发展，需要对城市交通、公共区域、基础设施、住宅建设等方面做好系统规划，减少人为破坏和环境污染、杜绝资源浪费，使城市各项功能协调发挥。

三、21世纪的中国城市规划

城市规划没有完全完工的一天，是一个永不停息的过程。在规划与建设的过程中，因不断地受到社会、经济等各方面复杂因素的影响，城市规划必须不断地进行调整。在西方国家，20世纪60年代人们就开始放弃了蓝图式的物质空间规划，在我国则对这方面至今还未能进行系统的反思。我们已经清晰认识到，现代建筑存在于城市中，它们使城市生活的某些空间得以物质化，却只是城市的一部分。因此，建筑不是城市的全部，今后的建筑物又将超越今日的建筑，这就促使我们反思城市的内涵远远大于它的建筑物和建筑学。

1. 对现有城市规划的反思

（1）城市规划的传统与革新。

新中国成立后，我国长期实行计划经济体制，这导致在城市规划中，一些其他的重要领域长期都被忽视。那些被认为不在规划者责任范围之内、不加考虑的经济和社会领域的做法，却是规划者所持有的普遍态度。

随着改革开放的进一步深入，国际化程度的日益提高，我国传统的城市规划领域已日渐意识到必须充分考虑土地级差地价、开发投资多元化和投资者的效益、各种利益集团的协调平衡、市场对开发建设的作用、规划实施、管理控制、政策引导等。因而，出现具有“控制性”的、系统而周详的城市规划可以说在改革开放之后的中国城市规划领域具有革新意义。尽管至今为止，“控制性城市规划”还不完全成熟，要使之完善还要假以时日①。

时至今日，虽在研究领域，总体规划也开始一些经济社会状况的分析等研究，但内容和形式都带有明显的理想主义色彩和终极目标。类似的规划在市场行为和政府行为的双重作用下缺乏必要的生命力。不过，在当今的建设热潮之下，城市规划界有一些相应的转变，比如“增加远景设计”“研究区域经济”“规划城镇体系”等等。

---

① 陈秉钊：《21世纪的城市与中国的城市规划》，《城市规划》1998年第1期。

(2) 超越"建筑学主义"的范式。

在众多区域同时推进城市化过程中逐渐丧失特色的背景之下，人们在大规模城市建设之时，希望通过城市规划能解决城市日益恶化的环境和自身特色问题。这样一来，城市规划界被众多领域广泛关注。但城市规划被认为是扩大了的"建筑学"这一传统范式并没有得到很好的反思。具体的表现：一是在没有真正落实项目的情况下编制城市规划的状况在一些地方时有发生；二是在城市规划的新衣之下的"详细规划"倾向追求理想化终极目标，又一次回到了传统老路上去了。

结果是城市规划的内容、深度、形式几乎没有什么本质差别。根本问题是忽视城市发展的"动态化"特性，对动态过程操作机制缺乏研究。结合城市规划的原则，我们看到现有规划中解决问题时主要把注意力放在"建筑学"的层面上去寻找出路，因此规划实施在法制不够健全、政治干扰因素较多、民众素养不足等现实状况下，增加了决策的主观性和随意性。

为解决城市规划不能适应实际不断变化的情况，规划者们曾作过"弹性规划""动态规划""滚动规划"等企图以静态的规划来解决实际的动态问题的新尝试。人们把城市规划摆到了统帅全局的位置。然而，实施规划则需要根据实际需要，面对各种现实的矛盾，规划者既能坚持规划原则，又需要结合现实、灵活应对。

(3) 处理好规划与管理的关系。

21世纪我国城市规划需要进一步理顺好规划者和规划管理者之间的关系。就规划和管理的关系而言，规划为管理提供依据，并要为管理者提供灵活的余地。保证规划和管理一脉相承十分重要。规划管理者往往面临各种科技选择、社会关系、经济效益、公众利益等错综复杂的矛盾，能够协调、处置并维护规划的初衷和本意就需要过硬的管理知识。然而规划专业人员往往很少真正把注意力放到管理层面去寻找突破口，却通常认为只有规划设计领域才是规划师的专业领域。实践中，要使规划本身能在城市建设过程中得以贯彻，需要重视的是"经营管理今天的城市，而不是试图去创造一个明天的城市"①。所以，最重要的问题在于"规划中有管理，管理中有规划"。要解决"动态规划"的一系列问题，不能单纯在规划层面上去寻找途径，必须将规划和管理作为一个整体才能有所突破。

2. 中国城市规划的发展趋势

21世纪的中国城市规划将有何趋势、如何创新？我国城市规划的经济社会大背景不可忽视。这一背景就是我国在经济社会转型的过程。经济社会转型背

---

① 曾法铃：《论战略规划》，《国外城市规划》1992年第1期。

景之下产生了城市规划的转型的新问题。这一转型是系统性的，同时又是多方位的。它意味着从计划经济体制下的“理想型静态规划”转变为市场经济下的“过程型动态规划”，从地域体系中的功能定位走向世界体系中的功能定位，从作为管理职能的“被动的开发控制”转变为作为经营职能的“主动的开发促进”，从价值体系的单一目标转变为价值体系的多个目标。结合对传统和现有的规划加以批判性的反思，我们必须逐渐摆脱单纯的建筑学中心范式，明确未来发展趋势。

(1) 实现系统综合规划的趋势。

面对城市这一复杂的巨型系统，系统并全面综合解决规划问题已经成为一种必然趋势。各学科形成合力，尤其是综合地理学、经济学、社会学、生态学、建筑学、土木工程学等学科的力量，城市规划者须将貌似无序的复杂问题转变为有序的复杂问题，并分解为有序的简单问题。这对规划师提出了更高的要求：一要求规划师的知识领域要不断更新和扩大；二要求规划师掌握系统的工程学理论和方法，自觉地进行系统思考。

(2) 城市规划将行政辖区和经济区域相联系，实现双重作用的趋势。

为了保证区域资源的合理利用、产业结构的合理分工、区域基础设施的统筹建设、布局城市居民郊野休闲度假、村镇居民使用现代文化体育、卫生等设施的经济有效地建设，未来城市规划的趋势是将城市规划与非城市地区的土地规划结合起来。作为经济社会网络中的重要节点的城市，必须更加进一步促进和其他平级城市节点或上下级节点间以及与周边广大镇、乡、村的区域关系，从而构成一个整体性的经济社会区域。

因此，研究区域协调的策略，建构城乡一体、区域共生共荣、生态环境良性循环与可持续发展的区域体系。总之区域规划、城市规划、非城市地区土地利用规划之间将不再相互割裂，而是有机统一起来。这一趋势要求从城市规划和非城市的土地规划的组织管理体制上进行改革。

(3) 超越总体规划，突出规划的整体性、长期性、战略性和结构性。

未来的城市规划不单单只是一项总体规划，需要突出其规划的整体性、战略性、结构性以及规划效用的长期性。

在社会主义市场经济条件下，探索城市发展的战略规划，并非只要求规划能够直接发挥其建设蓝图的功能与作用，而是更需要重视对土地等不可再生资源的合理利用，并以此为基础指导城市空间的发展方向。这就要求把城市总体规划进一步细致化，缩短周期并建立调整、修改、完善等一整套反馈机制，从而使城市规划体现整体性和战略性，符合经济社会发展的长效利益，促进各系统、各层面的结构性和谐。

(4) 强化规划管理科学化、民主化的趋势。

我国部分城市规划存在着重规划轻管理的倾向,这不符合未来发展的要求。纠正这一倾向,需要强化规划管理的科学化和民主化。规划必须对城市未来的发展给予一定的预测,其确定的发展目标则需要一步一个脚印地去实现。在这过程中,出现无法预料的各种情况在所难免。为此,在出现问题之时,规划管理将发挥其应有作用,使之排除风险、协调矛盾、机敏应对、实现发展。

管理一个城市使之平稳发展,远比规划一个理想城市要难得多。这就要求城市规划者提高规划管理素质,实现科学和民主的规划管理。城市规划管理者被要求具有多项能力,如社会学家的敏锐洞察能力、经济学金融学家的理财本领和政治家的机敏决策能力。加强规划管理,使决策科学化、民主化,这将是 21 世纪的城市规划的必然趋势之一。

人类从传统的工业社会跨入信息社会,经历着自然环境变化、温室效应加剧、金融危机和新型病毒传播等各种危机之后,进入一个更高层次的发展阶段。维护生态平衡、发展低碳经济、保持可持续发展应当成为全人类的共同使命。

在未来 30 年内,城市化将是我国一种必然趋势又是一项重点工程。发展经济和保持良好生态环境相互统一,将先进的规划理念及时转换到城市建设的实践中去,为创造更为人性化的社会而服务是城市规划所肩负的重要使命。在 21 世纪的前半期要致力于工业化并顺利完成城市化。这一阶段,中国社会将经历城市化快速进程所带来的各种问题。我们应该借鉴各国的先进经验,抓住后发优势,努力并且尽可能避免先行者所走过的弯路,实现城市区域化、城乡现代化和城乡一体化。

为走一条具有中国特色的城市化道路,根据中国自身文化历史状况应当走一条集约化的道路,城市规划需要抓住经济社会转型的伟大时机,实现动态规划、规划和管理的衔接,建立规划管理的决策科学化、民主化的体制,创新规划出一批高效、人性、紧凑、精致的城市,并摸索和总结出一整套系统性的、具有中国特色的城市规划理念与模式。

参考文献:

[1] 章生道.城市的形态与结构研究[C].(施坚雅主编.叶光庭等合译).中华帝国晚期的城市.中华书局,2000.

[2] 陈友华,赵民.城市规划概论[M].上海科技文献出版社,2000.

[3] [德] 斐迪南・滕尼斯著.共同体与社会——纯粹社会学的基本概念[M].林荣远译.北京：商务印书馆,1997 年.
[4] [日] 居安正.ゲオルク・ジンメル——現代分化社会における個人と社会[M].東京：東信堂,2000.
[5] [日] 永嶺重敏.雑誌と読者の近代[M].東京：エディタースクール出版部,1997.
[6] [日] 安藤英治.マックス・ウェーバー[M].東京：講談社学術文庫,2003.
[7] [德] 沃尔夫冈・希弗尔布施.铁道之旅：19 世纪空间与时间的工业化[M].金毅译.上海：上海人民出版社,2018.

第七章
消费文化与城市生活

英国社会学家齐格蒙特·鲍曼(Zygmunt Bauman)认为,消费主义是理解当代社会的一个非常中心的范畴,它日益成为主导城市日常生活的文化逻辑。消费不只是一种满足物质欲求的简单行为,同时也是一种出于各种目的需要对象征物进行操纵的行为。在城市生活层面上,个体的消费行动具有建构身份、建构自身以及建构与他人的关系等社会功能。从这个意义上说,被消费的东西不仅仅是物品,还包括消费者与他人、消费者与自我之间的关系。

第一节　消费文化与生活方式

一、社会生活中心的转换:从生产到消费

当历史的车轮驶入近代社会,一种奇特的社会景观出现了:一座座高耸入云的烟囱矗立在城市和乡村,一条条纵横交错的公路、铁路向四面八方伸延开来,忽大忽小的机器轰鸣声从或远或近的工厂里不时地传来传去,穿着整齐划一服装的人们同一时间走进走出工厂的大门……这是人类第一幅大规模生产的社会图景,它得益于工业革命。工业革命这个18世纪从英国开始的新生事物,开启了从工场手工业向机器大工业过渡的新阶段,从此机器大生产逐步取代手工劳动,大生产第一次走进人们的社会生活中心,整个社会就变成了生产社会,城市在整个社会中的地位越来越凸显了。

对于这个生产社会,三大社会学家都从不同的角度对生产进行了论述,以至有人提出了社会学理论的"生产偏好""生产主义视角"观,即以工业、工业组织、工作和工人为中心展开社会学的理论铺展。实际上,这是当时理论研究的必然。

经过了几十万年甚至上百万年的物质匮乏后，人类终于遭遇到蒸汽机等现代科学技术的力量，第一次有可能实现多年来对财富的强烈渴望，对资本增值的无限贪婪，因此必然把全部的精力投入到大生产中，大生产成了社会生活的焦点和中心。正如齐格蒙特·鲍曼所说："现代社会奠基的工业阶段，从深远的意义上来说，曾经是一个'生产者社会'。"[①]作为时代精神反映的理论也必然把其中心移植到生产上来。

作为社会学家的马克思第一个敏锐地捕捉了这种新型的生产社会的重大理论和实践。他看到了生产方式的基础性作用，并以此为理论起点和理论重心，结合大生产的具体实践，全面剖析了资本主义社会。他在《政治经济学批判序言》中写道："人们在自己生活的社会生产中发生的一定的、必然的、不以他们的意志为转移的关系，即同他们的物质生产力的一定发展阶段相适合的生产关系。这些生产关系的总和构成社会的经济结构，即有法律的和政治的上层建筑矗立其上并有一定的社会意识形态与之相适应的现实基础。物质生活的生产方式制约着整个社会生活、政治生活和精神生活的过程。"[②]最大限度地榨取剩余价值和进行高度的资本积累是资本主义社会的头等大事。"积累啊，积累啊！这就是摩西和先知们！'勤劳提供物资，而节俭把它积累起来'。因此，节俭啊，节俭啊，也就是把尽可能多的剩余价值或剩余产品重新转化为资本！为积累而积累，为生产而生产"[③]。马克思通过对生产方式的研究，从财富的初级象征——商品出发，通过层层剥茧式的分析，既看到了资本主义所创造的巨大生产力、资本家如愿以偿的巨大财富，正如在《共产党宣言》中所说："资产阶段在它的不到一百年的统治中所创造的生产力，比过去一切世代创造的全部生产力还要多，还要大。"更重要的是又看到了资本主义的必然灭亡性。

法国社会学家涂尔干同样把其理论眼光聚焦到资本主义的生产领域，他深入地分析了生产中的社会分工问题，社会分工带来了生产力的极大提高和财富的大幅增值。在他著名的《社会分工论》一书中深入研究了城市社会劳动分工的发展及其所引发的社会转型过程，围绕两种社会团结，即机械团结与有机团结的特征，探讨了社会整合和重建社会秩序这一主题[④]。涂尔干通过对生产的社会分工进行考察，剖析了 19 世纪的城市社会及生活在其中的人们的状况。

韦伯看资本主义社会的理论视角本质上仍是生产主义，在其名著《新教伦理

---

① [英] 齐格蒙特·鲍曼著：《全球化——人类的后果》，郭国良、徐建华译，商务印书馆 2001 年版，第 77 页。
② 《马克思恩格斯全集(第 2 卷)》，人民出版社 1995 年版，第 32 页。
③ 《马克思恩格斯全集(第 23 卷)》，人民出版社 1962 年版，第 652 页。
④ [法] 埃米尔·涂尔干著：《社会分工论》，渠东译，生活·读书·新知三联书店 2000 年版，第 90—91 页。

与资本主义精神》中，表面上看是从社会的精神层面入手，好似与生产的关系不大，但实际上他的精神分析是围绕着财富、生产这个轴心来旋转的。他分析了资本主义的崛起与新教伦理的精神动力作用。在他看来，新教伦理的禁欲主义、放弃物质享受、提倡节俭、越劳动越接近上帝等价值观导致了资本积累和资本主义的兴起和发展。“人们必须把劳动本身当作唯一目的、当作天职去完成”，“时间是无价之宝，因为每一个小时的丧失，都是为上帝增光的损失”，“强迫节省的禁欲导致了资本的积累”①。

由上观之，生产成了三大社会学家关注的焦点，消费则处于理论的边缘，这是由当时的社会实践决定的。生产必须发展到一定阶段，资本主义有了一定的积累，才谈得上真正意义上的消费。只有当生产的产品越来越多，直到“过剩”时，消费才有可能成为现实，消费也才有可能成为理论家的研究重点。

那么消费社会究竟开始于何时？一般认为是它始于资本主义积累发展到的 20 世纪，以一个标志性事件为引擎：1913 年福特汽车公司设在密西根德尔朋的生产流水线隆隆驶下的第一辆汽车。“20 世纪大众消费社会的整体性兴起与福特主义为代表的资本主义大规模工业生产方式有着密切的联系”，“福特主义使生产进入标准化、规模化的新阶段，大批量的生产构成了福特主义的时代特征，而大规模的生产必然要求大规模的消费。现代家庭的两个最重要的项目，标准化的住宅和汽车，作为同质化、齐一化的大众消费品，恰恰体现了福特主义的生产逻辑在消费领域的延伸”②。福特主义作为资本主义发展史上的一个阶段性高峰，带来了大量的产品，这是消费社会产生的物质基础。从理论上说，这些生产出的产品最终是供人们消费的，否则它就失去了存在的价值。如果生产和消费脱节，人们仍然延续只生产不消费的传统观念，必然会带来大量过剩产品，这正是经济危机的根源之一。因此，真正的消费社会也必然要启动。20 世纪 20 年代，特别是在美国，现代消费真正变成了“大众消费”。大众消费的形成，除得益于技术革命使家用电器（如洗衣机、电冰箱、吸尘器等）广为普及外，还得益于三项社会发明：采用装配线流水作业进行批量生产，使汽车的廉价出售成为可能；市场营销的发展，可以利用科学手段鉴别购买群体和刺激消费欲望；比上述发明更为有效的是分期付款购物的推广，彻底打破了新教徒害怕负债的传统顾虑。汽车是大众消费的象征，而电影则是大众消费的强有力的催化剂。电子媒体的发展，广告的全面渗透，更为大众消费

---

① [德]马克斯·韦伯著：《新教伦理与资本主义精神》，彭强、黄晓京译，陕西师范大学出版社 2002 年版，第 35、第 148、第 165 页。

② 罗钢、王中忱主编：《消费文化读本》，中国社会科学出版社 2003 年版，第 3—5 页。

火上加油。

当然有些消费也不全是由经济决定的。正如有学者指出的，伴随着工业革命，确实出现了一种现代消费，“这种消费不同于以往之处在于，它不是受生物因素驱动的，也不纯然由经济决定的，而是更带有社会、象征和心理的意味，并且自身成为一种地位和身份的建构手段”①。欧洲贵族的炫耀性消费是这场革命早期的主流。

对于这种消费实践，理论家也敏锐地捕捉到了。早在韦伯撰写《新教伦理与资本主义精神》，把“禁欲主义”看作是现代资本主义的发展动力与源泉的同时，德国社会学家维尔纳·桑巴特（Werner Sombart）就针锋相对地揭示了“奢侈与资本主义”的关系。1907年，经济学家西蒙·纳尔逊·帕腾（Simon Nelson Patten）宣称“新的美德不是节约而是消费”。20世纪80年代以来，分析者纷纷主张，应视“消费”为“人类体验和自我理解的关键场所”，注重享乐的浪漫伦理。近年来，随着全球化浪潮和消费主义日益扩展，社会正在从传统的以“生产”（制造）为中心转向以“消费”（以及消费服务）为中心，消费实践从社会和文化生活中的“边缘角色”变成了“时代的主角”，并成为影响社会生活的主要力量。静悄悄的“消费革命”发生了。“消费者社会”到来了。消费已从物质形态的商品向非物质形态的商品扩散，符号消费越来越占主导地位，消费及消费社会自身都在发生着质变和部分质变。

法国社会学家让·鲍德里亚（Jan Baudrillard）指出，消费者社会是资本主义发展的第四阶段，此时人们消费的已不是物品，而是符号，是一个没有摹本的符号，它不但真实，而且超真实（hyper-reality）。马克思所说的商品化阶段只是商品阶段的数量上的扩展，而从商品化阶段到消费者社会，则出现了某种断裂，消费和生产的主从关系颠倒过来了。消费，而不是工作，成了生活世界旋转的轴心；是消费而不是生产，使得人们可以掌控自己的生活。西方社会已经从传统的以“生产”为中心的社会转变到以“消费”为中心的社会，这种趋势正在向全球蔓延。正是在这种蔓延中，城市越来越变成消费社会的最大最重要的主体，消费文化也就从消费社会的城市中生长出来。

二、消费文化及其主要特点

人类进入消费社会以后，产生了一种与以前不同的特殊的新文化，这就是消费文化。它是消费社会中的人们在消费商品和符号过程中自然而然呈现出

① 胡文财：《消费主义文化下的现代广告生存逻辑》，《中国传媒报告》2006年第3期。

来的对消费的看法、信念、价值观念与心理习惯等精神之总和。它是一种特指,具有特殊性,否则任何社会都可谈得上消费文化。但同时消费文化像任何文化一样,又具有文化的普遍性,它产生于人们的消费实践,是对消费实践的总结与概括,但同时又对消费实践有较大的影响作用,自发或自觉地规范着人们的消费行为。

消费文化的特点,具体来说主要有:

1. 消费品的物性衰微、人性凸显

消费文化是人们消费物品时的文化体现,它与一般消费一样,首先也是对物的消费,是消费物的使用价值,这是所有消费的共性和基础。但是在消费文化中,消费的物出现了异质性,物的使用价值已显得无足轻重,物性衰微,人性凸显出来。物性是指消费文化中物的特性,物性的重要性大大低于人性,物性让位于人性。这里的人性主要是指消费品所蕴含的对人的意义性,即给人所带来的高贵、浪漫、美丽等主观感受。这些意义使消费品的价值大大增殖,从而使它们原本的用途或功用被有意地遮蔽了,这是消费文化中消费品的最主要的特征,以下一些特征都是在此基础上的变异。

2. 消费的符号性

从一定意义上说,这是消费品的物性衰微、人性凸显的高级形式。在消费社会中,由于社会经济发达,人们早已解决了温饱问题,因此商品的去物质化的符号性得到关注。鲍德里亚指出,商品(客体)能得到消费之前,必须先成为符号。他认为在消费社会中,原有的“自然”的使用价值消失了,从而使商品变成索绪尔意义上的符号,其意义可以任意地由它在能指的自我参考系统中的位置来确定。因此,消费决不能理解为对使用价值、实物用途的消费,而应主要看作是对符号的消费。他甚至提出,电子媒介过多地生产了威胁我们真实地感知现实世界的影像与符号,出现了符号文化的胜利,而这又导致了一个由符号构筑的仿真世界的出现,在其中消费的人们被炫目的符号弄得不知真实世界与想象世界的差别,在符号中获得了自我满足与自我实现。“消费文化使用的影像、记号和符号商品,它们体现了梦想、欲望与离奇幻想;它暗示着,在自恋式地让自我而不是他人感到满足时,表现的是那份罗曼蒂克式的纯真和情感实现”;消费使人们获得一种愉悦和一种满足,消费呈现出明显的感性化。对于消费的符号性,詹姆逊也说,“文化正是消费社会自身的要素;没有任何社会像消费社会这样,有过如此充足的记号与影像”①。

① [英]迈克·费瑟斯通著:《消费文化与后现代主义》,刘精明译,译林出版社2000年版,第39、第77页。

3. 消费的区隔性

不同的消费实践展现了不同的消费文化，从而使不同的人之间区隔开来。因为人们消费的商品本身是按等级排列的，消费不同的商品就成了不同身份、地位的差别之象征，从而使消费负载着强烈的文化意义。对于这种区隔性，在道格拉斯和伊舍伍德的论述中，消费者的阶级定义与三类商品的消费有关：与第一产业相应的主类消费品（如食物）；与第二产业相应的技术类消费（如旅游与消费者的资本装备）；与第三产业相应的信息类消费（如信息商品、教育、艺术、文化与闲暇消遣）。在社会结构底层，穷人局限于主类消费，而在上层消费阶级中不仅要求较高水平的收入，而且为从消费到就业提供必要的反馈，他们还需要一种判断信息产品和服务的能力[①]。不同的消费阶级不但在物质上得到固定，而且在文化上得到定型，从而使追求"地位性商品"成为人人的价值追求，表现出强烈的文化意义。正如"区隔"一词的重要研究者布尔迪厄所说，"品味具有分类作用，并把分类者也分了类"。正是在不同消费品的消费中，人们之间的各种不同等级、不同身份等社会关系充分地区隔出来了。

4. 文化与商品一体化，即文化商品化和商品文化化

在消费文化里，文化和商品一体化。一方面，文化本身可以拿来消费，变成一种文化化的商品。文化已经洗去了高雅、严肃和纯粹的色彩，把文化艺术包装成商品，以纯粹审美消费的实物提供给消费者，成为可供买卖的消费品，使文化变成一种商品、一种消费。另一方面，文化融入了商品生产与消费的全过程。为了增强消费的满足感以及体现商品的符号价值，一切商品消费又都美其名曰"文化"，给商品赋予了更深层次的文化内涵，从而大大提升商品的作用价值与交换价值，让人们在文化的氛围里快乐消费。文化、艺术与商品经济在交融中共存，商品文化化和文化商品化成为后现代高消费社会的特征[②]。

5. 消费动因的"被"欲望

在消费文化中，消费需求常常是来自商品生产者主观刻意创造出来的消费欲望，这种消费欲望并不是消费者的真实需求的表达，是"被"欲望。但由于其具有很大的遮蔽性和诱惑性，消费者常常是不知不觉且心甘情愿地按照商品生产者的设计快乐地消费，消费被殖民化和意识形态化了。"通过广告、大众传媒和商品展陈技巧，消费文化动摇了原来商品的使用或产品意义的观念，并赋予其新的影像与记号，全面激发了人们广泛的感觉联想和欲望"[③]。消费文化是霸权策

---

① ［英］迈克·费瑟斯通著：《消费文化与后现代主义》，刘精明译，译林出版社2000年版，第25页。
② 曾杨、杨雪：《后现代主义影响下的消费文化评析》，《经济师》2007年第1期。
③ ［英］迈克·费瑟斯通著：《消费文化与后现代主义》，刘精明译，译林出版社2000年版，第166页。

略和意识形态的猎物，消费文化是消费社会主导性的意识形态力量，它创造了新的需要和欲望。业已产生的消费文化的诸形式，已被追求最大利润以及追求意识形态和文化支配权的大企业所利用。消费文化既不是被动地服务于霸权形态的利益，在经济上、政治上又不是清白的。消费文化已受到各种商品化策略和国家权力的操纵和支配，生活世界殖民化，消费文化构建起了一种自我和想象的共同体。

三、生活方式及其主要特点

1. 生活方式的含义

任何一个当下活着的人，必然要生活，要过自己的生活，这客观上必然形成一定的方式——生活方式。看似正常而简单的客观事实，但是从理论的角度给其下一个科学的定义，同样是“百家争鸣、百花齐放”。《辞海》(第七版)把“生活方式”定义为：“一定社会制度下社会群体及个人在物质文化生活方面各种活动形式和行为特征的总和，包括劳动方式、消费方式、社会交往方式、道德价值观念等。”《中国大百科全书·社会学》对“生活方式”的解释是：“不同的个人、群体或社会全体成员在一定的社会条件制约和价值观指引下，所形成的满足自身生活需要的全部活动形式与行为特征的体系。除这一规范表述外，亦有在下述两种情况下使用生活方式概念的：(1) 限指日常生活领域的活动形式与行为特征。这是狭义的生活方式含义，相对来说前者则为广义概念。(2) 仅指个人由情趣、爱好和价值取向决定的生活行为的独特表现形式。在这个意义上相当于生活风格的概念。”

我国学者们对生活方式提出了自己的看法。王雅林说：“生活方式是一个回答人们‘怎样生活’和‘生活怎样’问题的概念；生活方式研究就是在这种‘应然’(‘怎样生活’)和‘实然’(‘生活怎样’)之间游走，在对人们的现实生活状态的不断反思中寻求‘对美好生活的定义’，探索人们的生活幸福之道。因此生活方式研究始终彰显着人性的光辉和体现着人的自由自觉的生命存在方式与人类社会的本质。”[①]向德平认为：“生活方式是指个人、群体和社会在客观社会条件制约和主观意识支配下所形成的生活活动的全部特征。”[②]我们认为生活方式是一定社会历史条件下的个人、群体或社会全体成员在物质文化生活方面各种活动方式的总和，是人之为人的本质力量的确证，也是一个人社会身份的确认。

---

① 王雅林：《生活方式研究的社会理论基础——对马克思历史唯物主义社会理论体系的再诠释》，《南京社会科学》2006年第9期。

② 向德平编著：《城市社会学》，武汉大学出版社2002年版，第219页。

2. 城市生活方式的特点

当理论家谈论生活方式时，大多在其理论的无意识中，实指的是城市生活方式，因为自人类有史以来，乡村的生活方式的变化速度远远小于城市生活方式的变化，而且随着时代的发展，乡村生活方式有逐渐被城市生活方式涵盖、替代之趋势。城市生活方式指的是生活在城市中的人们的生活方式，具体来说，就是指在城市这一特定时空中的人们在日常生活中为了维持自己生命存在和生命意义所从事的各种活动之总和的概括。这里的城市主要是指现代社会中的城市，现代社会的特点规定了现代城市的特点，现代城市的特点规定了城市中人们生活方式的特点。具体来说，城市生活方式的特点有：

第一，时代性。城市本身就是时代的产物，是随着时代的变化而不断地变化的，其变化的质与量远远超过乡村，城市成了时代变迁的先锋与标识，这必然导致城市的重要组成部分——生活方式随之变迁，并打上深深的时代烙印。城市生活方式实际上就是一定时代条件下的人们生产生活等各种活动的反映，是时代的真实记录者。一定时代产生的生产力决定了城市生活方式所能达到的状况、水平、质量和限度。与此同时，城市中的人们也在时时想着并在实践中去努力改变自己的生活方式，使之向更理想的道路迈进。城市生活方式的时代性既突出性地体现在城市的核心地带，让人一眼辨出，如高耸的建筑、便捷的交通、林立的商场、川流的人群等等，又潜性地体现在城市的边边角角。只有细细进行历史的比较与观察，才能识得其中之味。城市生活方式的时代性更是体现在城市中人们思想观念、价值体系的时代变迁上，人们的价值观念的变化会直接带来城市生活方式的变迁。

第二，多元性。城市生活方式的多元性来自生活其中的人的多元化，不同的人之间，专业不同、工作不同、思维方式不同、价值观念不同等等，必然导致生活方式的多元性。这种多元性主要表现在：群体区隔的多元性，即不同形式的文化生活群体，以各种各样的异质化结构形式存在着，展现不同生活方式；角色转换形成的生活方式的多元性，即相当多的人是多种活动群体中的一员，如在宗教场合、娱乐场所，在公益活动场合，以不同的身份出现等；活动时间的多元性，即很多城市已经是 24 小时的服务体系和生活工作体系，如自助银行、公共交通、公共医疗卫生部门以及由此形成的“三班倒”等等；消费行为的多元性，出现了参与消费、高消费、超前消费、畸形消费甚至还有“反消费”等等，形成了传统型生活方式、现代型生活方式、宗教型生活方式、理性型生活方式、民族型生活方式等各种生活方式的共存共容[①]。城市生活方式的多元化，以一种特殊的方式证明着城

① 张鸿雁著：《侵入与接替——城市社会结构变迁新论》，东南大学出版社 2000 年版，第 121 页。

市的活力和魅力，同时也成了城市发展的动力之一。

第三，开放性。城市的市民最初都来自等级制的乡村社会中的家庭，在等级制的家族体制中外人想加入是极其困难的。随着时代的发展，这些家族中的一部分人从家族中分离出来，因经济、政治关系而聚集起来形成了城市。他们到了城市后，大家都成了陌生人，原先的那种等级制彻底被打破了，任何人都可进入，所有的陌生人都可以来此安家，城市成了一个陌生人的聚集地。这从本体上打开了城市生活方式的开放性。城市本身就是接纳来自四面八方的市民而逐步发展起来的，是知识文化的聚集地，思想的聚集地，不同的市民在不同价值观指导下在开放的城市自由地展现各自的生活方式。“城市社会本身的开放性，使城市生活方式也呈开放状态。城市人较少保守，求新求异意识强，他们更易于放弃旧的生活方式，而接受新的生活方式”①。

第四，创新性。城市是人才的高地，创新是城市的生命力。作为城市生活方式也必然随着城市创新而一起前进。现代社会生活方式的最新形态都是首先在城市得到展示和表演的，然后再由城市蔓延到全社会，引起整个社会生活方式的创新。“在城市的生活中，对传统事物的依恋松弛了，对创造的乐趣占了优势”②。创新性成了城市生活方式的最重要特征。城市生活方式的创新在城市随处可见，从人们的穿着到人们的思想，从SOHO(Small Office, Home Office)到休闲产业等等，城市各种创新性的时尚生活方式常常让人眼花缭乱，成为城市的绚烂夺目的符号和标识，也成为城市魅力所在。从一定意义上来说，正是城市生活方式的创新性，吸引着人们像潮水般涌向城市，享受城市所带来的最终在生活方面的快乐和幸福。

四、消费文化与生活方式的关系

消费文化和生活方式两者是相互联系、相互作用、相互制约的，共同构成城市社会的主要内容。消费文化和生活方式在本质上是一致的。理论家通过对生活方式的研究来展示消费文化，正如贝尔说：“在市场成为社会与文化的交汇点之后，最近五十年来产生了另一种趋势，即经济逐步转而生产那种由文化所展示的生活方式。”③生活方式的精神文化上的表现就是消费文化，消费文化在一定

---

① 张鸿雁著：《侵入与接替——城市社会结构变迁新论》，东南大学出版社2000年版，第121页。

② [德]斐迪南·滕尼斯著：《共同体与社会——纯粹社会学的基本概念》，林荣远译，商务印书馆1999年版，第92页。

③ [美]丹尼尔·贝尔著：《资本主义文化矛盾》，赵一凡、蒲隆、任晓晋译，生活·读书·新知三联书店1989年版，第35页。

程度上就是生活方式的延伸，消费文化就是人们在生活方式中展现出来的精神文化意义。两者只是侧重点不同而已，本质没有根本区别。伦德尔·卡尔德(Lendol Calder)认为，消费文化是一种特定的生活方式，是大多数人从得以生存的销售、购买、使用以及处置商品的关系中获得的意义①。文化研究巨匠克利福德·格尔茨(Clifford Geertz)指出，文化是一种体现于符号中的意义的历史性的传承模式，是一种以符号形式表达的概念传承体系，由此人们能够交流、保存和发展他们的生活知识和生活态度②。新的消费文化的英雄们，在他们设计好并汇合到一起构成生活方式的商品、服装、实践、体验、表情及身体姿态的独特聚合体中，把生活方式变成一种生活的谋划，变成对自己个性的展示及对生活样式的感知③。

消费文化与生活方式具有同构性，甚至有学者用"消费方式"代替生活方式。韦伯与凡勃伦的研究，是当代社会学以研究消费代替研究生活方式的开始，他们的理论方法也因此影响了以后的对于生活方式的研究，也就是说，沿袭两人的思路，把生活方式转化为消费方式来研究。西方学者的这种研究转化大概有两种情况：第一种情况是把生活方式概念转变为操作性更强的消费方式，调查对象变得更加具体，资料更容易获得，如英国学者厄尔(Peter Earl)的《生活方式经济学：骚动世界的消费行为》，讨论的主题是生活方式，调查研究的对象却是消费方式。第二种情况是用消费方式概念替换生活方式概念，讨论的主题就是消费方式，大量关于消费社会的研究都是如此。韦伯就认为"阶级"是按照人们与商品生产和商品获取的关系划分的，而"地位群体"是按照特殊的生活方式中表现出来的消费商品的规律来划分的。人们在方法上可以从生产关系、分配制度认识阶级，从生活方式上认识地位。韦伯同时指出，特定的生活方式表现于消费商品的特定规律，也就是说，人们进一步在方法上可以根据消费规律认识生活方式。索尔斯坦·凡勃伦(Thorstein Veblen)在《有闲阶级论——关于制度的经济研究》中也是根据商品消费来界定生活方式，并进而界定社会阶级地位的。他们的研究成为后世关于消费及消费社会研究的学术渊源④。总之，消费文化与生活方式互为条件、相互包含，消费文化提高了生活方式的质量，生活方式反映了消费文化，你中有我，我中有你。具体地说，就是穿着中有服饰文化，饮食中有饮食文化，饮酒中有酒文化，品茶中有茶文化，等等，消费文化与生活方式相互交

① [美] 伦德尔·卡尔德著：《融资美国梦——消费信贷文化史》，上海人民出版社 2007 年版，第 7 页。
② [美] 约翰·R.霍尔、玛丽·乔·尼兹著：《文化：社会学的视野》，商务印书馆 2004 年版，第 20 页。
③ [英] 迈克·费瑟斯通著：《消费文化与后现代主义》，刘精明译，译林出版社 2000 年版，第 126 页。
④ 马姝、夏建中：《西方生活方式研究理论综述》，《江西社会科学》2004 年第 1 期。

融，建构着社会人。

第二节 消费文化与生活方式

消费社会的来临如此重要，然而，这一经济和文化重大变迁却没有得到足够的研究和分析。最近半个世纪，欧美的消费社会学研究才建立起良好的传统，那里产生了消费社会学理论和实践研究的奠基者与大师，包括法国的布迪厄、鲍德里亚，英国的费瑟斯通、鲍曼、桑德斯和美国的詹姆逊。近年来，消费社会学的应用研究成为新的热点。涌现出许多卓有建树的消费社会学家，如英国的厄里、美国的瑞泽尔等，他们都直接或间接地论述了消费文化与生活方式。本节将简述对消费文化与生活方式进行主要和直接研究的社会学家的观点。需要说明的是，部分思想家在论述消费文化与生活方式时，没有直接指出其研究是特指城市消费文化与生活方式，但从本质上来看，实际上就是指城市消费文化与生活方式，这可从他们的理论关注点直接看出。此外，乡村的消费文化和生活方式只是城市消费文化和生活方式的低级形态，在社会中不占主导地位，不具有代表性，因此不是理论家关注的焦点。而且在论述了城市的消费文化和生活方式后，作为低级形态的乡村的消费文化和生活方式不证自明。

一、消费文化研究

对消费文化直接进行研究的理论家，制度经济学派的开山鼻祖、著名社会学家索尔斯坦·凡勃伦算是先驱者。1899 年，他发表《有闲阶级论——关于制度的经济研究》，提出了著名的“炫耀性消费”，使消费的研究重点由先前的物品伸延到了文化。他指出，在城市这样一个陌生人的社会里，如何让别人辨别出自己与众不同的身份，体现出自己的高贵之意义，在当时的时代，最好的办法就是以自己的炫耀性财物的炫耀性消费来展示。“一个人要使他日常生活中遇到的那些漠不关心的观察者，对他的金钱力量留下印象，唯一可行的办法是不断地显示他的支付能力”①。在当时金钱文化的主导下，炫耀性消费可以说遍及社会生活的每一个角落，特别以直观性的服饰为盛：要证明一个人的金钱地位，别的方式也可以有效地达到目的，而且别的方式也是到处在使用、到处在流行的；但服装上的消费优于多数其他方式……还有一点也是确定的，同任何其他消费类型相比，

---

① ［美］凡勃伦著：《有闲阶级论——关于制度的经济研究》，蔡受百译，商务印书馆 2018 年版，第 68 页。

在服装上为了夸耀而进行的花费，情况总是格外显著，风气也总是格外普遍……如果我们在服装上没有能达到社会习惯所决定的标准，就会感到局促不安，这种感觉的敏锐程度，大概是没有别的方面的感觉可以比得上的①。通过这种炫耀性消费，个人获得了别人无法比拟的地位、尊严和荣誉。“炫耀性消费”使消费打上了文化的印记，成为消费文化研究的先导。

法国社会学家布尔迪厄把消费文化看作是既定的社会现实和社会秩序的反映，通过人们的消费品位可反映出人与人之间的等级差别，同时这些消费品位使人们之间区隔开来。他在《区隔：关于品味判断的社会批判》一书中指出，人们在日常消费的文化实践中，从饮食、服饰、身体直至音乐、绘画、文学等的消费品位，都反映了消费者在社会中所处的等级和地位。他在书中区分出了三种品位：一是合法品位，存在于支配阶级中教育程度最高的集团成员之间；二是中产阶级品位，普遍存在于中产阶级；三是大众品位，普遍存在于工人阶级中。三种品位代表三种人，标示出三个阶级，消费的文化意义得到彰显。此外，布尔迪厄还提出了文化资本的概念，直接从文化的角度来论述消费。“文化资本，这种资本在某些条件下能转换成经济资本，它是以教育资格的形式被制度化的”，它像经济资本一样，凝结并生产着社会的不平等。在日常消费实践中，“社会上层阶级喜欢听歌剧、打高尔夫球，讲究着装仪态的优雅，而下层阶级忙于满足自己的日常需要，没有余裕，也缺乏必要的文化准备来鉴赏那些精妙的艺术品，这与他们携带的不同文化资本有关”②。布尔迪厄通过把消费文化的分析置于广阔的文化和社会环境中来进行研究，扩大消费文化的社会空间话语，深化了消费文化研究。

法国著名社会思想家鲍德里亚对消费文化进行了集中而全新的研究，他从符号学的角度对消费文化进行了深入思考。有学者甚至指出鲍德里亚的学术生涯就是从对消费文化的关注开始的。鲍德里亚在其第一本著作《物体系》中给消费下了一个全新的定义：“消费既不是物质实践，也不是一种富裕现象学，它既不是依据我们的食物、服饰及驾驶的汽车来界定的，也不是依据形象与信息的视觉与声音实体来界定的，而是通过把所有这些东西组成意义实体来界定的。消费是在具有某种程度连贯性的话语中所呈现的所有物品和信息的真实总体性。因此，有意义的消费乃是一种系统化的符号操作行为。”③从这个定义中可知消费与文化真的合一了，消费完全变成符号性的文化意义行为了。在此基础上，鲍德

① ［美］凡勃伦著：《有闲阶级论——关于制度的经济研究》，蔡受百译，商务印书馆 2018 年版，第 131 页。
② 罗钢、王中忱主编：《消费文化读本》，中国社会科学出版社 2003 年版，第 43 页。
③ 罗钢、王中忱主编：《消费文化读本》，中国社会科学出版社 2003 年版，第 27 页。

里亚把负载着文化的符号消费既看成是社会成员之间结成社会关系的基础，又看成是社会成员之间等级地位区分的标识。

英国学者西莉亚·卢瑞(Celia Lury)在其专著《消费文化》中指出，消费文化是当代欧美社会中关于被使用物品的文化——物质文化的一种特殊表现形式。这种特殊性主要表现为消费不仅是一种经济现象，更是一种文化现象。物质商品不仅有用，而且有意义，还可以作为社会关系的标志，物体的这种象征意义或文化方面，已经逐渐具有特殊的重要性并形成独特系统，因而消费文化是意义渗透的文化。正是这个意义系统将消费文化与物质文化区别开来，成为物质文化的一种特殊形式[①]。

英国学者费瑟斯通在《消费文化与后现代主义》归纳并区分了消费文化的三种主要视角[②]：第一种视角认为，消费文化以资本主义商品生产的扩张为前提预设。资本主义商品生产的扩张，引起了消费商品、消费场所及消费活动的显著增长。第二种视角是一种更为严格的社会学观点。消费文化是人们社会身份与地位的体现。在消费文化中人们对商品的满足程度，取决于他们获取商品的社会性结构途径，人们为了建立社会联系或社会区别，会以不同的方式去消费商品。第三种视角关心的是消费时的情感快乐及梦想与欲望等问题。在消费文化的影像中，以及在独特的、直接产生广泛的身体刺激与审美快感的消费场所中，情感快乐与梦想、欲望都是大受欢迎的。

此外，费瑟斯通对消费文化提出了自己的一些看法，指出消费文化，顾名思义，即指消费社会的文化。其基于这样一个假设，即认为大众消费运动伴随着符号生产、日常体验和实践活动和重新组织。许多研究都将消费文化追溯到18世纪的英国中产阶级及19世纪的英国、法国和美国的工人阶级中，认为当时的广告、百货商店、度假胜地、大众娱乐及闲暇等的发展，可能就是消费文化的起源。另一些研究则着重指出，美国在两次世界大战期间，就已初次显露了消费文化的发展迹象。广告、电影业、时尚和化妆品生产、交相传阅的大众小报、杂志和拥有无数观众的体育运动，使得众多的新品位、新秉性、新体验和新理想广泛传播开来。由于与一般宗教、尤其是清教徒所恪守的传统古训(禁欲、勤奋、远见和节俭)背道而驰，人们奉行“及时行乐”的人生哲学。所以，就经常有人假设说，消费主义导致了精神贫乏空虚、享乐型的利己主义。在20世纪30年代，马尔科姆·库利(Markum Kuli)就开始集中研究他称之为新“消费伦理”的问题。新“消费

① [英] 西莉亚·卢瑞著：《消费文化》，张萍译，南京大学出版社2003年版，第227页。
② [英] 迈克·费瑟斯通著：《消费文化与后现代主义》，刘精明译，译林出版社2000年版，第18页。

伦理”最初产生于那些豪放派艺术家们和格林威治村的一批知识分子之中，并以此作为对基督教职业伦理的公开抨击。库利指出，在20世纪20年代末，这种新消费伦理被广告业所控制，它大肆鼓吹的是得过且过、享乐主义、自我表现、美的身体、异教主义、逃避社会义务、向往遥远国度的异域风情、培养生活情趣、使生活具有独特的格调。很明显，消费文化的一个重要特征就是，商品、产品和体验可供人们消费、维持、规划和梦想。消费绝不仅仅是为满足特定需要的商品的使用价值的消费。相反通过广告、大众传媒和商品展陈的技术，消费文化动摇了原来商品的使用或产品意义的观念，并赋予其新的影像与记号，全面激发了人们广泛的感觉联系与欲望①。正如丹尼尔·贝尔所说：“所要满足的不是需要，而是欲望。”②影像的过量生产和现实中相应参照物的丧失是消费文化中的内在固有趋势，消费文化编织起了一张由影像、记号和符号组成的、变动不居的巨网，把人们深网其中。

英国社会学家唐·施奈特(Don Slater)在他的《消费文化与现代性》一书中指出：“消费文化”这个概念，则是独一无二、专有所指的，它是在西方现代性发展过程中形成的文化再生产主导模式。消费文化在许多重要方面，都是现代西方的文化，它对于现代世界中的日常生活实践，当然是处在意义的中心。它普遍联系着界定西方现代性的那些核心价值、实践和制度，诸如选择、个人主义和市场关系③。

国内关于消费文化的研究一般有以下几种观点④：第一，从广义的文化概念出发，认为消费文化是“文化在人类消费活动中的以特定方式存在和体现的‘全部社会传统，即全部知识和习俗的总和’”。具体来说，消费文化“是消费领域中人们创造的物质财富和精神财富的总和，是人们消费方面创造性的表现，是人们各种合理消费实践活动的升华和结晶。消费文化包括优美的自然环境、人文环境，人们精心创造的实物生活资料和精神文化产品，以及富有创造性的有利于人的身心健康的消费行为”。第二，强调消费文化是人们消费活动中的价值取向与价值规范。魏杰认为，“如果给消费文化下一个比较完整的定义，那么就应该是指：消费者的消费价值判断、指导思想与行为准则，以及反映在物质产品上的文化层次和文化趋向”。后来有论者说得更明确，“所谓的消费文化，实际上也就是

---

① ［英］迈克·费瑟斯通著：《消费文化与后现代主义》，刘精明译，译林出版社2003年版，第165—166页。

② ［美］丹尼尔·贝尔著：《资本主义文化矛盾》，赵一凡、蒲隆、任晓晋译，生活·读书·新知三联书店1989年版，第68页。

③ Don Slater, Consumer Culture and Modernity, Cambridge: Polity Press, 1997: 8.

④ 以下三种界定参看董天策：《消费文化的学理内涵与研究取向》(《西南民族大学学报》2008年第9期)。

人们在长期的经济生活中所形成的对消费的一种稳定性的共同信念，即约束居民消费行为或消费偏好的一种文化规范”。第三，认为消费文化即消费主义或消费主义文化。黄平指出，“所谓消费文化，或者如一些人所称的消费主义文化，是一种以推销商品为动力，无形中使现代社会普通大众都被相继裹挟进去的消费至上的生活方式与价值观念”。准确地说，消费文化是“消费主义文化”(culture of consumerism)，不同于经济意义上对物品的消耗。而消费主义是指这样一种生活方式：消费的目的不是为了实际需要的满足，而是在不断追求被制造出来、被刺激起来的欲望的满足。换句话说，人们所消费的，不是商品和服务的使用价值，而是它们的符号象征意义。……“消费”也成为人自我表达和暴露的主要形式和意义来源，对符号之意义的消费过程在不知不觉之中建构了新型的社会关系与社会生活的方式。

上述三种观点表明，人们对于什么是消费文化具有完全不同的认识。第一种观点认为消费文化是人们在消费领域中创造的物质财富和精神财富的总和，其外延十分广泛。于光远将其分为饮食文化、医药文化、衣着服饰文化、住宅建筑文化、体育文化、娱乐文化、表演文化、旅游文化、嗜好文化等。尹世杰将其分为物质文化、精神文化、生态文化三大类。这是一种广义意。第二种观点则把消费文化限定为消费的观念形态层面。有学者指出：“消费文化既非这样那样的消费环境、消费资料，也非这样那样的消费活动”，“消费文化不过是作为消费反映的思想、观念、知识和理论”。换言之，“所谓消费文化，是渗透到消费行为中的整体化文化观念与传统”。这是一种狭义意。

与广义、狭义意义不同，第三种观点把消费文化与特定的社会历史阶段联系起来，认为消费主义是伴随西方现代性的产生而兴起的一种社会文化现象，早期仅仅局限于宫廷与贵族阶层，到了19世纪后半期，消费文化得以在中产阶级继而在市民阶层中迅速发展。等到20世纪中期，资本主义不是设法以工作或财产而是以物质占有的地位标志和鼓励享乐来证明自身的正确，消费文化被简化为是使资本主义生产利润持续维系在所需要的足够灵活水平必不可少的经济手段，从而形成了以消费主义为内核的消费文化。在此意义上的“消费文化”，应当说是一个特指概念。

结合以上种种观点，应该说狭义的、特指的消费文化意更具科学性，即消费文化是特指人类进入消费社会后所呈现出的文化，否则任何社会都可谈得上消费文化。它是人们在消费商品和符号过程中所呈现出来的精神意义方面的表征，这是其表现出来的主要内容。

二、生活方式研究

生活方式作为一个理论受到关注主要是集中在社会学领域,至今已有许多社会学家对此进行了研究,提出了自己的看法。马克思较早地对此进行了研究,他说:“人们的存在就是他们的现实生活过程。”[①]他把生活方式看作其理论重心生产方式的一个内容,为了获取生活资料,他研究了获取生活资料的方式即生产方式。马克思在他与恩格斯合著的《费尔巴哈》中说:“人们用以生产自己的生活资料的方式,首先取决于他们已有的和需要再生产的生活资料本身的特性。这种生产方式不应当只从它是个人肉体存在的再生产这方面加以考察。它在更大程度上是这些个人的一定的活动方式,是他们表现自己生活的一定方式、他们的一定的生活方式。”[②]提出了生产方式决定生活方式的观点:“物质生活的生产方式制约着整个社会生活、政治生活和精神生活的过程。”[③]此外,马克思还指出“经济的异化则是现实生活的异化”,对这种异化生活的扬弃,要看“真正的、公认的生活主要是在意识领域中还是在外部世界中进行,这种生活更多地是观念的生活还是现实的生活”[④]。其实马克思的理论说到底实际上就是为了让人们过上真正属于人的非异化的自由而幸福的生活。当然在当时的时代背景下,马克思不可能重点论述具体的人们的生活方式,但却打开了从社会学研究生活方式的一个缺口。

韦伯开始积极关注生活方式的研究,他在一篇题为《阶级、地位与权力》的论文中谈论这三个概念的内涵时引入“生活方式”概念,对社会地位与生活方式的关系进行了理论探讨。他说,人们的“地位的荣辱通常表现于这一事实:一定的生活方式能够受到这样一些人的期盼,以至于他们都希望属于这个圈子”,也就是说,社会地位的尊卑是由生活方式的高低所代表的,社会地位的范围是由特定生活方式的圈子所标志的。“阶级”是按照它们与商品生产和商品获取的关系而划分的;而“地位群体”是按照它们特殊的生活方式中表现出来的消费商品的规律来划分的。人们在方法上可以从生产关系、分配制度认识阶级,从生活方式认识社会地位。同时,他也提出,特定的生活方式表现于消费商品的特定规律,这也就是说,人们进一步在方法上可以根据消费规律认识生活方式。把生活方式转化为消费方式来研究,已经成为当前西方生活方式研究的主流。这种研究在

① 《马克思恩格斯选集(第1卷)》,人民出版社1995年版,第72页。
② 《马克思恩格斯选集(第1卷)》,人民出版社1995年版,第67页。
③ 《马克思恩格斯选集(第2卷)》,人民出版社1995年版,第32页。
④ 《马克思恩格斯全集(第42卷)》,人民出版社1979年版,第121页。

方法论上与韦伯是有渊源关系的。

凡勃伦对生活方式研究的突出贡献在于他运用历史社会学的方法深入、系统地论述了特定的生活方式与特定的社会阶级的相关性。他的研究充分展示了生活方式概念对于阶级和社会地位的认识价值和解释力。他的名著《有闲阶级论》就是把生活方式作为阶级地位、作为尊荣的社会标志来研究的。在工业社会中，地位和尊荣是通过有闲来体现的。有闲的生活方式的突出特色是讲礼仪、重优雅，有闲阶级借以炫耀自己的特殊地位。所以凡勃伦称之为“炫耀性的闲暇”。随着城市化的普遍发展，有钱人更重视把钱投入能够象征自己高人一等的实物消费，凡勃伦称之为“炫耀性的消费”。韦伯和凡勃伦都把生活方式视为社会分化的可观察现象，他们在讨论社会结构时都把生活方式当作间接的研究对象。这种思路可以说一直都是西方社会学的学术范式，他们对生活方式研究的理论与方法对后世的影响大致可以分为两个思路来叙述：一是根据生活方式的差异认识社会分化以及社会群体差异，二是把生活方式转化为消费方式来研究。布尔迪厄、鲍德里亚对生活方式的研究在上述分析消费文化时已涉及，他们分析消费文化的切入点都是生活方式，通过生活中的消费研究来确定人与人之间的地位等级关系。

对城市生活方式进行集中而详细的研究的是美国芝加哥学派的社会学家路易斯·沃思。沃思把城市特有的生活方式的特性称之为“城市性”，城市居民采取了一种完全与农村居民不同的生活与交往方式来体现，保持了特殊的“城市性文化”或“城市特性”。沃思以城市人口规模、人口密度和人口异质性作为三个基本出发点探讨了“城市性”和城市特殊的生活方式。

首先是规模的作用。沃思认为城市规模的增长与人们关系的亲密度成反比，膨胀的社会规模增长了人与人之间的冷漠，导致了社会情感关系的离析和都市生活特征“社会距离”的扩大。第二是密度的影响。沃思认为人口集居的密度“强化了数量在使人及其行为多样化和使社会结构复杂化方面的作用”。人口集居密度的增长，使得日益复杂的劳动分工结构以及社会控制机制不断产生。人们依据自己的身份、角色地位而不是个性需求进行交往，导致了一种非个性的交往关系。因而，城市社会的生活方式带有明显的工具性、短暂性和匿名性。

第三是异质性。异质性主要来自城市人口的来源多样性、高度流动性、城市社会分工的高度发展以及个体对独特性的刻意追求。个人与他人、个人与社会的疏离成为一种普遍现象，个人缺乏稳定感、安全感和归属感，个人被“降低至一个实际上无能的层面”。

沃思之后，大量的社会学者对城市生活方式进行研究。一是把生活方式概念转变为操作性更强的消费方式，调查对象变得更加具体，资料更容易获得，如英国学者厄尔的《生活方式经济学：骚动世界的消费行为》，讨论的主题是生活方式，调查研究的对象却是消费方式，一是用消费方式概念替换生活方式概念，讨论的主题就是消费方式，大量关于消费社会的研究都是如此。如赫伯特·甘斯(Herbert Gans)的《作为一种生活方式的城市性和郊区性》就是讨论社区居民的消费方式。

此外，还有对生活方式类型进行的研究。这种研究取向在理论上借助人格心理学和社会心理学，在方法上使定性研究与定量研究相结合，取得了突出的成果。如有学者利用芬兰一个发展很快的城市万塔市(赫尔辛基附近)100 名居民的自传资料，建立了另一套生活方式类型体系。这一类型体系是以四个主要指标为基础建立的，即生活控制、基本生活印象、个人(家庭)生活的社会领域和私人领域的区别程度、主要生活定向的总和，他们根据这些指标把生活方式分成四种类型：真正幸福的多面型、普通传统型、现代的无内容型、十分不幸型。美国学者米切尔根据调查对象的价值观和生活方式归纳出四大类共九种生活方式，即需要驱动类：活命型生活方式、维持型生活方式；外向类：归属型生活方式、奋斗型生活方式、成功型生活方式；内向类：我行我素型生活方式、体验型生活方式、社会自觉意识型生活方式；外向与内向混合类：综合型生活方式。

生活方式在英文中大致经历了从短语(style of life)到合成词(life-style)再到单词(lifestyle)的演变过程。马克思和恩格斯、韦伯、凡勃伦谈论生活方式的文献基本上可以说属于生活方式概念的短语期，通常使用的是“style of life”。他们都没有给这个短语下定义，因为它是被用来解释别的概念的，而不是被解释的概念。虽然没有专门的定义，但是它在他们的上下文里被赋予的含义却是明确而稳定的，即被用来表示阶级(马克思主义创始人和凡勃伦)或社会地位(韦伯)之间在生活上的相互差异。在他们之后，生活方式发展成一个专门的术语，其语言标志就是合成词(life-style)的广泛采用，合成词时期持续到 20 世纪 70 年代。在合成词时期，它既然已经被学术化，学者们也下了很多定义。到了 20 世纪 80 年代，生活方式概念在西方文献中已经由合成词稳定为单词(lifestyle)。这一概念的基本含义仍然是研究对象的相对差异，但是也出现了新的转向，这一时期的学者谈论差异是从个人出发的。此时，对生活方式概念的讨论流行使用“趣味”“风格意识”“表现”“选择”等着重个人差异性的修饰语。“生活方式”的意义开始向“生活风格”的转化了，这一新的研究正方兴未艾，如瑞泽尔的社会的麦当劳化研究等。

第三节 中国城市的消费文化与生活方式变迁

消费文化是消费社会特有的文化现象，是在现代工业社会充分发展的基础上产生的。对于中国而言，谈到消费文化及与其相关的生活方式主要把握两点：一是从空间来看，消费文化及其相关的生活方式只能是城市的社会现象，无论是过去还是现在都是如此，广大的乡村离消费文化还遥不可及。二是从时间来看，主要有两大时段，即20世纪30年代和改革开放后。20世纪30年代主要指上海，而改革开放后则指逐渐发展起来的城市群。

一、20世纪30年代上海的消费文化与生活方式

近代以来，随着资本——帝国主义列强的入侵，上海作为中国沿海的重要城市，很自然地成为资本——帝国主义国家的大本营，逐渐遍布上海的租界就是证明，上海一方面遭受资本——帝国主义国家残酷的压榨，但是另一方面也带来了资本主义的现代工业。自1843年开埠以后，上海便开始了它的现代化过程。到了20世纪30年代，经过几十年的发展，上海已经成为资本主义世界的一个中心。据1935年出版的英文《上海指南》中说："上海，世界第六大城市；上海，东方的巴黎；上海，西方的纽约。"[①]上海已经成为一座真正意义上的国际都会，这里充斥了大量的都市时尚。大多数学者在寻找中国现代性城市根源的时候，都会将高潮锁定于20世纪30年代的上海，上海成了中国消费文化及其相关的生活方式的发源地。正如罗兹·墨菲(Rhoads Murphey)所说："上海，连同它在近百年来成长发展的格局，一直是现代中国的缩影。就在这个城市，中国第一次接受和吸取了十九世纪欧洲的治外法权、炮舰外交、外国租界和侵略精神的经验教训。就在这个城市，胜于任何其他地方，理性的、重视法规的、科学的、工业发达的、效率高的、扩张主义的西方和因袭传统的、全凭直觉的、人文主义的、以农业为主的、效率低的、闭关自守的中国——两种文明走到一起来了。两者接触的结果和中国的反响，首先在上海开始出现，现代中国就在这里诞生。"[②]

20世纪30年代的上海由于城市经济的发展和开放程度的提升，上海逐渐

---

① 邵雍：《〈纽约时报〉视野下的上海城市化进程》，《甘肃社会科学》2008年第5期。

② [美]罗兹·墨菲著：《上海——现代中国的钥匙》，上海社科院历史所译，上海人民出版社1986年版，第4页。

成为国内的经济中心，经济实力大大增强，这为消费文化及相关生活方式的流行和传播提供了最重要的支撑。这时期的消费文化和生活方式主要有以下几个特征：

第一，从主体来看，主要是新兴的市民阶层。这是一个特殊而较庞大的有能力进行消费的群体，其中最主要的是一些先富起来的人们，他们开办了一些资本主义式的实业，或是一些实业的中高层管理者。在1930年发行的《上海指南》一书中，最前面就刊登了黄浦公园、中央银行、上海商会等的照片。在第6卷的实业项目里共分了18类179个业种，并分门别类详细记录了各实业的办公地址等相关情况。从这些分类中可看出当时的实业是相当的发达。以实业都要打交道的银行为例，如从当时的黄浦滩路走下去，可以依次见到大英银行（黄浦滩路6号）、中国通商银行（黄浦滩路7号）、汇丰银行（黄浦滩路12号）、交通银行（黄浦滩路14号）、麦加利银行（黄浦滩路18号）、中国银行（黄浦滩路22号）等各大银行。这也可印证当时上海的经济发达之程度。这是上海消费文化兴起最重要的物质基础和人群主体。消费主体的另一部分是具有一定文化的知识分子，这些人既受资本主义影响，又反对资本主义的欺压和本国的腐败，更想救国救民。他们直接从事文化产业，上演着最正宗的消费文化。如当时上海就出现了大量印刷业、出版业、杂志、报社等，与之相伴而生的就产生了具有此种消费的一大批人。据《上海市年鉴》的统计，1937年上海《申报》等26种全国有影响的报纸销路，平均每日为960 961份，其中本埠销数占56.67%，即539 559份。一份报纸多为一家传阅，是年上海家庭人口户均5人左右，除掉婴幼儿与不识字者，再打个折扣，那么，读者即受众也有1 348 897.5人之多，已大于上海职业人口数了[①]。

第二，从内容来看，最主要的还是资本主义的精神文化。20世纪30年代的上海在对西方的新思想和生活方式的接收上采取的基本上是全盘接受的态度，再适当加以中国化。当时在西方盛行的跳舞、看电影、看戏剧、喝咖啡、逛公园、遛跑马场、逛百货大楼等生活方式在上海也随处可见。以戏剧为例，据统计，“30年代，上海的戏曲演出剧场有一百几十所，观众席位总数达十万个以上”，“戏曲活动的消费成员每天起码有一二十万人”[②]。这些西化的戏剧改变了中国传统戏剧的须唱皮黄，伴以锣鼓、丝弦、勾脸及舞唱的形式，而仅以台词构成全剧，简洁但内容不乏深入，更宜编演。许多演者结合当时中国时局，自编自演，鼓吹变革，鞭挞黑暗，受到各消费阶层的热烈欢迎。这些西化的消费方式在上海整个城

① 忻平著：《从上海发现历史》，上海人民出版社1996年版，第442、第212页。
② 张仲礼著：《近代上海城市研究》，上海人民出版社1990年版，第1120—1121页。

市弥漫着。但是它也遭到中国传统文化的挤压和排斥，致使它在消费的主体人群中常会产生不适，同时也决定它很难传播到低下层的人群中去。

第三，从场所来看，当时在西方盛行的舞厅、电影院、剧院、咖啡馆、公园、跑马场、百货大楼等在上海也随处可见。20 世纪 30 年代上海城市娱乐业步入辉煌的鼎盛时期，不仅在娱乐场馆数量上稳居国内第一，而且在场馆设施质量方面也遥遥领先，涌现了一大批诸如大光明电影院、百乐门舞厅、天蟾舞台等在国内乃至远东地区声名远播的高档娱乐场所。在城市娱乐业迅猛发展的同时，城市娱乐业在空间结构上出现了新一轮发展和演变的态势，也即逐渐形成了以西藏路和南京路、静安寺路(今南京西路)交汇处为核心的中央娱乐区(也可称之为城市中心娱乐区)，东到外滩，向西一直延伸到兆丰公园(今中山公园)，向北越过苏州河，沿北四川路(今四川北路)发展至虹口公园一带，向南则沿霞飞路(今淮海路中路)发展的空间布局模式。在这个区域里以当时在上海最具影响力的三大娱乐行业——电影院、游乐场和舞厅为例，共有游乐场 6 家、电影院 11 家、舞厅 18 家[①]。

总之，20 世纪 30 年代的上海，人们的消费文化及其相关的生活方式，无论从物质上还是从精神上都经历了有史以来最大的来自西方的冲击和随之而来的变迁。在物质生活方面，现代西方的消费文化和生活方式走进了近代上海人的衣食住行及日常生活等广泛的物质生活领域。大量的西式礼帽、西装、皮鞋、高腰洋袜、飘逸裙带等逐渐在原有的长衫马褂中脱颖而出，饼干、蛋糕、面包、牛奶、白兰地、葡萄酒、香槟、啤酒等摆上了餐桌，各种希腊式、哥特式、日本式的钢石结构的建筑在砖木结构的房屋中拔地而起，电车、摩托车、火车等在城市中纵横驰骋。伴随这些物质生活方式的改变，在人们的精神文化的深处，也在进行着剧烈的革新。电影让人们真正睁眼看到了世界，读书看报大大地打开了思想的视域，西方的文化逐渐被认同、接受和效仿，并和中国传统文化一起发酵，呈现出中西杂糅、新旧并举、多元复杂的消费文化和生活方式的新景观，鲜明地折射出近代社会变迁的历程和实践轨迹。

二、改革开放后中国城市的消费文化和生活方式

改革开放以后，随着商品经济与市场经济的兴盛，新中国的人们第一次真正有了从事消费和选择生活方式的自主权，中国城市的消费文化和生活方式才真正的在全国范围内启动，城市市民掀起了消费文化和生活方式变迁的浪潮。有

---

① 楼嘉军：《20 世纪 30 年代上海城市文化地图解读》，《史林》2005 年第 5 期。

学者把这种变革称为中国的“第二次解放”，看作是继 1949 年的新中国成立之后的第二次。“到 1979 年，‘改革开放’的邓小平时代开始时，大多数中国人实际上已经为一次新的解放做好了准备”，到“20 世纪晚期，许多中国公民的确感受到了一场真真切切的解放。就像 1949 年的那场解放一样，这场可称之为‘消费革命’的新解放运动所蕴涵的自由有着不同的层面。”①

对于中国的城市居民，从经济体制改革中获得的收益异常显著。仅以改革开放的前 15 年为例，扣除通货膨胀因素后，以不变价格计算，中国人均年收入在 1978 年到 1990 年间翻了一番，在 1990 年到 1994 年间又增长了 50%。城市家庭储蓄额从 1978 年的 18.5 亿美元增长到 1990 年的 625 亿美元，到 1994 年又达到了 1 920 亿美元。以往只有少数有特殊关系的人才能买到的洗衣机、电冰箱之类的耐用消费品已成为日常商品。许多原先的珍奇产品，如今已成为遍布全国零售商店的普通商品。1990 年全国只有 2 万部移动电话机，而 1995 年达到 340 万部。以前，《英汉字典》中对 greeting card 一词尚无正式解释，但到了 1995 年，北京街头的一个售货摊一天就售出过 8 万张贺卡。1985 年上海共有 52 家舞厅和迪斯科舞厅，到 1994 年已超过 1 000 家。在深圳，保龄球馆的数目一年就增加了 40 倍。在不到 10 年的时间里，数千万人有了新的通信方式、新的社交语汇以及通过新的商业化途径产生的新的休闲方式。毫不夸张地说，中国经历了并正在经历着一场消费革命②。到 2010 年，这个数字又成爆炸式增长。以移动电话为例，据工信部 2010 年 2 月 3 日公布的数据，2009 年中国手机用户数量净增超 1 亿，达到 7.47 亿户，比 1995 年增长了 220 倍。消费已不是一般的经济环节，而是人类社会价值实现的一种体现，成为推动经济与社会向前发展的一种动力，甚至使社会的主要矛盾逐步从生产关系的矛盾向生活关系的矛盾转移。这场新的消费革命所带来的消费文化和生活方式的变迁，主要有以下几个特点：

第一，从消费和生活的目的来看，开始由物质型向精神文化型转变，或者说由生存型向发展型转变。改革开放开始时，对于大多数的城市居民来说，消费解决的主要问题是如何使自己的物质生活过得更好些，这就需要大量的物质商品，而随着商品经济与市场经济的发展，各种商品如雨后春笋般地发展起来，这恰好满足了当时人们日益增长的物质需要。20 世纪 80 年代，城市中的彩电、冰箱、洗衣机、收录机的“四大件”就是最好的例证。但是到了 20 世纪 90 年代，随着人们物质生活水平的提高，“四大件”就逐渐地从人们的消费重心中消逝了。精神

---

① 戴慧思、卢汉龙译著：《中国城市的消费革命》，上海社会科学院出版社 2003 年版，第 368 页。
② 戴慧思、卢汉龙译著：《中国城市的消费革命》，上海社会科学院出版社 2003 年版，第 6 页。

文化的消费成为人们关注的焦点，人们开始向追求个性、追求自我发展的方向迈进了。同样以彩电为例，人们这个时候更多地追求它的品牌效应，讲求它的档次和独特性的比例越来越高，品牌作为商品的符号价值成了重要的追求目标。“品牌不但使某种商品具有独特性和示差性，而且使商品获得了更多的内容和价值。第一，品牌代表了某种标准化和一贯化的质量、信用和优质服务。第二，品牌代表了消费者信心和忠诚、市场份额和商业价值，是企业的无形资产。第三，品牌代表了与之相应的社会阶层、社会地位、生活品位和生活方式。第四，品牌代表了某些个人或群体的主观意义。第五，品牌还代表了一个民族和文化”①。品牌充分展示了人们对精神文化的消费追求和尝试，特别是在一些大中城市，这种现象更加凸显。再以人们的饮食为例，这时人们更加关心饭菜的质量及相关的文化意义。因此，全程监控、无农药污染的绿色食品就成为关注的重点，其成为健康的标志和符号，具有了文化意义。而与健康有关的天然食品(野菜)、环保材料(实木家具)、保健器材等也获得了文化意义，成为城市人的消费时尚。越来越多的农家乐就是一个最好的证据。

第二，在消费和生活的模式上，出现了传统消费模式、现代消费模式和后现代消费模式，形成了简单追求型、勤朴实在型、理智前卫型、闲暇情趣型和新潮浪漫型等生活方式。传统消费作为一种最基本的满足物质生活的消费主要在小城市及城市中处于下层阶层的人们之中，但随着经济发展的发展，这种消费模式在逐渐走向衰落，已处于极其次要的地位，但还没有完全从城市中消失。它形成了简单追求型、勤朴实在型的生活方式。所谓简单追求型的生活方式指“对富有、高档的生活单纯向往，同时对国际化、高科技构成的现代感及浪漫情趣均不感兴趣”。所谓勤朴实在型生活方式是指“安贫乐道，渴望过朴实安定的生活，对富有或前卫型成功人士均感不屑”②。在城市中占主导的是现代消费模式，这种消费模式是由现代经济在社会中占主导地位决定的，是对传统消费模式的超越，它把人们在传统消费中存在的衣食住行的内涵和外延都大大拓展，表现出消费方式的多元性和生活方式的多样化，以追求舒适、健康、快乐、幸福为目的，它是人们传统消费需求在面对爆炸发展式的商品时所迸发出的消费欲望。现代消费模式形成了理智前卫型、闲暇情趣型的生活方式。所谓理智前卫型生活方式是指“推崇高科技，具有国际化概念，讲求独立与个性空间，永不落伍，但不欣赏浮表的新潮与身份感”；所谓闲暇情趣型生活方式是指“讲究休闲放松，注重养身之道，寻

① 王宁著：《消费社会学——一个分析的视角》，社会科学文献出版社2001年版，第151—152页。
② 零点调查编著：《中国消费文化调查报告》，光明日报出版社2006年版，第296页。

求自然健康活力的生活方式，厌恶平淡无波的生活，不简单追求富裕或前卫”[①]。后现代的消费模式是对现代消费模式的超越，在城市消费和生活中不占主导，主要是一小部分人士的消费和生活的实验，它最主要的表现是符号消费，甚至是对符号消费的过度崇拜。正如鲍德里亚曾说的，为了变成消费对象，物体必须变成符号，物的消费从来不在其物质性，而在其差异性。负载在这种商品的符号的差异性成了消费者身份、地位与价值的体现，成为富贵、成功、浪漫、新潮的见证，一定意义上说，是地地道道的炫耀性消费。因此，它形成了新潮浪漫型的生活方式，即“讲究浪漫情调，追赶流行浪潮，推崇身份感及个人品位”[②]。三种消费模式和五种生活方式既是并存的，又是互动。三种消费模式和五种生活方式各自呈现出递进的迁移态势，共同组成了当代中国城市消费文化与生活方式的七彩版图。

第三，在消费和生活的理念上，由非理性消费、过度消费和破坏式消费走向绿色消费、科学消费和生态消费的理念和生活方式。20 世纪 80 年代改革开放后，中国城市市民长期以来受到压抑的消费欲望如火山喷发般爆发，这就导致了非理性消费、过度消费和破坏式消费，这给消费和生活的可持续性带来了巨大挑战，于是人们开始进行深刻反思，绿色消费、科学消费和生态消费的理念和生活方式正是在这种情况下走进中国城市市民之中，并逐步生根发展起来。绿色消费的原始意思就是消费对环境有益的商品，或者说就是对绿色产品的消费。国际上一般说来即指节约资源、减少污染（reduce），绿色生活、环保选购（reevaluate），重复使用、多次利用（reuse），分类回收、循环利用（recycle），保护自然、万物共存（rescue），简称 5R。我国学者对绿色消费的含义进行了扩充，增加了公众健康和可持续方面的内容。有些学者认为绿色消费的内容应该再充实，把生态平衡、人的物质需要和精神需要的平衡都加进去。这种补充不无道理，有针对性。如有人认为吃野味也可以算作不污染环境，但是却导致生态失衡。这些增补无疑使概念更加严谨，但是绿色消费的实质始终不变，就是对绿色产品的消费。科学消费的提倡比绿色消费晚得多，大体含义如下：一是科学消费和不科学消费相对，是对不文明、不合理、不科学的消费的否定和纠正；二是科学消费需要科学知识的指导。消费者必须掌握一定的科学知识，才能实现科学地选择消费品；三是科学消费把消费和消费者收入联系起来，消费者使既定收入获得最佳的消费效益，处理好用于生存消费、发展消费和享受消费的比重，保证生存消费，鼓励发展消

---

① 零点调查编著：《中国消费文化调查报告》，光明日报出版社 2006 年版，第 296 页。
② 零点调查编著：《中国消费文化调查报告》，光明日报出版社 2006 年版，第 296 页。

费，适当享受消费；四是科学消费的目的在于保证身心健康，促进人的全面发展。简而言之，科学消费是指符合人的身心健康和全面发展要求、促进社会经济文化发展、追求人与自然和谐进步的消费观念、消费方式、消费结构及消费行为。生态消费的基本内涵是在确立人与自然和谐、协调的思想意识基础上，提供服务及相关产品以满足人类的生活需要，提高人类生活质量，同时使自然资源的消耗和有毒材料的使用量最少，使服务或产品在其生命周期内产生的废物和污染物最少，从而不危及后代的需要。这三种正在生成的消费方式在原则和宗旨上基本一致，都是在反省人类遇到的问题的基础上，试图提供一种有益的消费方式。虽然目前它们还不占主流，但是它们具有极强的生命力，对于中国城市消费形态的转换具有重要的现实意义。中国的城市应该构建出一种人与自然协调、经济与社会协调、生态系统平衡并且可持续发展的消费文化和生活方式[①]。

---

① 王光荣：《中国城市社会消费形态简析》，《城市经济》2006年第1期。

第八章 都市社会运动

传统的社会学研究专注社会结构，强调宏大的社会结构是如何影响个人的群体生活历程和机会。与此同时，社会学研究中还存在另外一个传统，那就是关注行动，着力揭示个人和群体的有意识的行动对社会结构发生的影响和变革。社会运动就是后一个学术传统下发展起来的社会学重要的研究领域。简单地讲，社会运动（social movement）就是许多个体参加的、高度组织化的、寻求和反对特定变革的制度外政治行为。自从20世纪60年代以来，西方国家各种各样的社会运动风起云涌，深刻地影响了所在国家的社会和政治生活。当代中国也出现了大量个体性或集体性的抗争活动，尤其是在城市中。在这样的社会和学术背景之下，了解和研究城市社会中社会运动的发生和发展，就变得十分必要。

都市社会运动就是本章要讨论的主题。那什么是都市社会运动呢？是否把其理解为发生在都市区域内的社会运动呢？正如我们在本章的学习中将要了解的那样，都市社会运动的发生和发展遵循着自身的规律和机制，而这些规律和机制又与城市的发展密切相关。与传统的社会运动研究相比，都市社会运动研究具有独特的研究对象和研究传统。因此，都市社会运动中的“都市”不仅是“社会运动”的地点状语，更是“社会运动”的性质定语。本章将首先呈现西方都市社会运动出现的社会和学术语境，接下来重点从社会学理论的角度，对都市社会运动涉及的重要概念和理论进行介绍与分析，并讨论当代都市社会运动领域的新的趋势。本章的最后部分，关注当代中国都市社会运动的现状，并介绍国内社会学对其开展的相关研究及重要学术成果。

第一节　都市社会运动发生的社会和学术语境

一、芝加哥学派关于城市骚乱和暴动的理论观点

在被正式引入学术话语之前，都市社会运动这一概念最初是与城市中的骚乱和暴动联系在一起的。芝加哥学派的社会学家们很早就注意到城市环境对于助长不满和暴民的影响。罗伯特·帕克和他在芝加哥大学社会学系的同事发展了关于发生在都市背景中发生社会运动的理论。帕克认为和城市化进程导致了社会互动模式的不确定性。移民的涌入破坏了价值观念的一致性，使得传统的社会规范失去了效力。在一个异质性很高而且急剧变迁的都市环境中，实现社会稳定的社会结构和文化基础都相当脆弱。与城市化相联系的社会解组引发了各种各样的社会问题。帕克声称城市问题的根源主要在于社会控制的机制发生了问题，因为城市不能够为居民提供一套稳定的价值体系，社会控制的缺乏导致了个人越轨行为和制度外群体行为的增加。

在群体层面，背井离乡的大众通过非理性的集群行动进行自我的政治表达。芝加哥学派认为大众很容易受到蛊惑，受制于各种异端学说，认为社会运动的参与者，往往是那些不能被社会成功整合的群体，比如穷人和新近的移民。这些处于社会边缘的人群，由于传统的社会凝聚力不起作用，缺乏社会联系和社会认同，在一些别有用心的宣传家的鼓动下，城市中就容易出现大规模的集群运动，甚至是革命。

正是作为暴民和骚乱的同义词，作为一种必须加以整治的社会病态现象，都市社会运动引起了早期社会学家的关注。这样的刻板印象，一直持续到 20 世纪 60 年代城市社会学领域内的一场新的理论范式革命的出现。

二、西方城市危机

在 20 世纪 60 年代欧美国家普遍经历了“城市危机”。由于城市郊区化的发展和城市中心产业的外迁，城市中心税收减少与财政收入降低，城市的公用设施无力得到更新与修建，城市零售业与服务业萎缩，城市就业机会下降，失业人口迅速增加。进入 20 世纪 70 年代，城市危机非但未得到有效遏制，由于产业投资的重新配置、市场的国际化和多元化经营与资本收缩、劳动力从制造业向服务业

的转移等，引起的直接后果就是失业人数进一步增加，大量劳动力为了就业而不得不迁移，他们普遍发现增加了居住成本，花费的交通时间过多，实际生活水平不断下降，危机进一步加剧。由于这些原因，美国的一些城市持续爆发社区居民抗议运动和城市骚乱。1968年，法国巴黎发生了“五月风暴”，出现了大规模的学生运动和工人罢工；英国以及其他一些欧洲国家，由于住宅短缺和工人失业，出现了“占屋运动”，与政府进行对抗。整个欧美社会被卷入不断出现的贫民窟暴乱和种族冲突之中，犯罪率迅速增长，城市居民人心惶惶。在20世纪70、80年代，西方城市中围绕都市复兴项目及资源和权力的不平等分配，爆发了大规模的都市运动。

这一时期的都市社会运动，不仅发生在发达国家，同样也出现在发展中国家，尤其是在经历过度城市化的拉丁美洲。这些国家在社会、政治和经济方面的发展与西方国家具有相当的差异，包括工业化和城市化的道路、国家政治体制的特点、市民社会的历史与发展等等。这些因素的共同作用，造成当地在城市化发展进程中矛盾更加尖锐，因此导致了都市社会运动的发生，并呈现出与西方国家不同的特点。按照约翰·沃尔顿的研究，第三世界国家中的都市社会运动存在三种形式：劳工运动、集体消费运动、政治和人权运动，它们涵盖了第三世界国家城市中的广泛动员行动。劳工运动是在收入和雇佣领域围绕工人利益展开的动员，包括罢工及针对失业和不利于劳工的社会政策的游行抗议活动。集体消费运动主要是城市服务的消费者的动员，集中在获取集体性或者公共服务方面，比如土地、住房、交通、教育、健康和其他都市服务——用水、街道、管道、电力等等，表达的方式包括土地侵占、占屋运动和上街游行。政治和人权运动则涉及非物质问题（比如公正、表达、安全、自由、民主）的动员，表达的形式包括游行示威、绝食和意识提升行动等。这三种形式的都市社会运动并非泾渭分明，而常常是彼此重合。

三、新城市社会学对于芝加哥学派城市研究的反思和批判

欧美城市中普遍出现的动荡与不安，引起了社会学家对于当时占据主导地位的芝加哥学派城市研究的理论范式的反思。在新马克思主义思想影响下的新城市社会学理论流派，开始质疑传统芝加哥学派对于“社会整合”的关注——通过研究生活方式、住房、亲属模式、社区联系、城市问题（比犯罪）和城市的空间结构，着力探讨秩序和“失范”的关系。芝加哥学派将城市化进程中原有社会网络和文化规范的瓦解以及城市中社会关系的疏离作为城市问题的核心，也把文化融合和社区的重新建立视为解决城市问题的基本手段。但是，这样的研究取向的局限决定了权力和冲突很大程度上被忽略了。作为新城市社会学的主要代表

人物，卡斯特本人也是法国 1968 年“五月风暴”学生运动积极的参与者和敏锐的观察者。在这样的背景下，他认为城市社会学过分关注社会整合的研究取向是值得反省的。在卡斯特看来，很多对于研究问题的界定是基于维护“社会秩序”的立场，而没有考虑到那些被这样的社会秩序所排斥的群体的利益和需要。社会边缘群体面临的问题被认为是对这种秩序的威胁，而不是结构性不平等本身产生的结果。在芝加哥学派的范式中，假定“社会秩序”的维护是不言自明的，而卡斯特拒绝了这样的假定，他提出要把关注点从以前的“社会整合”，转向关注行动和动员中的身份冲突，也就是社会运动。正是在这样的一个理论范式发生深刻变革的背景下，卡斯特提出并发展了都市社会运动理论。

第二节　都市社会运动理论的主要内容

一、都市社会运动理论的渊源

卡斯特的都市社会运动理论是建立在对城市政治经济的复杂理解的基础上的。一般认为，对于卡斯特学术思想的形成，有三个重要的理论来源：阿尔都塞的结构主义、图海纳的社会运动理论和列斐伏尔的空间生产理论。

早期卡斯特的思想深受法国结构马克思主义创始人和共产党人路易斯·阿尔都塞(L. Althusser)的影响，认为都市社会运动的发生具有深刻的结构性原因，是资本主义社会内在矛盾积累的必然结果。在阿尔都塞的影响下，卡斯特运用马克思主义的观点来分析城市社会。他认为，城市空间是社会结构的表现，社会结构是由经济系统、政治系统和意识形态系统组成的，其中经济系统起决定作用。经济系统本身由劳动力、生产工具和资本家三要素构成。城市空间不仅仅是作为生产的场所，更是劳动力再生产的场所。国家和政府是劳动力再生产这一过程的主要组织者与实施者。一旦组织和实施不当，就会在都市区域引发围绕公共设施和公共服务广泛发生的社会运动。

卡斯特承认自己有关都市社会运动理论的思想，主要来源于自己博士论文的导师阿兰·图海纳(A. Touraine)。图海纳社会运动理论对卡斯特的影响主要表现在两个方面：一是对阶级关系和阶级斗争的淡化；二是关注社会运动的“生活世界”的层面。图海纳是当代西方“新社会运动”理论的奠基人和代表人物之一。20 世纪 60 年代以后的西方国家，随着民众生活水平的提高和民主制度的普遍建立，劳资矛盾日渐缓和，劳工运动开始走制度化和合法化的道路。许多学者认为西方社会已经从工业社会迈入后工业社会，这一时期社会不平等的表现，从物质分配的不平等转变为表达(expression)分配的不平等，这种特征对社会运动也产生了重要影响。在工业社会中，劳工运动是主流，工人阶级是运动的主体。与此相对，进入后工业社会，人们加入某个社会运动并不是因为经济上受到剥削和压迫，而是为了实现对非物质利益的追求，尤其是文化层面上生活方式进行表达的追求。因此，中产阶级中的一些在文化表达方面被边缘化的群体，比如环保主义者、妇女、少数民族、同性恋者，还有图海纳特别推崇的学生群体，取代工人阶级成为这一时期社会运动的主体。传统社会运动的对象一般是统治阶级和使社会运动参加者遭受剥削与压迫的社会经济结构，这些社会运动的目的是改变参加运动者的不平等的经济和政治地位，甚至是打破国家机器建立新型的国家政权。新社会运动虽然也面向国家，但主要是寻求国家通过立法保障他们具有或者提倡的价值观念和生活方式，但不要求打破国家机器和建立新政权。新社会运动的根本对象是公民社会本身，或者按照图海纳的理解，是孕育文化的日常的“生活世界”。社会运动的目标不是根本改变社会的政治经济结构，而是致力于改变日常生活中存在的某一具体的问题，因此，新社会运动也被称为“单一议题运动”。在图海纳的影响下，卡斯特淡化了阶级关系和阶级冲突对于理解城市冲突的意义。

卡斯特都市社会运动理论的另外一个重要的理论来源是他在巴黎大学任教时的同事和批判对象亨利·列斐伏尔(Henri Lefebvre)。列斐伏尔 1968 年出版的《城市的权利》一书吹响了“五月风暴”的号角。该书的一个重要贡献是明确区分了工业化与城市化，突出了城市化与重建现代日常生活的重要意义，提出通过实现“城市的权利”和“差异的权利”，来实现“日常生活”对资本主义的“批判”，赋予新型社会空间实践以合法性。“城市的权利”就是公民控制空间社会生产的权利，城市及其居民有权拒绝外在力量(国家、资本主义经济驱动等)的单方面控制。如现代资本主义政治和金融商业活动在城市中心的集中，改变了人们的生活方式，迫使居民向城市边缘地区迁移。实现“城市的权利”意味着居民可以拒绝服从资本和国家统治的需要，拒绝从原来人际交往、文化生活的中心——城市中心向外迁移、被隔离于外围居住地区而进入“交通—工作—休息”的循环模式。“差异的权利”是“城市的权利”的逻辑延伸，它反对资本主义不断强加的“抽象空间的同质性”，即反对资本主义空间生产的商品性(交换价值)所造成的城市空间的类同。对列斐伏尔来说，“差异空间”的生产是革命理论和实践的目标，满足“日常生活”需要、实现“差异空间”生产，所要采取的基本途径不仅是要改变生产关系，也要实现地域范围的自治。列斐伏尔 1974 年发表了最后一部重要的城市研究著作《空间的生产》提出新的“空间生产”概念作为城市研究的新起点，强调空间实践在沟通城市与人的关系时的意义，指出城市社会生活展布在城市空间之中，更加明确地探讨空间和社会再生产这一中心主题，借用空间/区域的冲突来取代阶级冲突，把空间特别是城市空间当作日常生活批判的一个最为现实的切入点[①]。受到列斐伏尔空间理论的影响，卡斯特认为围绕空间生产的冲突和斗争，贯穿在社会和空间的历史关系之中，成为推动社会发展的重要动力。

二、都市社会运动理论的主要内容

卡斯特 1983 年出版的《城市和草根动员》，是奠定其在都市运动领域学术地位的里程碑式的著作。这本大部头著作的前面五个部分共 27 章，运用的是个案研究，体现了非同寻常的时间和空间的深度与广度——从 16 世纪西班牙国家危机中城市的作用，到 20 世纪 60 年代美国的城市暴动；从巴黎的住房和工会运动，到旧金山围绕贫困、种族和性别展开的政治斗争，再到发生在秘鲁、墨西哥和智利的无住房者的“占屋运动”，采用的研究方法既有对于历史资料的扎实的第二手文献分析，也有生动的民族志研究，包括对于运动组织者和参与者的深度访谈、参与观察和收集运动产生的各种文本。书的最后部分力图把所有的个案研究置于一个理论框架之下，力图建立一个跨文化的都市社会变迁的理论，而都市运动则是推动实现这种变迁的力量。

那到底什么是都市社会运动呢？卡斯特这样写道：“……源于城市问题的一种有意识的集体实践，能够反抗占据统治地位的社会利益的主导，从而在社会层面使城市系统，本地文化和政治制度产生质性的转变。”《布莱克威尔社会学百科全书》中对都市运动的定义如下：“都市运动是公民争取赢得控制自己居住地城市环境的社会运动。城市环境包括建筑环境，城市的社会构成和联系以及本地的政治过程。”[②]

基于对于当代资本主义社会城市政治经济现状的复杂而动态的理解，卡斯特提出当代都市社会运动的三个基本特征：一是参与者自我定位为城市公民或者具有其他自我认同，但都是与城市相联系的；二是这些运动都是立足于本地或者本区域；三是这些运动都是围绕三个目标进行动员，即集体消费、文化认同和社区自治。这些主题的出现不是偶然的，因为它们的主要核心都是对抗资本主义的统治逻辑。本章在讨论都市社会运动的这三个主题的时候，并不局限卡斯

① 吴宁：《列斐伏尔的城市空间社会学理论及其中国意义》，《社会》2008 年第 2 期。

② 引自布莱克威尔网站：http://www.blackwellreference.com/public/tocnode?id=g9781405124331_chunk_g978140512433127_ss1-11

特《城市和草根动员》的文本内容，而是把它们置于一个更广泛的学术语境中。因为20世纪80年代卡斯特提出这样的理论框架时，主要是基于个案经验研究的归纳，只是尝试性地提出了有关理论，并没有进行集中和深入的讨论。在这以后的二十多年，学术界对于有关概念的理解更加深入，卡斯特自己的认识也在不断的变化之中。

1. 集体消费

集体消费(collective consumption)理论是卡斯特都市运动理论区别于其他新社会运动理论，带有结构主义特点的部分。城市居民在面对城市问题时采取的集体行动，很大部分都可以归因于集体消费。那什么是集体消费呢？集体消费指“消费过程就其性质和规模，其组织和管理只能是集体供给”，比如公共住房、社会公共设施的提供、医疗和教育等等。卡斯特把消费品分为两类，即私人消费品和集体消费品。私人消费品是那些可以在市场上买到或自己提供的，被个人单独占有和消费的产品，比如日常的吃、穿、用的商品；集体消费品指不能分割的商品或者服务，比如交通、医疗、住房和闲暇设施等等。在资本主义社会中，私人消费和集体消费对于维持劳动力的再生产是同等重要，但是与私人消费不同，集体消费只能由国家组织提供。卡斯特的集体消费理论，是建立在20世纪60年代西方福利国家形成的基础之上的，满足集体消费的需求是国家的重要职责，同时，也成为国家干预日常生活的重要途径。集体消费成为影响城市形态和发展的重要因素，城市的兴衰——无论是整个大都会地区，还是一个特定的街区——都是与国家组织集体消费的方式和规模密切相关的。

随着福利国家的建立，国家越来越多地通过提供集体消费，干预城市的日常生活。然而，政府对日常生活的干预越深入，日常生活领域就越政治化；国家对消费领域干预越多，就会产生越多的抱怨和冲突，因为有的群体不能从这样的公共支出支撑的服务中获益。这种情况下，城市集体消费问题就不仅仅作为经济问题，也成为政治问题。政府资源的有限，决定了集体消费提供的不平等。一方面，资本家的利益来自资本积累，希望国家把投资集中于社会性生产过程，比如有助于扩大再生产的城市基础设施的建设，而把集体消费投资降低到最低程度；另一方面，劳动者阶级则要求国家加大对集体消费的投资，以维持现代化社会大生产对维持劳动力再生产日益高涨的要求。面对两种要求之间的冲突，国家在何时、何地、以何种方式和以多大规模组织集体消费过程(主要是城市规划)，就会对城市中的冲突产生重要影响[①]。围绕集体消费产生的冲突，就迅速蔓延开

① 夏建中：《新城市社会学的主要理论》，《社会学研究》1998年第4期。

去：住房短缺，租金和工资差距的拉大，房主对于房屋维护的忽视，不堪重负的医疗和教育系统，贫民区里电力、水源和排水设施的缺乏，等等。此外，城市规划也带来不满与问题，比如拆迁和重建。最后，一些社会群体围绕特定问题展开动员，反对政府出台的政策，比如城市里因为无房而只得"占屋"的群体对政府反占屋政策的抗争，房产所有者抗议地产税的增加，城市居民反对外来移民等等，这些问题紧紧围绕集体消费展开，而作为集体消费提供者的国家和本地政府，则成为运动针对的对象。

围绕集体消费展开的都市社会运动非常清楚地反映出其特点。一是运动的阶级属性并不突出，取而代之的是基于地域形成的集体认同。一般而言，由于人们的消费往往与所在社区紧密相连，因此同一社区的居民可能超越阶级界限组成不同的利益团体，为维护社区的利益共同进行抗争。如果政府不能满足社区居民围绕集体消费的诉求，这些团体便会通过都市社会运动的方式表示不满并进行反抗。在卡斯特看来，由于卷入集体消费问题的并不是哪一个阶级，许多都市问题比如交通堵塞、空气污染都会影响到所有的阶级和阶层，因此，集体消费问题提供了一个使多阶级联合起来进行反抗的基础，成为当代都市社会运动的重要动力之一。二是运动的单议题性，从而并不威胁整体的政治经济结构。国家和政府虽然是运动指向的对象，但围绕集体消费产生的冲突往往只是集中在一个特定的问题之上，运动诉求相对单一，而且具有很强的地域性。由于这样的都市社会运动只是在整体社会系统的某一部分展开，一般不会造成大的社会动荡。

2. 文化认同

卡斯特在《城市和草根动员》中谈到了关于旧金山同性恋社区的动员。同性恋身份认同的建构，与围绕其形成的亚文化和政治的社区，成为促成都市社会运动的重要因素。认同就是人们经验和意义的来源。认同包括个人认同和集体认同，与社会运动联系在一起的是集体认同。集体认同蕴含的意义，需要放在一种文化属性或一系列文化属性的基础上进行理解，并通过文化要素进行表达。阶级认同也是一种集体认同，但卡斯特书中强调的认同，比如学生、公民、性别等等，是超越阶级界限形成的认同，深深打上了图海纳思想的烙印。基于这些认同发生的集体动员，目标不是经济利益的再分配，而是维护特定的价值观和生活方式。在这一时期，卡斯特对认同的运用还和特定的地域和社区联系在一起，强调认同建构的在地性。

文化认同的建构可能与城市和城市化具有直接的联系。同性恋文化身份的建构就是一个典型的例子。迪米利奥把同性恋身份的出现归因于城市化和工业化的过程，它使得个人控制自己的生活成为可能。同性性行为在历史上都是存在的，但直到20世纪前期，伴随着大规模的人口流动和城市匿名生活方式的兴起，同性恋者才能够围绕自己的性取向组织个人的生活。与其他同类在城市空间里的相遇和聚集，促成了集体认同的形成。卡斯特在书中讨论了同性恋文化认同在旧金山的发展和特有的城市文化以及特定的社会历史条件之间的关联，并分析了这种文化认同对于本地政治产生的影响。同性恋者在城市的某些地区占有优势地位，形成真正的独立群落，他们遍布在居民区、企业、酒吧、餐厅、电影院、文化中心等地方。在社区、街道的聚会和庆典中编织出的社会生活和文化自主的网络，则是一个个更加自由的空间。在这个空间的基础上，男同性恋者和女同性恋者在政治上组织起来，对特定地方政府形成了举足轻重的影响。他们积极行动起来，捍卫自己的文化认同，争取政府对于选择生活方式及其平等权利的承认。

随着福利国家的衰落和西方国家社会经济形势的变化，后期的卡斯特对"集体消费"的理论提及不多。形成鲜明对比的是，他进一步发展了早期关于文化认同和社会运动的理论，并集中反映在他的信息时代三部曲中的第二卷《认同的力量》。卡斯特在《认同的力量》中考察的中心就是在全球范围内基于文化冲突产生的各种文化认同，和围绕这些文化认同发生的波澜壮阔的社会运动。作者在这里实际上是延续了《城市和草根动员》对同一主题的探寻，只不过超出了都市的范围，从一个更为宽广的层面讨论文化认同对于社会运动的意义。

卡斯特对集体认同的强调是受到新社会运动影响的结果。新社会运动的另外一个名称叫作认同政治(identity politics)。许多新社会运动成员参加社会运动的目的，就是要公开表示对某一社会身份的认同，要求社会对于他们所认同的某一身份和价值表示支持或尊重。此外，西方学者强调集体认同在社会运动中的重要性的另外一个原因，是为了给社会运动出谋划策。许多研究者一般都有很强的意识形态关怀，对进步性的社会运动抱有很大的同情，如果不是直接参与的话。他们非常清楚集体认同感是任何一个社会运动成败的关键，因此就自然会为集体认同的建立摇旗助威。

3. 社区自治

卡斯特都市社会运动的第三个主题是促进和维护社区自治。在他看来，这点和前面两个主题密切相关，只有保持足够的自主性(autonomy)，社区居民才能捍卫和强化对于社区的文化认同，也才能够参与到本地的政治决策之中，争取集体消费的平等分配。卡斯特对自主性的强调，是与当时新社会运动理论家们对于社会的总体判断相关联的，因为他们认为国家和市场对人们的控制和支配日益深入，突破这种状况的途径只有努力争取自主性和在更大范围内增进民主。

受到列斐伏尔空间理论的影响，卡斯特认为城市空间，尤其是那些被边缘化的地区里，蕴含了推动城市变迁的力量，这在1968年“五月风暴”中的街道行动中似乎得到了印证。20世纪60年代卡斯特笔下的立足社区的草根运动的焦点是围绕文化认同争取政治权力和物质资源的再分配。社区增权运动和社区发展运动都倡导差异政治，以动员那些以前被边缘化的种族和阶级群体。对城市的管理提出直接挑战，新兴的社区发展运动为被排除在政治决策过程之外的穷人和少数民族提供了表达政治诉求的机会。在卡斯特看来，城市街区是20世纪60年代美国城市非裔人暴动的场所和起源。位于美国北部的工业城市里的非裔聚居区是早期社会结构变迁的产物，这一过程包括南方的过剩的农业工人向北部的大规模移民，住房和劳动力市场公开的种族歧视与严重的居住隔离。尽管生活环境非常残酷，但是城市里的非裔区为社会动员创造了机会。20世纪70年代以来美国政治经济结构的调整，使得非裔人居住区的处境每况愈下，居民沦为“层下阶级”(underclass)，成为困扰美国社会的顽疾。但是，卡斯特的看法在当时特定的历史条件下是具有说服力的，非裔人区里的政治动员的确改变了当时城市里的政治图景，不少城市破天荒地选出了非裔市长。尽管多数非裔在美国社会中的地位没有得到根本改善，但是非裔社区成为美国政治角力中一股不容忽视的力量。

在风起云涌的都市社会运动中，社区组织扮演了极为重要的角色，但其中的构成十分复杂。根据卡斯特等人的观察，当时活跃的组织主要有三股力量。第一股力量是围绕种族和文化认同组织起来的群体，他们的目标是把空间和政治上的遭受隔离的状况，利用选举，转变成为争取政治权力的筹码，并谋求通过对本地政府结构的改变进入到政治系统中去。这些组织的支持者主要是少数民族穷人，他们被排除在本地政治决策之外，因为城市复兴工程而流离失所，受到住房和就业双重歧视，遭受去工业化和经济结构调整的打击。这些人是20世纪60年代末期城市暴动和草根组织的主要参与者。第二股力量主要由城市里的租户权益群体构成，他们并不倾向于改变政治系统，而主要谋求从国家获取更多的社会福利资源。第三股力量主要是城市里的白人民粹主义组织，面临“城市复兴”项目扩张和私人投资逃离的威胁，他们希望保护居住的街区、维护自身的权益。卡斯特对社区组织的兴趣的强调，反映了新社会运动理论家反体制化的倾向。组织模式既有自下而上，也有自上而下。自下而上的动员包括建立积极分子和偶尔参与者的网络，设立委员会，有时还会有正式的组织、协会、社区中心等等。

卡斯特都市社会运动理论围绕的三个主题，也是运动试图实现的三个目标。他特别强调的是，这些目标不是彼此分离的，为了实现都市意义的转化，都市社会运动必须在实践上连接集体消费的需求、社区认同的建构和政治自治的获得三个目标。首先是加快文化身份建构的过程，然后运用身份和差异政治的结果推进政治决策过程的参与，最后则是利用新近获得的权利争取满足集体消费的需求，实现物质资源的再分配。

三、对都市社会运动理论的评价

卡斯特的都市社会运动理论发表以后，在都市研究领域引起关注的同时，也遭到了来自同行的批评。围绕框架建构和论据选择，批评者指出了卡斯特理论的种种缺陷。

首先，都市社会运动理论的核心是集体消费，但是集体消费的发展是二次世界大战以后 30 年西方国家特定的政治、经济和社会发展的产物。这一时期描述为战后经济领域福特制和凯恩斯主义福利国家理念大行其道的黄金时期。大规模生产和大规模消费并行，国家向公民提供丰厚的社会福利，以保障劳动力的再生产。福利国家为在城市层面的都市运动提供了所需的政治机会和关键资源，一方面，在政治机会上，福利国家提升了民众参与制度决策的期望，有关公民权利、社会福利和集体消费的要求，呼应了建立福利国家的政治理念。此外，福利国家为一些重要的群体提供了稳定的收入和安全保障，让他们有了足够的时间参与集体行动。另一方面，福利国家制度渗透到社会再生产的各个方面，造成了集体消费中诸多问题的政治化，并产生对于社会公正问题的普遍关注。进入 20 世纪 80 年代，西方的福利国家制度开始解体，都市社会运动赖以依存的社会结构性基础发生了变化，从而影响到都市社会运动理论的解释力。

其次，卡斯特都市社会运动理论选择的例证，绝大多数都是发生在城市中心区域的带有进步倾向（progressive）的集体动员。但是选择这样的论据，当冠以都市社会运动的名称时，具有明显的漏洞，因为它忽略了不断发展的郊区，而后者构成了当代西方城市的重要部分。就在同一时期，美国城市的郊区保守主义势力正在增长，成为诸如维护传统家庭价值和反移民等许多保守主义社会运动的温床。这些保守主义社会运动所关注的重点，不是“集体消费”和都市空间的使用价值，而是想力图保护“个人消费”（对空间的占有和对安全的强调）和提升不动产的交换价值。对保守主义社会运动的忽略，其实是对整个新社会运动的一般性批评。

最后，从研究社会运动的角度出发，社会运动专家都会认为卡斯特都市社会运动研究存在一个严重的问题，那就是忽略了运动中组织的角色。组织结构能够决定社会运动的命运。卡斯特似乎认为，在表达社会运动的时候，具有浓重的结构主义倾向，而认为组织是随时可得的。然而事实上，由于目标、成员构成、区位和与其他组织的联系的不同，组织之间是存在相当的差异的。此外，卡斯特看到了一个运动背后的社会基础，但假定它会自然转变成为一股社会力量，而忽略了其中精心动员的过程，这体现了自身结构主义的影响，认为具体的动员过程流于细节而被忽略。这一问题，后来的都市社会运动研究者受到主流社会运动理论的影响，更加注意组织在运动中扮演的角色。

第三节　当代都市社会运动理论发展的新趋势

一、新自由主义的兴起和对城市空间的重构

随着国际和国内形势的变化（石油危机、东亚国家的兴起、去工业化、失业率攀升、社会福利负担的增长等），西方福利国家在 20 世纪 70 年代遭遇深刻危机。许多劳动者因为滞胀、去工业化和资本流失的共同作用而丧失工作。国家提升税率而维持社会福利的政策面临强烈反弹。在巨大的竞争压力之下，凯恩斯主义通过向劳动者提供社会福利提升消费，从而促进生产的主张被认为失去了效力，社会福利支出加大了生产成本，降低了竞争力。以里根和撒切尔的当选执政为标志，美国和英国为首的西方国家重拾自由竞争的理念，一方面，推动福利改革，大幅度削减社会福利支出；另一方面，大力推动私有化和市场化。这样的经济和社会政策意味着自由主义的复苏，被称为新自由主义。西方国家的社会结构，在新自由主义意识形态的影响下，发生了深刻的转型。

在卡斯特那里，城市街区是社会运动的根据地，是推动社会变迁的行动载体。但是，今天的城市街区却成为新自由主义国家提升经济竞争力和在全球范围争夺资本的物质资源。许多城市进行的城市复兴和重建运动，为的是营造一个更好的经营环境，以吸引更多的投资，刺激本地经济的增长。这样的过程是建立在商业化的基础之上的，着眼于提升城市的交换价值而不是使用价值。通过把城市纳入全球性的资本循环和再生产系统，城市成为增长机器。在这一过程中，商业精英和本地政治精英从土地的增值与资本的循环中获取巨额利润，而城市弱势群体的利益却受到了损害，不得不承担城市复兴带来的生活成本增加，流

离失所和社区瓦解等负面后果，社会的两极分化更加严重。

为了达到上述目标，新的城市体制采取两个不同却又彼此相关的策略来提升全球市场中的城市竞争力：一是对外吸引投资，创造一个有利的商业环境；二是对内重构城市空间，为全球经济的参与者们创造一个适宜居住的城市环境。在全球化、新自由主义和福利国家衰落的共同影响下，城市街区成为国家实现其竞争性商业目标的物质基础。欧美许多城市都大力推动城市振兴工程，吸引跨国资本的投资兴趣。城市街区的复苏和商业化，顺应了商业精英对城市政治影响力的增强。在这样一个大背景下，曾经在市场运作中被边缘的城市街区经历重新商业化，交换价值取代使用价值。少数民族街区成为旅游热点和消费场所，而低收入街区被看作是商业成功和经济发展的障碍。这样的看法导致了两种针对低收入街区的政策反映：要么拒绝投入，目的在于使这些街区自生自灭；要么将这些街区纳入资本循环的轨迹，谋取更大的商业受益。在方兴未艾的被称为"重返城市"(gentrification)的空间重构的进程中，商业精英在赚取巨额收益的同时，获得一个更加美丽、舒适和安全的生活与工作环境；而城市普通市民，面对节节攀升的生活和居住成本，被迫迁离原来的街区。不难看出，在社区发展的旗号下，获得更大利益的是商业精英群体，而不是本地居民。由于城市形象在吸引全球资本方面的重要作用，因此，本地政府为了维护城市形象，不断出台针对无家可归者和"占屋"运动的政策，在城市的重点地区对于这些有损形象的运动展开打击和扫荡。加强控制公共空间，在20世纪90年代以来成为许多力争在国际竞争中占据有利位置的城市极力采取的政策特点。一些与城市形象不相称的群体，被禁止出现在城市的中心区域，被打上了"危险分子"的标签。涉及这些边缘群体的政策，从过去的社会救助政策转为惩戒和镇压的政策。

城市空间的重构，提升了城市的形象和吸引国际资本流入的竞争力，但是也带来了新的问题。在当今的世界城市体系中占据顶端的位置，成为众多经营和协调全球经济的城市们的目标。不可否认，这为城市带来了一些特定的优势，大约20%的城市居民在经济上获得了好处，和以前仅仅只存在少数城市精英的情形相比较，有了一个显著的提升①。尽管财富空前集中，但这些城市也付出了相应的代价。所有的这些城市展现出超出平均水平的贫困率和收入不平等。除了那些置于权力中心以外的人所付出的代价外，更多居民还必须承受城市中心地区贵族化、被迫搬迁、人口拥挤、交通堵塞、环境污染等作为顶级城市随之带来的

① P. Hamel, H. Lustiger-Thaler and M. Mayer. Urban Movements in a Globalizing World, 2000. London: Routledge.

其他成本。那些不能融入新的城市规划和布局的街区，面临被抛弃和边缘化的处境，只能承担城市的一些负面功能。这些问题引发了新一轮的都市运动。这些运动有的建立在已有的运动网络的基础之上，有的则是全新的运动。

有西方学者分析了新一轮都市社会运动的特点。这些运动涉及的范围和类型极其广泛，在意识形态方式也存在明显差异，甚至彼此对立。从保护现有的生活质量这样务实的运动，到重建都市意义这样高度政治化和理念化的反对中心地区"贵族化"的运动；从提倡进步和包容的支持弱势群体的运动，到相对自私、基于种族主义的反移民运动，都同时发生在当今西方国家的城市中。对于这些都市社会运动，有学者指出其运动话语较 20 世纪 60 年代有了较大的变化，他们所追求的社会公平更多的是为了追求特定的利益或者维护已有的特权。

二、都市社会运动的制度化

都市社会运动具有一个生命周期。当都市社会运动部分实现其目标后，也扩大了其在社会中的基础和影响力。早期主要依靠领袖魅力的领导方式被更加正式的科层制结构所取代，运动也采取了更能为整个社会所接纳的行动策略和运作方式。都市社会运动的制度化发生在西方社会进入"社会运动社会"的宏大背景之下。随着社会民主化程度的提高，原本不合法或者半合法的都市社会运动行为都被合法化了，而采用暴力手段的都市社会运动在西方社会中不断减少，这类运动即便出现，除了招致政府的镇压之外，也不容易获得社会同情。都市社会运动的参与者和国家在最基本的价值观上达成了共识。传统意义上采用制度外集体行动的都市社会运动组织，也开始采用游说、政党政治等手段在体制内争取利益，使得都市社会运动和常规政治的界限变得越来越模糊。总的来看，西方社会的都市社会运动尽管更加频繁，但是与此同时，也变得越来越常规化和制度化。

自从 20 世纪 70 年代末期以后，在新自由主义意识形态的影响下，社区组织的功能作用以及与国家之间的关系发生了重大转变。过去的那种对抗性关系转为从体制内部进行对抗，这些运动被纳入政府主导的本地经济发展的整体动员中，提供社会和文化服务，协调解决住房和就业问题，帮助平息城市内部的冲突。这些工作都得到了政府和私人机构的资金上的支持与扶助。比如为了解决就业问题，除了政府的职能部分，社会福利部门、社区组织、教会、工会等组织都纷纷介入其中。都市社会运动和国家之间发展的这种新的关系，深刻植根于这一时期经济和社会的转型和变迁之中。经历了福利国家的改革，政府对于社区发展的投入大幅削减，但是作为一个行业的社区在这一时期蓬勃发展了。在过去的十余年中，几乎所有的西方国家都将服务提供的责任更多地从政府转向本地社区中非政府的机构和组织，这个过程被称为“去中心化”。

纽曼和雷克详尽剖析了结构变迁对于社区层面都市社会运动的影响。这一时期，社区发展采取了一种去政治化的社区发展策略。这种策略假定个人的收益与集体或者社区的收益是一致的。一种基于市场的、合作性的决策过程和社区发展模式，依赖社会资本和社区资源的话语，取代了 20 世纪 60 年代的行动主义导向的文化认同和政治参与。早期担当都市社会运动行动主体的各种社区组织，也发生了深刻的组织变迁，并迅速对新近出现的政治机会——参与城市决策过程——做出积极的回应。但是，从都市社会运动的行动主体，转变为配合政府进行城市治理和提供社区服务的伙伴，纽曼和雷克指出这样的组织变迁对于都市社会运动的消极后果：一是这种伙伴关系极大地限制了社区组织的批判性，使之进一步疏离运动早期的民主化诉求，它们对于政府和慈善机构的资金依赖，使其丧失了社区的独立视角。二是社区组织日益走上官僚化和专业化的道路，虽然运作更加顺畅，但无疑加大了它们和社区之间的距离，它们不再是作为社区的组织，而是位于社区的专业组织。这些社区组织并非从本地社区那里获得合法性，而是它们所依赖的提供资金的外部机构，日益拘泥于规则，难以突破政府和资金提供者所制定的运作和组织框架，从而丧失社会运动需要具有的政治批判力，而更多地专注于组织自身的再生产。三是正如梅尔观察到的那样，当不同的社会运动组织和政府结成伙伴关系，争取资金支持，这样对社会运动组织之间的关系造成了重大影响。因为在新的城市治理安排架构下，一些组织被纳入其中，而另外一些组织被排斥在外；对于那些被接纳的组织，彼此的关系也从早期的合作关系转变为目前的竞争关系。这样的倾向很大程度上导致了当代都市社会运动的分化和分裂，一些组织忙于为自身争取资源，和其他运动组织展开竞争，甚至彼此攻击，也就无力在社会运动内部形成更大范围的团结，并采取统一的行动。

总而言之，当代都市社会运动的制度化，尽管加剧了运动组织对于本地政府的依赖，降低了社会运动的对抗性和批判性，但是它同样为都市社会运动参与城市决策过程提供了新的机会、建立了新的渠道，提升了它们对于城市发展的影响力。当然，这种开放的政治结构，在为一些进步的运动提供机会的同时，也让另外的保守的运动获得了同样的机会。与卡斯特在《城市和草根动员》一书表现出来的浓重的理想主义不同，当代都市社会运动的研究者对于都市社会运动内在的复杂性有了更为深刻的认识，今天的都市社会运动并非完全意味着一种实现人类自身解放的斗争，它们更加复杂、充满着矛盾，不仅需要应对社会运动内部的破碎和分裂，也必须对今天城市生活中无所不在的边缘化和社会不和谐做出回应。

三、都市社会运动的全球化

对地方性的强调，是卡斯特都市社会运动的理论的基石之一。当分析都市社会运动的基本特性时，他明确指出："它们是地方性的、领土明确的这个特征在帮助我们确定它们的意义上是个关键。"而都市社会运动的主要目标就是"寻求增强地方政府的力量，邻里分散化和都市自我管理，以对抗集权国家和一个从属的、划一的领土管理"。这样的理论观点，是卡斯特基于对当时社会变迁总体判断而提出的，主要受到新社会运动理论的影响。新社会运动理论家认为，新社会运动的兴起是对国家控制加强的反应。随着新的服务和技术经济的兴起，对于增长的追逐、信息的管理和资本的积累，要求更为深入的经济和社会控制。社会控制涉及对知识和不满的控制，因此，国家加强了对于社会的全面控制。这种控制如此深入，让生活在里面的人们深感无力。"当人们发现自己无法控制这个世界时，他们只是单纯地将世界缩小为他们社区的规模"。这就是为什么都市运动强调地方社区，坚持瞄准地方性目标。

在全球化日益彰显的今天，对于关注本地问题的都市社会运动，又应当做出如何的应对呢？海默等人在《全球化时代的都市运动》一书中，对上述问题进行了深入的探讨。全球经济的变迁对于本地经济面临的问题产生了结构性和广泛性的影响，也进一步影响到本地草根运动的角色重构。在今天的世界城市体系中，不同的城市，甚至包括城市的不同街区，在结构调整中受到的影响不同，因此产生的问题也不同。与福特制时代都市运动相对同质化的情形不同，新的国际劳动分工和全球城市等级体系下引发的都市运动的差异性与多样性都增大了。比如在全球竞争中占据金字塔尖端位置的全球性都市中发生的冲突，反映出城市中工人阶级和居住社区的国际化特点，劳动关系更加不稳定，本地城市政府的权力在与资本流动博弈的过程中被消减。大都会区域的城市规模使集体动员成为可能，引发的斗争既有针对中心区域仅仅服务于跨国公司总部的过度开发，也有新的穷人和反对排外势力的斗争。另一方面，在那些经历去工业化的老工业城市中，人们的斗争往往围绕工厂的关张和新的就业机会的创造，为了阻止城市走向进一步衰败，本地城市政府和社区居民具有一定的共识，从而能够合作和协调彼此的行动。

根据海默等人的研究，至少可以区分发生在全球化背景下都市中发生的三种不同种类的斗争：第一类是围绕在力争全球城市等级秩序中拔得头筹，导致城市所必须付出代价的斗争。本地居民为了保护他们的家园环境，使其免受伴随发展带来的拥堵、交通、发展和那些他们不喜欢出现在后院中的问题的影响。

另外一些则反对城市过度增长和由此导致的中心城区“贵族化”的趋势。城市推动的新的发展举措，比如巨大的城市开发项目、各种名目的节庆项目、举办大型活动、修建运动娱乐中心等等，这些都是为了包装和提升城市形象。由于这些城市开发和吸引资金的策略缺乏民主参与决策，而且往往伴随负面影响，因而成为运动攻击的目标。运动参与者意识到形象政治对于这些城市赢得全球竞争的重要性，因此，采用破坏形象的行动，使得其城市在大的投资者和开发商面前丧失吸引力。第二类应对城市中出现的新的衰败和边缘性的斗争，主要是本地政府的日常协调和参与经济振兴的发展项目。对于那些在全球竞争中处于劣势的城市，贫困、失业和新的形式的社会与空间排斥进一步加剧。这些城市中的社区组织，早年在“城市暴乱”中发展起来，现在加强与政府的合作，转变为立足社区服务客户导向的机构，在政府的各种社会和经济发展项目发挥多种功能。但是这种转向，正如上面讨论过的那样，也带来制度化的问题。在与政府日常合作的组织中，只有少数还能继续施加公众压力，它们中的绝大多数的精力都专注于私下的游说，以获得工作保障和竞争日趋紧缩的资金资源，另外的一个后果就是社区组织之间发生竞争，都市社会运动出现分裂。第三类就是本地福利国家制度衰落导致的斗争。在全球性竞争白热化的今天，城市中社会不平等和贫困进一步恶化。与此同时，推动灵活性劳动市场的经济政策和排斥特定边缘群体的惩戒性政策，正逐步取代传统的注重再分配社会政策。面对衰落的本地福利国家，新的穷人运动已经爆发，并与关注难民和移民问题的民权群体、反种族主义等其他倡导团体的运动相呼应。这些抗议活动以零星和自发为主，发生在本地，采用扰乱性策略。在一些专业社会运动机构的帮助下，通过互联网和经验分享，这些运动也有可能突破本地界限，建立跨国联系。这三类运动共同构筑了一个社会运动系统，通过不断地博弈和斗争，它们的要求各异，结果也不尽相同，运动内外都不乏矛盾和冲突，但都对全球化下的城市发生了具体的影响。

全球化背景下的都市社会运动，除了运动目标和主题的变化，运动的参与者的结构和早期相比也有了差异。全球化不仅产生了新的跨国中产阶级和精英阶层，他们所推崇的个人特权身份是建立在流动而不是依附于固定的地点，而且也产生了为高端服务业进行服务、主要由廉价的新移民组成的边缘群体。由于运动主体的不同，本地运动涵盖了许多不同，有时甚至是彼此冲突的运动，关于城市的权利，提出了不同的主张。都市社会运动近期最重要的一个变化是“数码革命”和跨国运动网络的建立。在反全球化的政治、经济和文化抗争中形成了一些跨国性的组织。这里面出现了被称为“游动者”(flaneur)的职业社会运动家。他们通过互联网展开动员，往来于不同城市，积极参加各种抗议示威活动。这些都市社会运动和20世纪里的那些"无法流动"的工人阶级和城市贫民的斗争形成了对比,带有了鲜明的全球化的印记[①]。

总之,都市社会运动对于本地性的关注,在全球化的时代仍然具有重要的意义。但是,正如海默指出的那样,在本地和全球的界面上,城市成为全球经济中流动性和在地性共融的文化现象。这意味着必须重新认识本地(local)、城市(urban)和全球(global)三者的关系,明确不同类型的本地化,以及它们和都市社会运动之间的关系。按照沃勒斯坦的观点,社会运动是系统自我重构的一部分,体现了世界系统内在的矛盾。因此,都市社会运动代表了系统内部调节危机的一种机会,也是对全球化危机的一种反应,也是对全球化进程的一种修正。

第四节 当代中国的都市社会运动

一、社会变迁和都市社会运动

都市社会运动的研究对当前中国具有极其重要的意义。目前,中国正处在一个社会发生急剧变迁的时期。改革开放以后,中国成功地从一个计划经济国家转变为一个市场导向国家,国民生产总值连续翻番,人民生活水平得到普遍和长足的提高。经济的发展,一方面提高了教育水平、法制和公民意识以及政治参与的积极性;另一方面也引发了许多新的社会问题和矛盾,比如国有企业职工的大规模下岗、农业人口和内陆地区的相对贫困化、政府官员和其他特权阶层的腐败、环境污染和公共健康危机等等。两方面因素的结合,使中国大地上每天都上演着大量个体性或集体性的抗争[②]。这些抗争大多发生在都市地区,也引起了当代中国社会学研究者的关注。2005年以后,《社会学研究》上陆续发表都市社会运动相关的经验研究,使其成为近年中国社会学界的研究热点之一。

目前中国都市社会运动的发生,是以下的这些因素共同作用的结果:首先,20世纪90年代中期后,中国的城市化进程进入了一个新阶段。"大规模""高速度"地重新配置城市空间,构成迅速推进城市化新阶段的基本特点。对城乡土地

① M. Mayer, Manual Castells' The City and the Grassroots. International Journal of Urban and Regional Research 30(1), 2006, pp.202 - 206; L. Leontidou, Urban social movements: from the "right to the city" to transnational spatialities and flaneur activists. City 10(3) pp.259 - 268.

② 赵鼎新:《西方社会运动与革命理论发展之述评:站在中国的角度思考》,《社会学研究》2005年第1期。

的大规模占用，以及城市化过程中出现的其他社会和经济问题，特别是中心城区的拆迁和新建商业性小区的服务，频频引发城乡居民的各种规模和形式的抗议。其次，都市空间陌生与快速变动的特性，都市问题的琐碎与复杂性，以及都市移民离乡背井的心灵冲击，使得都市生活充满不确定与挑战性，社区内的集体动员代表一个集体的寻求地方归属的过程，以改变都市社会现状[①]。第三，随着城市单位制的解体，社会空间得到了扩展。人们会在工作单位以外，开始利用各种社会形式，自发组织起来，独立地进行利益表达，为都市社会运动的发生奠定了组织基础[②]。

二、当代中国都市社会运动的类型

在一个关于中国都市地区社会运动的早期研究中，刘能将可能发生的都市集体行动和社会运动一共分为五类[③]：一是精英主导的带有特定政治性目的的社会运动；二是一般性的公民运动，都市里的全体公民都是潜在的参与对象，强调的是运动及其目标的公民性、生活性及利益的普适性；三是少数弱势群体发动的维护自身权益的社会运动；四是宗教教派或者类教派的运动，以信仰和仪式实践为统一行动的基础；五是有政治色彩的恐怖主义运动。以北京的调查为基础，沈原对于中国都市运动的形态分为三类[④]：一是农民的抗议运动，主要是指城市周边乡村地区因城市建设被占土地的失地农民的抗议运动。二是市民的抗议运动。这里所谓"市民"，主要是指大规模城市化进程中地方政府与开发商联袂运作，在"危房改造"等名义下大规模地动迁的城市居民。在这个过程中，补偿资费过低和暴力动迁引发了旧城居民的激烈反对，形成了规模很大的抗议行动。三是业主的抗议运动，指的是新建的居民小区由于开发商擅自更改规划，加盖楼房，或则由于房屋质量和售卖面积出现问题，或则由于开发商留下的物业公司在服务和管理方面的漏洞，所有这些都会引起业主的不满，于是引发集体抗议活动的出现。

发生当代中国都市中的社会运动，并不能一概而论地称为都市社会运动。本章中讨论的都市社会运动，延续的是西方都市社会运动的研究传统，特指的是

---

① 庄雅仲：《五饼二鱼：社区运动与都市生活》，《社会学研究》2005年第2期。

② D. Davis, R. Kraus, B. Naughton, and E. J. Perry. Urban Spaces in Contemporary China: The Potential for Autonomy and Community in Post-Mao China. 1995, New York: Cambridge University Press.

③ 刘能：《怨恨解释、动员结构和理性选择：有关中国都市地区集体行动发生可能性的分析》，《开放时代》2004年第4期。

④ 沈原：《"强干预"和"弱干预"：社会学干预方法的两条途径》，《社会学研究》2006年第5期。

与城市化进程及其产生的各种城市问题密切相关的社会动员和政治过程。从这个意义上讲，沈原的分类更加符合都市社会运动的本义。事实上，沈原研究中涉及的几类都市社会运动形态，具有相当的普遍性，已经产生了相当数量的实证研究。这些研究都与西方在图海纳、列斐伏尔和卡斯特影响下的都市社会运动理论进行了很好的理论和经验对话①。

三、都市社会运动和社区建设

都市社会运动从一开始就具有强烈的在地性。在卡斯特那里，城市街区是都市社会运动的根据地，是推动社会变迁的行动载体。在风起云涌的都市社会运动中，围绕集体消费、文化认同和社区自治等问题和国家展开的较量，社区组织扮演了极为重要的角色。在今天的中国，城市社区同样是一个充满冲突和蕴含变迁的场域。一方面，国家大力推动社区建设和社区发展，这里面固然有进行管理和控制的施政动机，但也不乏推进基层民主建设和公民自治的目的；另一方面，随着经济改革的深入，传统社区权力秩序处于不断的变动和重构之中，代表政治的、行政的、民间社会的和市场经济的各种势力相互作用、彼此较量，推动和影响社区发展。在这样的背景之下，许多立足于社区，关注单一议题的都市社会运动也在中国城市变得方兴未艾。"维权"是所有这些运动共有的一个关键词，不仅表现在物质利益的分配方面，也表现在声音表达和文化认同方面。伴随着这些运动的发生，是各种正式和非正式社区组织的出现与发展。总之，种种迹象表明，社区已经成为当代中国研究都市社会运动最需要关注的对象。

西方国家进入 20 世纪 90 年代以后，都市社会运动和其传统的指向对象——国家的关系发生了深刻的转变。在新自由主义意识形态的主导下，二战以后西方国家建立的福利国家体制开始解体，国家逐渐从提供社会服务的领域退出，而社区中的都市社会运动组织，由于其在特定社会服务领域的专业能力和网络动员能力，开始承担重要的服务提供功能，与资本主义国家的关系也由对抗转为合作，这一过程就是都市社会运动的制度化。西方国家都市社会运动的发展轨迹，提醒我们如何从正面与积极的意义上认识社会运动的后果。当代中国的都市社会运动可以是建设公共领域(public sphere)的一种形式，正如庄雅仲指出的那样，社会运动的意义不在于集体行动本身，而是通过发展社会运动的行

---

① 比如陈映芳：《行动力与制度限制：都市运动中的中产阶层》(《社会学研究》2006 年第 4 期)；张磊：《业主维权运动：产生原因及动员机制：对北京市几个小区个案的考查》(《社会学研究》2005 年第 6 期)；施芸卿：《机会空间的营造：以 B 市被拆迁居民集团诉讼为例》(《社会学研究》2007 年第 2 期)；魏伟：《都市运动研究：理论传统的界定和中国经验的嵌入》(《社会》2008 年第 1 期)。

动网络，从中使不同背景的参与者学习差异的观点和立场，参与公共事务的讨论和决策。也正是基于同样的意义上，陈映芳认为目前的中国都市社会运动，作为市民的群体性利益表达方式，较之集合行动和革命，无疑是更为合理的形式。因此，国家应当提供合适的途径让城市中具有相应的政治理性和合法行动能力的居民有效地表达自己的利益诉求，从而降低更具社会破坏性的集合行动或革命发生的风险。笔者则进一步提出，立足社区的都市社会运动作为一种自下而上的社区参与形式，可以成为目前国家主导的社区建设运动中的一个有益的补充。

中国当前的社区建设，强调社区参与和社区服务，是基于社区参与能够提升社区发展的效率、可持续性和集体力量的信念。在社会服务项目中引入社区参与，是相信这样做能够更好地满足人们对于服务的需要，解决社区问题。市民的自我管理和争取对居住区域生活的控制，强调和本地政府的互动，是都市社会运动的主要目标之一。西方以前相对激进的都市社会运动，20 世纪 90 年代以后发生了很大的变化，出现了制度化的趋势，本地政府在解决城市问题、提供社会服务方面，不断借助都市社会运动草根组织的资源、人力和网络，形成了新的城市管理方式。西方国家都市社会运动制度化的经验，提醒我们如何从正面和积极的意义上认识这种社会动员的效果。中国的近期研究显示，传统的政府自上而下的社会管理开始和居民自下而上的社会参与联系起来，这种驱动力来自居民、社区组织和其他社区实体之间日益密切的联系。居民参与的动机也来源于对于社区服务的需求，扩大水平交往的需要，寻求自我管理和政府的去中心化。

参考文献：

[1] [美]曼纽尔·卡斯特.认同的力量[M].曹荣湘译，北京：社科文献出版社，2006.

[2] 蔡禾，何艳玲.集体消费与社会不平等：对当代资本主义都市社会的一种分析视角[J].学术研究，2004(1).

[3] 陈映芳.行动力与制度限制：都市社会运动中的中产阶层[J].社会学研究，2006(4).

[4] 刘能.怨恨解释、动员结构和理性选择：有关中国都市地区集体行动发生可能性的分析[J].开放时代，2004(4).

[5] 吴宁.列斐伏尔的城市空间社会学理论及其中国意义[J].社会，2008(2).

[6] 沈原."强干预"和"弱干预"：社会学干预方法的两条途径[J].社会学研究，2006(5).

[7] 施芸卿.机会空间的营造：以B市被拆迁居民集团诉讼为例[J].社会学研究,2007(2).

[8] 魏伟,都市社会运动研究：理论传统的界定和中国经验的嵌入[J].社会,2008(1).

[9] 夏建中.新城市社会学的主要理论[J].社会学研究,1998(4).

[10] 张磊.业主维权运动：产生原因及动员机制：对北京市几个小区个案的考查[J].社会学研究,2005(6).

[11] 赵鼎新.西方都市社会运动与革命理论发展之述评：站在中国的角度思考[J].社会学研究,2005(1).

[12] 赵鼎新.社会与政治运动讲义[M].北京：社科文献出版社,2006.

[13] 庄雅仲.五饼二鱼：社区运动与都市生活[J].社会学研究,2005(2).

[14] Castells, M. *The Urban Question*. Cambridge, 1977, MA: MIT Press.

[15] Castells, M. *The City and the Grassroots: A Cross-Cultural Theory of Urban Social Movements*. 1983, Berkeley: University of California Press.

[16] Castells, M. Theoretical propositions for an experimental study of urban movement. In. C. Pickvance (Eds) *Urban Sociology: Critical Essays*. 2007, Routledge.

[17] Davis, D.,R. Kraus, B. Naughton, and E. J. Perry. *Urban Spaces in Contemporary China: The Potential for Autonomy and Community in Post-Mao China*. 1995, New York: Cambridge University Press.

[18] D'Emilio, J. *Sexual Politics, Sexual Communities: The Making of a Homosexual Minority in the United States, 1940 - 1970 (2nd Ed)*. 1998, Chicago: University of Chicago Press.

[19] Hamel,P., H. Lustiger-Thaler and M. Mayer. *Urban Movements in a Globalizing World*, 2000. London: Routledge.

[20] Hannigan, J. A. Alain Touraine, Manuel Castells and Social Movement Theory: A Critical Appraisal. *Sociological Quarterly* 26(4). 1985.

[21] Jessop, B., Post-Fordism and the state. In A. Amin (Eds) editor, *Post-Fordism: a reader*, 1994, Blackwell.

[22] Leontidou, L., Urban social movements: from the "right to the city" to transnational spatialities and flaneur activists. *City* 10(3).

[23] Logan,J. and M. Harvey. *Urban Fortunes: The Political Economy of Place*. 1987, Berkeley: University of California Press.

[24] Mayer, M., Urban Movements and Urban Theory in the Late 20th Century City In: R. Beauregard, S. Body-Gendrot (Eds). *The Urban Movement*. 1999, Sage.

[25] Mayer, M. Manual Castells' The City and the Grassroots. *International Journal of Urban and Regional Research* 30(1), 2006.

[26] Meyer, D. and S. Tarrow. *The Social Movement Society: Contentious Politics for a New Century*. Lanham, MD: Rowman and Littlefield.

[27] Miller., B., Castells' The City and the Grassroots: 1983 and Today. *International Journal of Urban and Regional Research* 30(1), 2006.

[28] Newman, K. and R. W. Lake. Democracy, Bureaucracy and Difference in US Community Development Politics Since 1968. Progress in Human Geography 30(1), 2006.

[29] Park, R. E, and E. Burgess, and R. D. McKenzie, *The City*, 1967, Chicago: University of Chicago Press.

[30] Sassen, S.. *The Global City: New York*, *London*, Tokyo. (2nd edition) 2000: Princeton NJ: Princeton University Press.

[31] Xu,Q and J. C. Chow. "Urban Community in China: Participation and Development" *International Journal of Social Welfare*, 15, 2006.

[32] Wallerstein, I., The Modern World System. Vol.1 - 3. 1979, 1980, 1989, New York: Academic Press.

[33] Walton, J. Urban conflicts and social movements in poor countries: theory and evidence of collective action, *International Journal of Urban and Regional Research* 22(3), 1998.

[34] Pickvance, C., From Urban social movements to urban movements: a review and an introduction to a symposium on urban movements. *International Journal of Urban and Regional Research* 27(1), 2003.

第九章 城市社区与社会整合

在今天的中国城市中，社区（community）已成为绝大多数人耳熟能详的普通词汇，但这种行政意义更强的社区与作为主要的社会学学术概念之一的社区有所不同。在城市社区研究的发展脉络中，社会整合（social integration）始终是研究者最关注的根本主题之一。法国社会学家伊夫·格拉夫梅耶尔（Yves Grafmeyer）把社会整合看作是一个成员进入某一整体并在其中产生某种一致和相互依赖状态的过程①；美国社会学大师塔尔科特·帕森斯（Talcott Parsons）则把社会整合视为社会体系中各部门之间的和谐关系和面对外来压力时社会体系均衡状态的维持。事实上，与社区概念一样，学者们对社会整合概念的界定不尽相同。本章有关"城市社区与社会整合"的讨论仅就社会整合最一般的含义展开，即人们何以构成整体，社会何以不可分割。

在斐迪南·滕尼斯那里，社区与社会代表了不同的社会整合方式，大城市并不构成社区的生存环境。在这一看似矛盾的起点上讨论城市社区与社会整合的问题，我们需要理清作为社区的城市与城市中的社区这样不同层次分析单位的差异。在前者的理论语境中我们重点关注社区权力和国家权力的整合意义，在后者的理论语境中则特别关注移民社区的形成与消解的问题。在西方尤其是美国的城市社区研究中，这是在不同时期面对现实问题而形成的不同理论主题，但在当前的中国城市，城市化背景下的移民及其融入问题、强国家背景下社区权力结构的重塑问题不仅同时存在，一定程度上还互相强化，这向城市社区研究提出了前所未有的挑战。同时，伴随着全球化这一新的经济生产方式、信息化这一新的技术方式、社会网络等新的研究方式的出现与发展，城市社区的边界越来越模糊，也越来越容易跨越，这不仅使城市的社会整合问题愈益复杂，也将是激发国

---

① ［法］伊夫·格拉夫梅耶尔著：《城市社会学》，徐伟民译，天津人民出版社2005年版，第71页。

内外城市社区研究大发展的新的生长领域。

第一节　城市与社区

最早对社区概念进行系统研究的德国社会学家斐迪南·滕尼斯并未将大城市看作社区的现实对应，相反，社会——作为社区的对立面，其特征主要体现于大城市之中。后来的研究者或者强调城市的特殊性，或者在城市范围内寻找依然存在的社区。当社区概念再次超越地域边界的制约时，学者们发现，其实人们一直生活于共同体之中，或者说，社区一直伴随在人们左右。只是此时的社区概念需要重新解读。

一、社区概念溯源

中文里的"社区"一词出现于1933年，费孝通等一批燕京大学的学生在翻译美国社会学家帕克的论文集时，感觉现有的汉语词汇难以传达英文community的准确含义，就创造出"社区"这一新词。而community又转译自德文cemeinschaft，两者拥有共同的拉丁语词源，都包含有"共同的""亲密关系"等含义。

滕尼斯最早对gemeinschaft进行系统研究，其思想集中体现在1887年出版的*Gemeinschaft und Gesellschaft*一书中[①]。但在滕尼斯之前，德国思想家黑格尔就已有类似的论述。在名著《历史哲学》(1837)中，黑格尔区分了建立在人们"内心的法律"——伦理、道德秩序上的实体和由"外在的法定的条例"控制的实体，这种"伦理实体"如家庭、希腊小城邦国家，其含义体现了滕尼斯所谓"社区"的诸多特征：小规模的实体、对集体利益的关注、以伦理道德而非法律为基础。受黑格尔影响甚深的马克思有关"公社"的分析与滕尼斯的学说也有密切关系。马克思区分了氏族部落公社、亚细亚村社、城市公社三种类型，其共同之处在于它们都处于自然经济阶段、都以某种形式的生产资料公有制为基础、分工都不发达且不以"剩余价值"为生产目的。滕尼斯把社区和社会作为一对截然对立的概念进行分析，他把分工发达、追求"剩余价值"的大城市视为社会，这种对比隐含了马克思的影响印迹。此外，如滕尼斯所言，亨利·梅因(Henry S. Maine)等人的著作对他也有很大的启示。

① 英译本名为*Community and Society*，中文有"社区与社会""礼俗社会与法理社会""共同体与社会""通体社会与联组社会"等不同译法。

在滕尼斯看来，社区或共同体是基于本质意志的现实的、有机的结合。社区中的生活是亲密的、秘密的、单纯的共同生活，其特征包括：成员彼此相亲相爱、相互习惯、共同参与、亲密无间；存在着默认一致（consensus）并相互理解；人们长期居住在一起共同生活，这是一种对共同财产的占有和享受，也是彼此相互的占有和享受。社区以家庭血缘关系为基础，最基本的三对关系是母子关系、夫妻关系、兄弟姐妹关系。滕尼斯区分出血缘、地缘、精神三类社区/共同体，指出三者间存在发展次序上的不同。第一类如家庭、家族，基于共同的关系、参与和财产；第二类如邻里、村庄、中小城市，基于共同的土地；第三类如宗教教区，基于共同的神圣场所和神灵。

与社区不同，社会是基于选择意志的理想的、机械的结合。在社会中，尽管人们也是居住在一起共同生活，但基本上不是结合在一起，而是分离甚至敌对的。“在共同体里，尽管有种种的分离，仍然保持着结合；在社会里，尽管有种种的结合，仍然保持着分离。”[①]在社会中，每个人都在为己考虑，人人都处于同一切其他人的紧张状况之中。商品交换是基本的社会行为，这一过程中充斥着对价值的衡量与讨价还价，在此基础上形成某种契约关系。这种社会无论称之为市民社会或交换社会或资本主义社会，追求利润和剩余价值都是其中生活的主题。商人或资本家是社会天然的主人和统帅，对其他人（主要是工人）实施天然的统治。大城市、民族、世界都是滕尼斯眼中社会的对应物，在大城市里，作为社区基础的家庭制度不可避免地陷于衰落和瓦解。

滕尼斯有关社区与社会的类型学分析在社会学发展史上展示出了恒久的魅力。社区是群体性的，社会是个体性的；社区中追求共同利益，社会中追求个体私利；社区的纽带是血缘、地缘和精神，社会的纽带是理智、交换和法律；社区是家庭和乡村，社会是大城市与世界……在滕尼斯看来，两者的区分不仅是纯粹社会学意义上两种不同社会关系或社会联结方式的差异，也对应了不同的历史发展阶段，以社区为主的时代终将被以社会为主的时代取代。作为有机体的社区体现出一种独特的社会整合方式，这种整合基于某种或某些“共同性”，而社会则只是一种机械的聚合，看不到构成有机整体的可能性。滕尼斯并未对城市一概而论，而是仔细分析了中小城市与大城市的区别，前者也是一种按照共同体方式生活的有机体，后者则体现了社会的典型特征。事实上，其他学者正是在大城市的社会整合、城市的社区特性等方面对滕尼斯提出了质疑，推进了城市社区研究的发展。

---

① ［德］斐迪南·滕尼斯著：《共同体与社会》，林荣远译，商务印书馆 1999 年版，第 95 页。

二、作为社区的城市

滕尼斯提出“社区”与“社会”这对概念与他所切身体会到的时代的历史变迁密切相关。工业革命的洪流带来了社会的巨大变化，大量农业人口进入工厂、进入城市，原有城市的规模迅速扩大，新兴工业城市到处涌现。在这一潮流中，城市的概念也发生了本质的变化。这是滕尼斯在自己的分析中将大城市与中小城市刻意区分的背景。大城市并非社区，而是体现了社会的典型特征，尽管其中也存在着某些结合方式。普通城市尤其是中小城市则是社区的一个类型，这些城市与其语言、风俗、信仰、土地、房屋等，都是恒久不变的东西，这是“共同性”的体现，而作为艺术的手工业也是为了城市的整体需要而出现的。

与滕尼斯同时代的法国社会学家埃米尔·涂尔干提出机械团结、有机团结这样一对概念，用以区分两种差别较大的社会联系方式或社会整合方式。前者是指在共同信仰和习惯、共同仪式和标志基础上建立起来的社会联系；后者则是指以人与人之间的差别为基础，依赖复杂的社会分工而形成的一种社会秩序。两者的现实对应物几乎与社区、社会的对应物完全重合。与滕尼斯不同的是，涂尔干强调了两种团结方式中人们在同质性、异质性上的差别，更重要的是他还发现了城市基于劳动分工与合作的特殊整合方式。城市不是滕尼斯所谓的分离的、机械的联合，相反正是一种基于差异的有机联合。如果说滕尼斯看到的是历史洪流中旧秩序的破坏，涂尔干看到的则是新秩序的形成。

同时代的另一位德国社会学家马克斯·韦伯并不欣赏上述两人的类型学分析。韦伯认为，必须要对世界不同地方、不同历史时期的城市作一番详尽的考察，才有可能要创立一种普遍的城市模式。韦伯在《城市》(1921)一文中考察了欧洲和中东历史上的城市，并比较了印度和中国的历史城市，提出了“完全城市社区”的定义：一个聚居地要成为完全城市社区，它就必须在贸易—商业关系中占有相对优势。这个聚居地作为整体需要具备下列特征：一是防卫力量，二是市场，三是有自己的法院，四是相关的社团，五是至少享有部分的政治自治……中世纪具有防卫力量并能自给自足的城市是韦伯理想中的完全城市社区，而随着民族国家的兴起和资本主义对利润的追求，现代城市不仅开始丧失军事、法律和政治方面的自治权，而且居民的个体性、理智性不断增长，城市也逐渐失去了社区的意味。韦伯特别强调城市社区的独立自主，这与涂尔干对机械团结的分析相似，而他关于城市社区衰退的结论实际上与滕尼斯的看法大同小异。

20世纪二三十年代美国芝加哥学派的领军人物罗伯特·帕克提出“人类生

态学”(human ecology)①的理论，将人类社区包括城市看作个人或群体之间相互联系、相互依赖的有机体系，并着重突出社区的地域性而不再强调社区成员的亲密关系和情感，与滕尼斯的社区含义有明显的不同。在帕克看来，城市并非一团混乱、杂乱无章，相反，城市有一种倾向，总是要把它的人口和机构安排成一种秩序井然的和谐构图。城市将日益以正规结构为特征，庞大的官僚机构将取代各种非正式手段。城市扩张过程中形成的自然区域即社区，作为有意义的社会学分析单位独立存在于一个复杂的空间和功能关系网络中。无论是与城市等同的社区还是作为城市组成部分的社区，都是与环境相适应的有秩序的有机体，本身具有整合的倾向并自有其整合的方式。

芝加哥学派的另一位代表人物路易斯·沃思于1938年发表了他的著名论文《作为一种生活方式的城市性》，在此之前德国社会学家齐美尔(Georg Simmel)曾细致入微地描画过都市生活无孔不入的理智特征。沃思的分析主要着眼于人口数量、人口密度与异质性三个因素对“城市性”(urbanism)生活方式的影响。人口数量大带来了个体的差异、缺乏亲密的个人认识以及匿名的、虚假和短暂的人际关系片断化；人口密度包含了差异化和分化，密切的接触伴随着遥远的社会关系，隔离的复杂形式、正式社会控制的支配性及明显的摩擦并存；异质性趋向于破坏严格的社会结构和制造社会流动、不稳定与不安定，导致个体归属于多个社会群体。一定意义上，沃思有关“城市性”的论述是对滕尼斯的回归，他再次强调了城市生活方式与社区生活方式的截然不同，这也导致了所谓“社区失落论”的一度盛行。

部分学者对社区权力的持续关注不仅开创了城市社区研究的一大传统，而且提出了社区权力及其结构对于社区整合的意义问题。美国学者林德夫妇(R. S. Lynd & H. M. Lynd)在一个名为“莫西”(Muncie)的小镇做了数年研究，于1929年出版《中镇：现代美国文化研究》一书，发现以一个富有家族为核心的单一权力结构控制了几乎全部的经济社会生活。亨特(F. Hunter)的著作《社区权力结构：对决策者的研究》(1953)基于对亚特兰大市的调查，认为经济精英掌握了影响决策的幕后操控权力，精英的联盟占据了社会上的主要位置和资源。与此针锋相对的是达尔(R. Dahl)的著作《谁统治？一个美国城市的民主与权力》(1961)，他在纽黑文市的调查发现，各个机构只能占据部分资源且影响力有限，谁也不能绝对支配一切，认为各机构的精英人物的权力争夺形成了一种互相制约的均势。“精英论”与“多元论”之间的论战旷日持久，但其共同点是都非常重

① 又有“人文区位学”的译法。

视权力结构及其背后的社会联结方式对于城市社区的整合意义。

概括来说，对城市的整体分析大致有这样几种思路：一些人把中小城市与大城市区分开来，强调其本质的不同，认为大城市缺少整合机制或具有自身特性；一些人把城市看作有机体，自有其特定的整合方式，或以劳动分工为纽带，或以权力结构为依托，或者就是适应环境和历史积淀的产物。且不论作为某类社区的城市，即使把城市看作社区的对立物，城市范围内依然可能有社区存在的影子，城市社区研究依然大有用武之地。

三、城市中的社区

尽管滕尼斯将大城市视为与社区截然不同的"社会"，但他并未否定其中也存在某些结合方式，这为讨论"城市中的社区"留出了余地。帕克眼中的社区是一个类似生物圈的具有生命周期的有机体，其范围可大可小，其形式多种多样，其中很重要的一类是构成城市之单位的社区。在他看来，不论个人如何流入流出，社区都能以其既有的道德秩序而继续存在。与社区成长有关的一个重要方面是人口的社会选择和隔离以及社会组织与社会区域的生成。在移民社区或族群社区，人口隔离的发生首先是以文化语言为基础的，但基于利益、理解和个人野心的其他选择过程的发生同样不可避免，其结果是那些更有热情、更有活力、更有野心的人搬迁出去，入住第二代移民或多种族混合居住的世界性社区。随着种族、语言和文化的纽带越来越弱，成功的个人会选择适合他们的生意和职业的地方，而原来的居民也不再过于强调语言和种族认同。帕克以此分析了人口的社会流动与社区整合、存续之间的关系。

20 世纪 30 年代，以沃思为代表的"社区失落论"者对城市尤其是大城市中社区存在的可能性提出了挑战。他的观点基于芝加哥学派实地调查的大量成果，一度风行数十年。直到 1952 年，奥斯卡·刘易斯的《未崩溃的城市化》一文才对此进行质疑，刘易斯的研究发现，移居到墨西哥城的村民仍保留着自己的小圈子，其人际关系、生活方式并无太大的变化，社区依然存在。1962 年，赫伯特·甘斯（H. Gans）出版著作《城市村民》，通过对波士顿西区意大利移民生活的描述，得出了与刘易斯相似的结论。同时，甘斯细致分析了不同特征的城市居民，认为那些种族村民（ethnic villagers）的生活具有明显的社区特征，而只有"受剥夺者"和"社会地位下降者"等部分居民才表现出沃思所谓的"城市性"特征①。在此基础上，赫伯特·甘斯发表《作为一种生活方式的城市性与郊区性》（1968）

① 夏建中：《现代西方城市社区研究的主要理论与方法》，《燕山大学学报（哲学社会科学版）》2000 年第 2 期。

一文，特别强调了城市居民的不同“特性”对于生活方式的影响，并比较了内城、外城和郊区的差异①。这些研究构成了与“社区失落论”针锋相对的“社区继存论”的基础。

移民及少数民族聚居区往往成为城市中社区存在的注脚，其实早在1943年，威廉·富特·怀特(William Foote Whyte)的名著《街角社会》就已经暗示了这一点。“科纳维尔”是波士顿东区的一个意大利人贫民区，通过长年累月的观察，怀特发现这个看似混乱不堪的地区实际上也是高度组织化的社会，但其社会结构不能与整体的社会相融合，这反过来更加强了当地的民族主义凝聚力。类似的情况在美国的“唐人街”(华人社区)、犹太人聚居区、黑人聚居区等也能看到。

自然，城市中的社区也绝不仅限于城市化与社会流动背景下的移民社区，工人阶级、中产阶级、精英人士的不同居住区，上流社区与贫民区、教区、选区及历史文化区域，很大程度上都可以作为城市社区实地研究的绝好选择。如果把视线转回到当前中国的城市，我们可以发现历史积淀形成的老街区、城市快速扩张造成的“都市里的村庄”、与旧有体制相适应的各类单位社区、城乡流动背景下的外地人聚居区、住房商品化之后的高中低档居民区等等。这些特征各异的社区内部或多或少存在着作为整合纽带的“共同性”，但在更大的城市层面上，大大小小相对独立的社区又隐含了社会隔离的危险，从而不利于城市总体的社会整合。

四、城市社区边界的变化

在芝加哥学派的影响下，社区的地域性特征得以强化，对于城市中是否存在社区的争论也没有脱离社区的地域边界。但到了20世纪70年代，基于对社区现实的认识和新的理论工具“社会网络”的出现，费舍尔(Claude S. Fischer)、韦尔曼(B. Wellman)、雷顿(B. Leighton)几位美国学者提出了超越社区地域界限的“社区解放论”观点。费舍尔在1975年发表的《城市性的亚文化理论》一文中特别分析了城市中存在的小群体及其亚文化的内部整合作用，随后在《社会网络与场所：城市环境中的社会关系》(1977)一书中强调了跨越社区边界的社会网络对于城市居民生活的意义。韦尔曼和雷顿于1979年发表《社会网络，邻里关系和社区》一文，提出不能把社区的概念局限在场所和居住的范围之内，不能只强调邻里关系，而是关注人们其他重要的日常活动和社会交往领域，关注居住区域之外的初级群体关系②。这种认识似乎回到了滕尼斯之社区概念的本初意

① H. Gans, Urbanism and Suburbanism as Way of Life: A Reevaluation of Definitions, In: Phalli, R. E. (ed) Readiness in Urban Sociology, Persimmon Press, 1968, pp.111 - 113.

② 夏建中：《现代西方城市社区研究的主要理论与方法》，《燕山大学学报(哲学社会科学版)》2000年第2期。

义，强调社区内部的频繁互动、亲密关系及归属感、地域因素是可能的条件之一而非必要条件，但又与滕尼斯意义上的社区不尽相同，跳出地域边界的亲密关系网络并非家庭、邻里、乡村、宗教教区那样的实体。可以说，这种动态的社会网络同时跨越了血缘、地缘、精神社区的各种边界，它不是任何实体，只是网络自身。

作为一种极富生命力的理论工具，社会网络分析方法被广泛应用到社会学研究的各个领域。在城市社区研究领域，运用此种方法的一个典型例子是美国学者奥里弗(M. L. Oliver)对洛杉矶黑人社区的研究。在一般人看来，黑人社区是各类社会问题集中的"病态"社区，是矛盾重重、社会组织解组的社区，但奥利弗的研究发现黑人社区的社会组织并未解组，这种组织形式并非正规组织，而是非正式的社会网络。城市黑人尽管很少归属于正式组织，却拥有相当大的社会网络，存在着比较亲密和丰富的初级关系。这一结论与怀特在《街角社会》中的观点有些相似，但不同之处却恰恰体现了社区边界的变化。怀特所看到的不同帮伙仍是存在于某一地域范围内，地域因素是维系这种组织方式的纽带之一，而奥利弗所考察的社会关系网络则跳出了具体社区的地域界限，地缘关系已不再重要。

西方尤其是美国城市社区研究的发展反映了社会的现实及其历史变迁。滕尼斯的社区与社会概念是对不同生活方式的概括，其本质可以视为作为社会联结纽带的社会关系的对立。在欧洲工业化、城市化的历史背景下，从社区到社会的转变意味着以血缘、地缘关系为基础的初级社会群体关系的衰落。沃思"社区失落论"的提出基于对芝加哥的城市调查，当时的芝加哥正处于急剧城市化的过程中，典型地体现了滕尼斯、涂尔干、韦伯、齐美尔所看到的欧洲城市变化的特征。甘斯所谓的"社区继存论"或与美国 20 世纪初即开始有意推动的社区发展进程有关[①]，但首先应是美国"移民社会"的基本背景及种族歧视的社会结构格局的产物。移民社区不会一直保持其独立性，移民总会越来越多地通过社会流动逐渐融入空间更大的城市社会，这又给移民社区带来了解体的可能性。社区的"失落"或"继存"实际上是同时并存的现象，而社区失落的趋势还受到重新发掘社区意义的社区发展、社区重建运动的抵制。不再拘泥于社区在城市中到底是否存在的"社区解放论"可以说具有革命性的意义。社会网络的发现使研究者们认识到，尽管地缘关系的重要性或许在下降，但城市居民依然生活在跨越地域的初级社会群体关系之中。这就提出了这样一种可能性："社区"和"社会"所分别代表的不同整合方式同时并存于城市中，只是对社区概念需要重新解读。但

---

① 丁元竹：《社区与社区建设：理论、实践与方向》，《学习与实践》2007 年第 1 期。

相伴随的问题是，如果不再强调社区的地域性，那它与社会网络的区别何在？如果社会网络概念可以取代社区，那么社区研究的意义又将何在？“社区解放论”使城市社区研究面临一个悖论：强调地域性则可能无现实社区，不强调地域性则可能无理论社区。毕竟，大多数情况下，基于地域的亲密社会关系和认同感仍是社区区别于其他概念的主要标志。

反观当前的中国城市，欧美国家所曾经历的工业化、城市化进程仍未完成，而自 20 世纪 90 年代开始的社区建设运动也正在如火如荼地进行中。户籍制等制度门槛使大城市很难出现大量的关系亲密的外地人社区，但快速的城市扩张却也将一些原本是农村社区的村落覆盖了进来。城市的拆迁改造工程将许多温情脉脉的老街坊社区连根拔起，政府推动的社区建设工程则在所有行政化的居民区中试图重建社区意识。单位制的影响依然存在于部分居民区之中，一些商品房小区的业主也在组织起来合力维护自身权益。地价房价的差异造就了居住区域的阶层分化，而以外籍人士为主要居住者的所谓国际化社区也在不断出现。在中国的大城市中，社区是否存在的问题同样有疑问，而社会网络的分析方法无疑也同样具有其价值。千姿百态的城市社区为不同特征的个人提供了可供选择的整合方式，每个人又同时面对着整体的城市空间并尽力成为其中的一分子，这是另一层次的社会整合问题。

第二节　移民社区与城市融入

移民一般是指在地理空间上发生较大迁移的人口，城市社会学尤其关注工业化、城市化背景下的移民现象。移民社区的出现带来了内部整合与外部城市整合的双重问题，移民社区存续与否的背后则隐含了社会流动的机制，这影响到移民融入城市的效果。我国的城市化进程仍未完成，移民社区与城市融入的问题是未来几十年内不得不面对的问题。

一、人口迁移与城市化

人口迁移是非常普遍的社会现象，一般是指人口在地理空间上的位置变更，从某一区域、国家迁移到另外的区域或国家。根据空间变更范围的大小或居住时间的长短，可以区分出多种类型的人口迁移。人口迁移的动力机制较为复杂，自然环境因素如气候的变化、资源的枯竭或开发，社会经济因素如对就业机会和经济收入的追求、交通或文化教育的发展及婚姻家庭因素，国家政策、战争、政治变革等政治因素都可能引发人口迁移。

在人口学家看来，城市化是一种特殊的人口迁移现象，即农村人口向城市人口的集聚过程。但社会学家往往强调伴随着这一过程而同时发生的更为复杂的变化，包括职业、社会地位、生活方式、组织方式、社会网络等各方面的变化。学者们通常将城市化视为工业化的自然结果，进城人口大多数是为了追求更好的就业机会和更高的职业收入，这在给城市带来活力与多样性的同时也带来了拥挤、混乱和无序的难题。

一定意义上，城市社会学的产生正是出于对城市化背景下城市社会的急剧变迁和大量城市社会问题的关注。学者们看到，在一个新的、由乡村移民组成的城市社会中，传统的社会整合制度已经因为城市人口增长、经济发展、社会流动以及社会冲突而土崩瓦解，那么，新的社会整合制度将如何建立？这甚至可以说是城市社会学诞生之初的中心课题[①]。经典社会学家们对此展开各自的思考，其中开创实地调查之风的芝加哥学派不得不提。

19 世纪 80 年代至 20 世纪 20 年代的 40 年是移民美国的高峰期，这段时期每 10 年平均约有 600 万个外国移民来到美国。据 1920 年的统计，在美国城市总人口中，外国移民及其子女占 48%，在 10 万人以上城市中的比例更高达 58%。与此同时，美国国内农业劳动力的比例从 1890 年的 40.6%下降到 1920 年的 25.6%，农村人口比例也在不断下降[②]。美国的大都市区为研究当时国内外的移民潮提供了一个绝佳的社会实验室，而芝加哥正是这样的一个城市。来自芝加哥大学的一批社会学家在二三十年内持续关注这所城市各个角落发生的变化，特别关注现代大城市交替承受的重组、改组的持久变化过程。他们运用人类生态学的研究方法致力于揭示组成城市的社区、邻里、道德区域（moral regions）如何成为区域团结发展的框架，又如何成为城市居民融入城市辖区和网络的框架[③]。在他们看来，人口迁移背景下的各种社会团体和种族群体就像许多的“马赛克”一样遍布于城市中。他们看到了城市社会的族群差异和极端分化，他们在探索如何实现城市社会整体的统一，并将希望寄托在打造统一的城市文化上。他们面对和处理的确实是当时美国社会的核心问题：如何在由完全不同的社区和竞争求存的个人聚合的情形下打造社会，但他们对城市统一性的追

---

① ［美］曼纽尔·卡斯特著：《21 世纪的都市社会学》，刘益诚译，《国外城市规划》2006 年第 5 期。

② 黄柯可：《人口流动与美国城市化》，载王旭、黄柯可主编《城市社会的变迁——中美城市化及其比较》，中国社会科学出版社 1998 年版，第 139—140 页。

③ ［法］伊夫·格拉夫梅耶尔著：《城市社会学》，徐伟民译，天津人民出版社 2005 年版，第 71 页。

求却备受争议[①]。

二、社会流动与城市融入

形形色色的移民社区分散在城市的空间范围内，这种分布并不均匀，且时刻发生着变化。在移民社区内部，依然存在一定的凝聚力，移民个体间也保持着互助合作的传统，维系着某种程度的整合，尽管移民区在表面上总是表现出贫穷、解组、失范、犯罪之类的特征。来自同一地区或同一种族的人们相比社区范围之外的人总是具有更多的同质性，帕克还特别强调了语言文化作为维系纽带的重要性。但在保持内部整合的同时，移民社区事实上也陷入与外部世界相隔离的境地，这与排外的大环境密切相关。这种地域性的种族、民族区隔一直是美国城市社会中存在的重大社会问题之一，而种族分析也长期成为美国社会学界独立于阶级阶层分析、组织分析、制度分析、社会网络分析、性别分析等不同视角的一个主要分析工具。

在芝加哥学派的学者那里，这些造成城市内部隔离的移民社区损害了城市有机体的统一，不利于城市整体的社会整合。借助人类生态学的分析概念，他们为打破这种隔离提出了理想的路线图。在帕克看来，社区中的个人之间存在一种对“区位”优势的竞争关系，人们像其他生物有机体一样会尽其所能地选择资源更丰富的区位，那些更有能力的人会率先做出迁移的行为，他们的职业与生活方式也更早地表现出对城市的适应。这一竞争、选择、迁移、适应的过程使移民社区的内部整合程度不断削弱，旧有的维系纽带如语言文化的重要性也会逐渐下降，而城市整体的整合程度则随之加强。

移民逐渐融入城市的过程也是在城市职业分工体系中寻找到自身一席之地的过程，甚至在某些文化观念上也要发生转变。现实中的移民社区类似一个移民走出社区、走进城市的跳板，对于促进这种转变发挥了积极的作用[②]。帕克显然接受了涂尔干有关“有机团结”的思想，将劳动分工看作是城市整合的一个基础，并受人类学的影响强调城市文化的重要性[③]。这种全方位的融入本质上是一种同化程序，这与美国社会“大熔炉”的一贯形象相吻合。

实际上，对社会成员的职位和社会地位变迁的考察是社会学的另一个经典

---

① [美] 曼纽尔·卡斯特著：《21 世纪的都市社会学》，刘益诚译，《国外城市规划》2006 年第 5 期。

② 梁茂信：《1860—1920 年外来移民对美国城市化的影响》，载王旭、黄柯可主编《城市社会的变迁——中美城市化及其比较》，中国社会科学出版社 1998 年版，第 162 页。

③ [美] R. E.帕克、E. N.伯吉斯、R. D.麦肯齐著：《城市社会学》，宋峻岭、吴建华、王登斌译，华夏出版社 1987 年版，第 2 页。

研究领域——社会分层与流动研究的内容。美国社会学家索罗金(Pitirim A. Sorokin)于1927年提出社会流动的概念,用以分析人们在不同阶层间的地位变迁。许多学者运用定量研究的方法对不同范围内人们代内、代际的职业变化和社会地位的变迁情况进行测量,并探讨人力资本、社会资本等各种因素对于职业地位变迁的影响。社会分层与流动的定量研究并不局限于社区的边界范围内,往往是对整个城市乃至国家展开分析,甚至可以进行不同国家间的比较。这一研究路径与社会网络分析相结合,能够较好地得到对于移民融入城市的问题的认识。

与融入城市的职业分工体系相比,移民的文化融合问题面临着更多的争议。美国式"大熔炉"要将不同地区、不同种族、不同文化的群体整合在诸如自由竞争、民主理想等统一的文化旗帜下,或者统一在所谓城市文化之中。且不论这种文化观念上的一致能否真正实现,如果能够实现,其后果也尚难预料。城市的开放性是其活力所在,尽管对外来文化的排斥是中外城市的通病,多种文化并存的局面却并不一定是导致混乱、冲突的原因。城市需要维持一定的秩序,芝加哥学派的学者们或许看到了人们在劳动分工体系中的相互依存并不足以保证实现这一目的,他们给出的药方是文化整合。但这不见得是对症的良药,因为他们多少忽略了影响城市社会整合的一个重要因素——政治权力。在卡斯特看来,对权力的分析正是芝加哥学派之后城市社会学第二发展阶段的主题。

三、我国的城市移民

与美国的情况不同,我国的城市化进程始终受到各种因素的影响而不能畅通无阻地发展。1949年之前,政局不稳,战争频仍,城市的命运同样动荡不安,上海"十里洋场"的兴衰是这种状况的一个缩影。尽管如此,20世纪30年代上海的繁荣仍验证了城市开放的重要性,大量的国内外移民及其所附载的资本、劳动力、才智与文化是当时上海发展的基础。新中国成立以后,逐步确立了社会主义计划经济体制,为保证独立工业化目标的实现,开始有意识地人为干预城市化进程,通过户籍制等制度设置严格控制跨越城乡的自由流动,城市化水平在改革开放之前一直没有大的变化,甚至一度出现城市化水平下降的现象①。改革开放以后,伴随着经济体制改革的进展,人们的自由流动空间逐步扩大,与地理空间上的迁移相伴随的还有职业身份的变化、教育渠道的畅通和社会地位的变迁。

① 1968—1972年,中国的城市化水平连续五年呈下降趋势,参见陈廷煊《城市化与农业剩余劳动力的转移》(中国经济信息网)。

尽管户籍制度并未完全放开，城市化水平仍在不断上升。在城市范围内，返城知青、小商贩、农村大学生、农民工、外来媳、外来投资者等人群次第登场，构成了不同时期的移民现象。

以上海为例，现阶段的城市移民可大致划分为三个部分：一部分是取得了上海户籍的所谓“新上海人”，他们数量不多，能够通过严格的户籍申请程序的审查，往往学历较高、工作较稳定，多为企事业单位工作人员及专业技术人员。另一部分是暂未取得户籍但居住六个月以上的常住外来人口，这部分人数量比较大，依照现在的政策可以申领不同期限的上海市居住证，在缴纳社保金、子女义务教育等方面享受与户籍人口相似的待遇，他们一般需具有本科以上学历或在上海有稳定职业和住所。还有一部分是居住六个月以下的所谓“外来流动人口”，他们的数量同样很大，原则上只要居住三日以上就要办理临时居住证，作为在上海求职的凭证，季节性流动的农民工多属于这一部分。据统计，截至 2020 年 10 月，上海市常住人口总数为 2 423.78 万人，其中户籍常住人口为 1 447.57 万人，外来常住人口 976.21 万人。而 2008 年底上海市外来常住人口数为 517.42 万人。

与人口的大量迁移相对应，上海也出现了具有不同特征的移民社区的雏形。住房商品化改革推行以来，不同区位商品住房的价格呈现越来越大的差距，市中心与远郊的房价可能相差十几倍甚至更多。一些高档商品房社区聚集了大量的海内外经济精英，高墙深院、层层门禁和物业保安将这些地方变成了外人难进的封闭王国。中档商品房社区则成为大量企业白领、专业技术人员及商业服务业人员或购买或租住的首选。在一些居民区，房屋出租的比例已超过买房自住的比例。建筑年代久远的低档居民区房屋面积小、条件差、设施简陋但租金便宜，许多来自外地农村在城市从事体力劳动或低端商业服务业的流动人口聚集其中，一些人是举家迁来挤在狭窄的空间内辛苦谋生。具有相似社会经济特征的人群聚集在由商品房价格划分的不同区域内，尽管还不能说作为共同体的移民社区已经真正出现，但这种城市内部的区隔却是实实在在地呈现在人们眼前。

与此同时，城市内部的迁移过程也在一刻不停地进行。“新上海人”和常住外来人口参与到帕克所谓的对区位优势的竞争过程之中，试图通过个人的努力提升经济收入和社会地位，最终体现为住房和居住区域的更换。老城区改造工程与城市建设工程所带来的动拆迁则使成片的传统街坊社区消失，原有的居民被迁移到距离市区更远的安置区或通过买房分散到其他居民区中。依托于这些老街区的外来流动人口也只能随之迁移，或者也迁到更远的居民区租住，或者在附近租住更狭小的居住空间。无论是自由迁移还是被动迁移，都使依照经济社会地位的差异而形成的空间区隔特征愈益明显。

引起更多关注的还有各类城市移民的城市融入问题。对于"新上海人"来说，由于已经在城市劳动分工体系中占据一席之地，他们最大的问题是在语言文化、价值观念、生活方式等方面如何适应城市的传统，这种适应既要摒弃排斥与对立，也不是彻底的同化，而是在简单认同基础上的共存共荣、美美与共。常住外来人口的数量巨大，其内部的职业、收入、地位的差异也比较复杂。拥有巨额财富的投资者最为自由，上海户籍对他们并不具有很大的吸引力，上海的经济发展和占有更多的财富才是他们所关心的；普通白领和商业服务业人员既要不断寻求前景更好的职业，也要面临文化方面的适应问题；长年居住的小业主则可能早已认同了自己的上海人身份，尽管手中还没有一纸户籍。相对来说，非常住的外来人口在经济体系、社会保障体系中的地位最为薄弱，他们遭受本地人的排斥程度也最为严重。对于许多年纪更大的人来说，能在上海安家落户只是一个遥不可及的梦想，但年轻一代并不一定这样认为，他们仍抱有全身心融入这个城市的愿望和动力。

在当前的中国城市，带有分层性质的移民社区的雏形已经出现，这种空间分层的区隔是进一步固化下去还是借助合理的社会流动机制得以疏通，尚难定论。非常值得重视的一个趋势是，在上海、北京等一些大城市，基于教育的人力资本正在贬值，许多大学毕业生面临的处境与农民工相差无几：工资少、不稳定、合租于低档居民区的狭小空间内。如果这种长期被人们寄予厚望的通过教育提升社会地位的社会流动渠道发生扭曲甚至此路不通时，且不论城市社会文化层面的整合，其基本的社会秩序都将面临威胁。

四、一个案例：浙江村①

"浙江村"位于北京城南的丰台区，是改革开放以后由来自浙江温州的农民集聚起来的一个移民社区。"浙江村"在北京的名气很大，也一度在 20 世纪 90 年代后期引起学者的集中关注。对"浙江村"的考察加深了人们对中国城市化和城市融入等问题的思考。

"浙江村"的历史可追溯到 1983 年，卢毕泽等人成为最早来到这里闯荡事业的浙江人。在依靠服装生产销售而迅速致富的榜样带动下，大量情况类似的浙江农村工商户涌入这里。1986 年，聚居在这里的外来人口达到 1.2 万多人，接近当地农村人口数，"浙江村"的称谓也被叫开。1990 年，外来人口增至 3 万人。到 1994 年底，外来人口已达 9.6 万人，是本地人口 1.4 万人的近 7 倍。外来人口

---

① 除下文所引文章外，还可参考：王春光《社会流动与社会重构——京城"浙江村"研究》(浙江人民出版社 1995 年版)项飚《跨越边界的社区——北京"浙江村"的生活史》(生活・读书・新知三联书店出版社 2000 年版)。

中，私营和个体工商户及其家属有5万多人，剩下的4万多人是来自河北、湖北、安徽等省的雇工[①]。他们的居住范围也从丰苑乡大红门地区向周边不断扩展，南北从木樨园到大红门，东西从马家堡到成寿寺，遍及其间26个自然村。这一地域范围是8个街道办事处与南苑乡交叉管辖的地带，是典型的城乡结合部。

"浙江村"的外来人口与当地农民因租房行为而结成了一种经济互惠的关系，显示出很强的区位黏着性。在外来人口尤其是浙江工商户内部，基于亲缘与地缘关系的社会关系网络成为最主要的联结纽带和依靠力量。不论是在流动和移民信息的传播上还是在流动和移民的过程中，不论是在经济活动中还是在日常生活里，他们都是用社会关系网络作为运作机制，以此来保存和发展自己[②]。在此基础上，不仅"浙江村"的生活服务设施日渐完备，而且在生产经营方面也形成了协作分工的格局。生活聚集和生产、经营聚集相缠结，是"浙江村"的重要特征。不仅如此，与外部的互动也大大强化了"浙江村"的内聚力，甚至成为最主要的内聚力来源，尤其是面对威胁到社区生存发展的外部压力时，社区成员的集体行动很容易达成一致。但奇怪的是，尽管"浙江村"的内聚力很强，其内部的利益性冲突也很多，以至发展出专门的"讲案"制度和帮派势力[③]。作为一个移民社区，"浙江村"体现出了自己的鲜明特色，同时也被当地管理部门视为异类。

"浙江村"的工商户开展经营活动的过程也是他们更多地进入城市经济体系的过程。从包租柜台开始，浙江工商户和北京的商场建立了经济利益上的连带关系。与一般以劳动力为主要资源的农民工不同，"浙江村"村民是带着资金、技术、劳动力等综合资源，作为经营者向城市流动的。他们组织生产活动，开拓产品销售市场，经过相同产业和相关产业的聚集，创造出一个"产业基地"。这是一种独特的进入城市的方式，可称之为"产业—社区型"流动[④]。尽管他们大多没有长期定居的打算，但孩子在当地就学的事实却萌发了下一代融入城市的希望。他们的经营网络很快跨出北京、走出国门，其服装产品远销俄罗斯、蒙古和东欧国家。依托内部发达的网络关系，他们拥有强大的货源组织能力，无论是招聘雇工的劳动力市场还是原料市场，都在北京以外的其他地区。因而可以说，"浙江村"真正的生

---

① 王汉生、刘世定、孙立平、项飚：《"浙江村"：中国农民进入城市的一种独特方式》，《社会学研究》1997年第1期。

② 王春光：《流动中的社会网络：温州人在巴黎和北京的行动方式》，《社会学研究》2000年第3期。

③ 项飚：《社区何为——对北京流动人口聚居区的研究》，《社会学研究》1998年第6期。

④ 王汉生、刘世定、孙立平、项飚：《"浙江村"：中国农民进入城市的一种独特方式》，《社会学研究》1997年第1期。

活体系是一个全国性的“流动经营网络”①，社区的边界早已不能以大红门地区的地理界限来衡量。随之而来的问题是，如果人们的实际经济社会生活可以任意跨越社区乃至城市的边界，那么走出移民社区、进入城市的意义或者已经不重要了。

“浙江村”的迅速发展壮大与其身处城乡结合部有关，这类地区往往存在管理体制的“真空”现象，但终究引起地方政府的注意。“浙江村”的出现意味着在原有的城市社会中嵌入了一个游离于控制之下的异质性社区，何况在管理部门看来，它还一直是“脏乱差”的代名词。从 20 世纪 90 年代开始，政府多次对“浙江村”采取行动，几经较量后，最后的违章建筑小租屋于 2006 年被全部拆除。后来大红门地区被称为“服装服饰创意产业集聚区”，2010 年的报道称，大红门集聚区内有 39 家专业市场，营业面积 100 多万平方米，35 000 多家商户，服装纺织行业从业人员超过 10 万人，年交易额超过 300 亿元，占北京市纺织品、服装、鞋帽市场年交易额的 54.5%②。在强大的城市意志面前，外来的移民社区最终难逃被改造的命运，现在所说的“浙江村”更多的成为一个留存于人们记忆中的历史符号。

第三节　城市社区的权力整合

20 世纪 50 至 70 年代，欧美社会一方面享受着财富增长的繁荣，一方面又显示出冲突、反抗、动荡不安的特征。在城市社会中，关于都市—工业社会的控制与取向的斗争变成最重要的城市问题。新社会运动的兴起，对性别、种族平等的追求，国家也在通过社会服务和生活福利设施的控制等手段广泛地干预公众生活，所有这些都冲淡了文化整合的意义而突出了权力的重要性③。卡斯特将这类城市现象视为城市社会学继芝加哥学派之后第二阶段的发展主题，有关社区权力的分析盛行一时。在当前的中国，欧美国家在不同历史时期面对的问题集中到了城市社区中，不仅移民及其融入的问题需要解决，利益分化、权力角逐的现象同样愈演愈烈。

一、社区权力及其结构

权力现象几乎与人类社会相始终，对此的分析不仅是从古至今大量学者的思

---

① 项飚：《社区何为——对北京流动人口聚居区的研究》，《社会学研究》1998 年第 6 期。
② 参见中华服装网，http://www.51fashion.com.cn/BusinessNews/2010-1-5/269437_2.html。
③ [美] 曼纽尔·卡斯特著：《21 世纪的都市社会学》，刘益诚译，《国外城市规划》2006 年第 5 期。

索主题，而且在近代的学科划分过程中也成为政治学、社会学的核心概念之一。马克思主义者或受马克思影响的学者往往把权力与阶级分析结合起来，把权力看作宏大的、结构性的、集体性的，如波朗查斯（N. Poulantzas）、阿伦特（Hannah Arendt）等。另外一些学者则试图在更广泛、更细微的意义上使用权力的概念，不突出其阶级基础或集体属性，这方面的典型包括韦伯、布劳（P. M. Blau），韦伯“很一般地把‘权力’理解为一个人或很多人在某一种共同体行动中哪怕遇到其他参加者的反抗也能贯彻自己意志的机会”[①]，认为这种机会可能建立在任何基础之上，因而是无定形的[②]。这两种理论脉络也体现在了对社区权力的分析之中。

如果宽泛地将社区权力界定为社区范围内所有“影响或指挥他人行动的力量”[③]，那么对社区权力的分析内容就包括：哪些人拥有优势资源、占据统治地位或决定社区事务？这种社区权力的分配状况亦即社区权力结构。这种宽泛的界定容纳了不同视角的权力分析，既可以重点关注社区中的精英人物、精英集团，也可以观察社区权力的多样性和分散状况。事实上，20 世纪 50 年代在美国开始兴起的有关社区权力结构的两大传统——精英论和多元论，正是基于对权力概念不同视角的分析。

尽管林德夫妇的中镇研究已经体现出精英论的雏形，但真正令这一研究传统声名鹊起的还是 1953 年美国社会学家弗洛伊德·亨特（Floyed Hunter）对亚特兰大市研究结果的发表。亨特采用“声望法”来确定城市中哪些人拥有实际的权力，并通过访谈了解精英人物之间的关系情况。他的研究发现是，由商人组成的关系密切的小集团在幕后掌控着社区的决策权，经济精英集团处于社区权力结构的最顶端，而各类合法组织无力影响重要的社区决策[④]。赖特·米尔斯（C. Wright Mills）的经典著作《权力精英》将分析对象扩展到整个美国社会，他认为人们所处的制度地位很大程度上决定了其成为精英、拥有权力的机会，并通过针对决策、出身、教育以及社会影响力的研究，认为美国社会是由少数人所共治的，即所谓“权力精英”[⑤]。“精英论”者的“地位权力”观以及精英联盟、精英统治的看法无不体现了马克思的影响。

持“精英论”观点的多为社会学家，而政治学家更多地倾向于“多元论”，其代

① ［德］马克斯·韦伯著：《经济与社会（下）》，林荣远译，商务印书馆 1997 年版，第 246 页。
② ［德］马克斯·韦伯著：《经济与社会（上）》，林荣远译，商务印书馆 1997 年版，第 81 页。
③ 文崇一著：《台湾的社区权力结构》，台北东大图书公司 1989 年版，第 289 页。
④ Floyd Hunter. Community Power Structure: A Study of Decision-Makers. Chapel Hill: University of North Carolina Press, 1953.
⑤ C. Wright Mills. The Power Elite. New York: Oxford University Press, Inc., 1956, p.11.

表人物是美国政治学家罗伯特·达尔(Robert Dahl)。受韦伯的影响,达尔对权力的看法可称为"资源权力"观,认为权力的来源很广泛,包括地位在内的几乎所有个人特征都可能是权力的基础资源①。在对纽黑文市的调查中,他采用决策法对城市建设、公共教育、市长竞选三个方面的决策过程进行跟踪考查,以确定权力的分配情况。他的结论与亨特相反,认为社区权力随着社会机构和领导职位的分散而分散,各机构精英人物的权力争夺反而形成了一种互相制约的均势,谁也无法拥有最终的决策权②。达尔的"多元论"观点与"精英论"观点针锋相对,这引发了两派学者旷日持久的论战。

如果暂且不论两派观点的谁是谁非,也不论后来者对于权力概念和权力结构研究的发展,单就亨特、达尔等开创者的研究而言,两派学者实际上都为分析城市社区权力与社会整合的关系提供了独到的视角和思路。社会整合暗含了对社会秩序的要求,而城市社区的权力结构直接影响着一定社会秩序的维持。在这方面,"精英论"者所强调的少数人的精英统治或者可以如政治那样在表面上维持秩序的稳定,但却隐含了结构性冲突或阶级冲突的可能;"多元论"者看到了城市社区中普遍、激烈的利益争夺,但在看似不稳定的秩序下面却因为资源和权力的分散而可能保持某种动态的平衡。社会整合涉及不同阶级阶层、不同群体组织之间的关系,这种关系很大程度上就表现为权力关系,而社区权力结构研究直接面对的正是城市社区的权力关系状况。"精英论"认为权力集中在由少数人组成的小群体手中,这类似一种权力隔离的状态,地位的不平等不利于社会整合;"多元论"则认为权力分散在各种社区组织及其领导者身上,这更接近于政治领域的"有机团结",正是民主的体现。

然而,城市社区的社会整合状况并不仅仅与社区内部的权力结构相联系,有时候来自社区以外的力量尤其是国家权力反而更加重要。可以看到,无论是"精英论"还是"多元论",对于社区权力的分析大多仍局限在城市范围以内,这或许也是导致社区权力结构研究终于在20世纪70年代之后逐渐衰落的一个原因。而在此时的社会科学界,一种"国家与社会"的宏大分析视角已经兴起。

二、国家权力与城市社区

对"国家与社会"关系的探讨由来已久,英国哲学家约翰·洛克(John Locke)强调"社会外于国家",黑格尔提出"国家强于社会",马克思则认为"社会决定国

---

① [美]丹尼斯·朗著:《权力论》,陆震纶、郑明哲译,中国社会科学出版社2001年版,第148—149页。
② Robert Dahl. Who Governs? Democracy and Power on an American City. New Haven: Yale University Press, 1961.

家(上层建筑)”。这些探讨中的“社会”大都是“市民社会”(civil society)①的简称。西方话语中的 civil society 概念可追溯到古希腊时代,其含义丰富多变,直到近代才完成了政治学中与“国家”概念的分离。尽管如此,学界在“国家与社会”的视野下重新阐发“市民社会”的意义却是在 20 世纪 50 年代之后才逐渐开始流行的现象。这一现象的出现可以看作是对当时已盛行数十年的“国家主义”思潮的反动,并在 20 世纪 80 年代末 90 年代初之后成为世界范围内社会科学界的一种主流理论话语②。这一理论视角的兴起也直接影响了城市社区研究的发展。

在“国家与社会”这一二元分析框架中,“国家”概念的内涵较为清楚,尽管在现实中的分析也往往纷繁复杂。相对而言,“社会”或“市民社会”的含义很是模糊,学者们众说纷纭,难有定论。但无论是把社会看作国家之外的所有领域,还是视为国家、市场之外的其他领域,拥有独特组织和运作逻辑的社区都成为了社会的一部分。在“国家与社会”的宏大视野下,滕尼斯划分“社区”与“社会”的理论意义几乎被完全消解。滕尼斯的“社会”概念中所包含的“国家”已强大到足以掩盖甚至消弭国家之外所有领域内部的差异。

凭借其一定的地域边界,城市社区通常被看作是国家力量与社会力量交锋的某一“场域”,但社区的意义绝不仅限于此。城市社区首先是包括家庭在内的私人领域的集中地,其次可能是结社行为与集体行动的起源地,还提供了各种公共交往的形式从而有助于尤尔根·哈贝马斯(J. Habermas)所谓“公共领域”的形成。如果是真正共同体意义上的社区,这意味着社区蕴含了丰富的基于熟悉和信任的社会资本,同时意味着社区内守望相助的互助体系的存在,而这些保证了社区相对于国家一定程度的独立性。

此外,在欧美国家,社区作为市民社会中的一个重要领域,通常还与其自治性有关。与韦伯对“完全城市社区”各方面自治权的强调相似,现实中的欧美城市社区普遍以自治权保证其独立性。在美国,城市的管理模式无论是市长—市议会模式、委员会模式还是理事会—经理模式,行政机构均经直接选举产生。在行政管理体制之下,包括社区理事会、社区委员会或社区咨询委员会以及所涉地域范围更小的邻里委员会和邻里联合会,都是社区自治组织,其领导者由居民选举产生,所负责的社区工作内容也非常广泛,从日常看护、环境

---

① 较为普遍的译法还有“公民社会”。20 世纪下半叶对经典概念“市民社会”新意义的阐发已经使之区别于复杂模糊的旧概念,使用“公民社会”概念的学者似在突出这种区别。区别之一可能是,“市民社会”并不排斥经济领域,“公民社会”则往往用以指代国家、市场之外的领域或“第三部门”。

② 邓正来、[英] J.C.亚历山大编:《国家与市民社会:一种社会理论的研究路径》,上海人民出版社 2006 年版,第 6 页。

美化、房地产事务、交通、就业、医疗、文化教育到防灾、立法、城市服务和预算，几乎无所不包[①]。在社区自治的前提下，政府对社区的影响主要限于提供安全、社会保障等基础公共服务和为社区组织提供部分资金。国家与社区的关系简单又相对平等。

尽管美国的城市社区已经通常被看作是城市的组成部分，但这并不妨碍我们将整个城市作为一个社区加以分析。如果在“国家与社会”的框架下重新审视社区权力结构的研究传统，可以发现多元论的观点更接近社区自治的理想状态，而精英论则恰恰对所谓“民主自治”的神话提出了挑战。事实上，多元论者的研究发现为市民社会研究中一派“多元主义”的理论提供了绝好的注脚。多元主义强调竞争，主张在结构分化基础上对权力进行多元配置，使国家能够反映社会的多元要求，社会团体通过政治市场上的多元竞争，防止国家权力对个人和社会权利的侵犯，以达到社会的自动平衡[②]。与此不同的是，精英论或精英主义看到的现实是经济精英对政府权力的控制并由此剥夺了社区、社团的权力，马克思所说的资本主义社会决定了国家的性质，而国家也一直没有退出国家以外的其他领域。两派的结论或许都受到调查地点和研究方法的影响而有偏颇之处，但如果将视线跳出城市社区的空间界限或关注跨越社区边界的权力互动，其观点仍然非常值得借鉴和思考。

国家与社区的关系影响着城市的社会整合。无论是幕后操控还是点滴渗透，国家权力的强化都会压缩社会、社区的空间，社区内部的整合度在外来力量面前可能会增强，但也可能因为成员的分化而降低。社区及城市整体或许仍能保持整合状态，只是整合的力量不再是内生的而是外在的权力。相反，原本依托于权力整合的城市社区可能会因为国家权力的撤离而陷入“失范”境地，直到内生性的整合机制重新建立。自然，国家权力与社区权力并不见得就是非此即彼的关系，现实中二者会进行互动，理论上也存在合作的可能性。

20世纪90年代以来，根源于“国家与社会”研究的“治理”理论风靡全球，有关“社区治理”的讨论也相应出现。“治理”是指官方的或民间的公共管理组织在一个既定的范围内运用公共权威维持秩序，满足公众的需要，其目的是在各种不同的制度关系中运用权力去引导、控制和规范公民的各种活动，以最大限度地增进公共利益。治理理论暗含了国家与社会之间的合作、互动，和强调国家与社会团体进行合作的法团主义[③]有相似之处。如果说美国的城市社区因其自治性或

① 蔡禾主编：《社区概论》，高等教育出版社2005年版，第103—105页。
② ［英］戴维·赫尔德著：《民主的模式》，燕继荣等译，中央编译出版社1998年版，第261页。
③ 英文corporatism，又有“社团主义”“合作主义”“统合主义”等不同译法。

虚假自治背后的权力不平等而不太适合法团主义或治理理论的分析，那么对于当前的中国城市社区，这一分析方式或者更加适用。

三、我国的城市社区权力

1949年之前，我国城市社区管理的制度基础是保甲制。新中国成立后，保甲制被废止，开始逐渐建立"街居制"的社区管理模式。最早的居民委员会是居民自发形成的组织，目的在于维持社区秩序、应对各类问题，这为国家控制、重组城市生活提供了一个工具。在国家的推动下，居委会的组织设置被迅速推及到各个城市，并迎来了1954—1958年所谓的"黄金时期"，街居制与单位制一起成为城市管理体制中的基础制度，形成了以单位制为主、以街居制为辅的城市管理格局。经历了多次政治运动的冲击，城市社区的主要组织形式——居委会更多地体现出对国家意志的服从和强烈的行政色彩。改革开放之前，全能型国家控制了几乎所有的社会空间，所谓的社会整合其实是国家的整合。

改革开放的进程不仅带来了人们生活方式的巨大变迁，更引发了社会结构的深刻转型，同时还是国家与社会关系的重新调整过程。在城市中，单位制开始解体，农村人口大量涌入，个人的自由流动空间扩大，下岗等结构性的下向流动出现，人们的利益格局、社会地位、群体归属复杂多样且不断变动，这些都影响着社会阶层结构的变迁。为了适应新的形势，城市管理体制需要进行变革。20世纪80年代民政部提出的"社区服务"理念是对问题的回应，90年代初开始的"社区建设"进程与此一脉相承，90年代中后期源于上海的城市行政管理体制改革启动，试图建立"二级政府、三级管理、四级网络"的新体制。在青岛、沈阳、武汉等地做出有益探索的基础上，2000年，由政府推动的近乎标准化的社区建设运动在全国范围内正式轰轰烈烈地展开。

社区建设运动是对城市社区权力格局的重新调整。在上海，街道办事处的权力与职责均大大加强，成为一级"准政府"，这一变化与不断加强的社区党建共同体现了"强国家"的特征。上海城市社区的范围即街道辖区范围，这与民政部的意见有所不同，但居民区的规模同样经历了调整过程，所辖居民户数多在一两千户甚至更多，这增加了社区内部整合的难度。社区自治是社区建设的目标之一，自治的载体即居民委员会，居委会也因此负载了很大的民主期望，但各地的调查显示，即使是在以此为特色的沈阳市，社区居委会的民主实践效果也并不明显[①]。相反，对于社区作为国家治理单元的意义、居委会的行

---

① 卢汉龙、李骏：《中国城市居民委员会工作的比较研究：上海与沈阳》，《社会科学战线》2007年第6期。

政化特征等,学者们达成了较为一致的意见[①]。现在看来,所谓“社区制”对“街居制”的替代还不能说已经完成,两者在当前是否具有本质的不同甚至还存在疑问。

目前引起人们特别关注的一些现象与社区建设工程多少也有些关联。首先是与住房商品化改革相伴随的大量商品房社区的出现以及其中业主的组织化和业主维权运动的兴起。保护共同的利益为业主提供了可能的联结纽带,在与房产商、物业公司或政府讨价还价甚至群起抗争的过程中业主群体内部的互动更加频繁,更容易增强社区内部的凝聚力。学者对这一现象普遍持肯定的态度,认为这为社区自治注入了活力,预示了社会自主空间的扩展和公民社会的出现。其次是非政府组织在城市社区建设中作用的发挥,这直接关系到国家与社会之间的互动状况。一般认为此类组织作用的发挥有助于政府的职能转变[②],但也有研究注意到双方互动过程中政府组织的强势与非政府组织的弱势[③]。再次是草根民间组织在社区中的蓬勃发展,尽管多为趣缘群体,但学者们依然关注它们对于培育社区社会资本、增进社区公共交往、增强社会自组织能力等所谓公民社会基础构建的意义[④]。需要注意的是,这些所谓“市民社会”或“公民社会”在中国城市社区中发育的表象并不必然是政府退缩的结果,有时反而是政府有意识推动的效果。这显示了中国城市社区中国家与社会关系的复杂性。

总体而言,中国的城市社区权力格局仍处于“强国家”的背景之中。尽管“社会”的因素也在增长,但无论是政府对这种增长的推动,还是对新兴社会领域的渗透或控制,都体现出国家的强大力量。城市范围内的社会整合机制既有基于劳动分工合作的职业体系,也有基于亲密社会关系的网络体系,还有基于“行政社区”管理的权力体系。大部分城市社区仍是沃思所谓“陌生人”“异质性”集中的场所,其内部基于互助合作的自组织能力与整合机制仍很微弱。在这种情况下,所谓对等协商、合作共治的“社区治理”仍只是一种理想。

---

① 相关的文章如:石发勇《城市社区民主建设与制度性约束——上海市居委会改革个案研究》(《社会》2005年第2期);何艳玲、蔡禾《中国城市基层自治组织的“内卷化”及其成因》(《中山大学学报(社会科学版)》2005年第5期);向德平《社区组织行政化:表现、原因及对策分析》(《学海》2006年第3期);杨敏《作为国家治理单元的社区——对城市社区建设运动过程中居民社区参与和社区认知的个案研究》(《社会学研究》2007年第4期)。

② 杨团:《社区公共服务设施托管的新模式——以罗山市民会馆为例》,《社会学研究》2001年第3期。

③ 范明林、程金:《城市社区建设中政府与非政府组织互动关系的建立和演变——对华爱社和尚思社区中心的个案研究》,《社会》2005年第5期。

④ 孙立平:《社区、社会资本与社区发育》,《学海》2001年第4期;刘志昌:《草根组织的生长与社区治理结构的转型》,《社会主义研究》2004年第4期。

四、一个案例：梅园[①]

梅园小区是一个高档商品房居民区，位于上海市浦东新区陆家嘴街道。小区四围封闭，占地面积约 13.8 万平方米，内有三期 46 幢住宅楼，绿化覆盖率 61.78%。根据 2005 年底的数据，小区居民总户数为 1 944 户，居民人数 4 860 人，其中境外人口数约占总人口的 40%，来自外地（含港澳台地区）的人口约占 30%。居民大都学历很高，多在公司工作。根据 2006 年部分楼幢居民登记情况作不完全统计，大学及以上学历的比例高达 68.1%，在公司工作的比例是 88.9%。居民中租住比例较高，总体在 4 成以上，流动较快。与此相应，居民家庭的独立意识和防范意识也很强，居民对小区的归属感也不弱。

小区一期建成交房的时间在 1999 年，第一批居民入住后，与房产公司同属一个集团的物业公司履行其前期管理的职责。物业公司一家独大的局面在 2002 年 5 月随着居委会筹备组的进入而开始改变，5 月底居委会挂牌成立，6 月党支部成立，12 月第一届居委会经投票选举产生。在居委会的推动下，一批文体娱乐性社群组织渐次成立。同样在居委会的协助下，梅园业主委员会经过近半年的筹备于 2004 年 11 月成立。在这样的一个过程中，原有组织需要面对新组织的挑战，而新旧组织彼此间的关系也在不断调整。

最早的时候，物业公司对初进小区的居委会冷脸相向，并不看好其前景。但在街道的支持下，通过党支部的成立、家政服务的开展、文化活动的举办，居委会逐渐获得了物业与居民的认可。随后，居委会通过筹备成立业委会的过程，实现了与物业、业委会三者之间的合作局面。在梅园小区，居委会对业委会拥有部分指导、监督的制度性权力，而组织精英之间也结成了亲密性的关系网络；业委会对物业公司拥有直接的制度权力，原则上可以将其辞退；物业公司则向居委会出让部分经济资源，并可享受社区建设进程给小区带来的品牌效应。以组织资源为基础，以名义上的社区秩序和发展为目标，三方的精英达成了联合，三个组织之间也实现了某种权力平衡。社区的权力结构近于多元论的观点，又有精英论的影子。这其中，居委会是主动的一方，其所处的地位也更为关键。

在梅园居委会身上，政府的力量体现得较为明显。在居委会的主动性背后是街道办事处的指令、激励和支持。居委会进入梅园小区是街道的指令，开展摸底调查、提供家政服务、举办文化活动都离不了街道的资源支持，党支部内嵌于

① 金桥：《基层权力运作的逻辑——上海社区实地研究》，《社会》2010 年第 2 期。依照调查惯例，“梅园”为化名。

居委会更强化了街居之间的行政联系。在居委会的努力下，物业公司、业委会以及各类社群组织都参与到社区建设中，一定程度上成为居委会完成上级任务的帮手，国家的权力也经由组织关系的渠道对社区组织开始逐渐施加自己的影响。

事实上，除了对行政资源和组织资源的利用，一些传统的资源也被居委会工作者发掘出来，成为重要的权力运作方式。借助各种渠道与陌生居民拉近关系、增进熟悉，最好成为朋友，在亲密关系的基础上以互助互惠的方式实现自己的目的，可以称为权力运作的人情逻辑。且不论人情、关系、面子是否中国人独特的行为逻辑，这种方式是符合社区本来意义的，增进交往互动、构建亲密关系是重建社区的基本途径。但这一逻辑却受到行政性的不利影响，因为情感关系最忌讳的就是被利用，如果人情逻辑仅仅是实现行政任务的一种工具，对于社区组织的发展和社区社会资本的培育来说，其效果很可能适得其反。

但在梅园这样的国际化小区，包括居委会、物业、业委会在内的社区组织实际的影响范围仍然有限，其中情况最好的居委会所熟悉和能动员的中外居民也不过几十人。社区组织与所在社区的关系并非水乳交融，而只是浮在水面上难以深入。从这个意义上说，梅园小区不是滕尼斯所谓的社区，而组织间的权力结构对于社区的内部整合来说也并不重要。在拥有更多资源、自由空间和自身关系网络的经济精英们眼中，社区的界限并没有什么约束力，甚至国家的力量也可以视若无物。在全球化的影响下，梅园小区类似于一个"世界村"，对于其中的"村民"来说，所谓社区或城市的社会整合已经意义不大，无论这种整合是基于强制性的权力还是共同的地域、互助或文化。他们同时属于私人领域和比城市更广大的世界，也可以说，他们只整合于那些领域和世界。这样的"世界村"将会越来越多，这对于有关城市社区与社会整合的传统思考形成了新的挑战。

参考文献：

[1] 康少邦，张宁，等.城市社会学[M].杭州：浙江人民出版社，1986.

[2] [美] 威廉·富特·怀特.街角社会：一个意大利贫民区的社会结构[M].黄育馥译.北京：商务印书馆，2009.

[3] 于海.城市社会学文选[M].上海：复旦大学出版社，2005.

[4] 俞可平.中国公民社会的兴起与治理的变迁[M].北京：社会科学文献出版社，2002.

[5] 张静.公共空间的社会基础——一个社区纠纷案例的分析[C].天津：天津人民出版社，2002.

[6] [德] 斐迪南·滕尼斯.共同体与社会[M].林荣远译.北京：商务印书馆,1999.
[7] L. Tomba. Residential Space and Collective Interest Formation in Beijing's Housing Disputes. China Quarterly，2005，184，pp.934－951.
[8] L. Wirth，Urbanism as A Way of Life. American Journal of Sociology，1938，XLIV,1，p.1.
[9] M. L. Oliver. The Urban Black Community as Network：Toward a Social Network Perspective. The Sociological Quarterly，1988，129：pp. 623－641.
[10] Robert E. Park. Human Communities：The City and Human Ecology. The Free Press，1952.

第十章
城市发展的新视野

城市不仅仅是人类活动的一种物化，它也有着自身的成长逻辑及其发展轨迹。城市化随着工业革命的到来得到快速的发展，而进入后工业化时代以来，城市更是作为人们生活和工作的主要场所。亚里士多德有一句关于城市的名言，“人们来到城市是为了生活，人们留在城市是为了更好地生活”。因此，人们始终也没有停止对于美好的城市生活的向往和思考。本章所论述的城市更新、新城市主义以及都市景观主义等理论及其实践，就是人们追求美好的城市生活过程中富有想象力的探索与尝试。

第一节　城 市 更 新

人们对城市的物质形体上的破败以及城市的衰退等有着清晰的认识，城市的成长除了城市扩张之外，还需要有良好的新陈代谢，城市更新是城市茁壮成长的非常关键的一部分。于今认为“城市更新是对城市中某一衰弱的区域进行拆迁、改造、投资和建设，使之重新发展和繁荣。它包括两方面的内容：一方面是客观存在实体（建筑物等硬件）的改造；另一方面为各种生态环境、空间环境、文化环境、视觉环境、游憩环境等的改造与延续，包括邻里的社会网络结构、心里定式、情感依恋等软件的延续与更新”①。

“城市更新（urban renewal）”的内涵随着时代的发展也在不断的变化发展着，特别是与不同时期的城市发展过程中所遇到的问题有关，城市更新的参与主

① 《于今提出城市更新进入新阶段后的诸多问题》，http://blog.chinamil.com.cn/user1/cicto/archives/2007/15556.html。

体以及活动内容也在不断的变化。纵观欧美国家的城市发展经验，将城市更新大致分为三个时期。

一、推倒式重建的城市更新

工业革命以来，城市化进程日益激烈，由于城市在历史的发展过程中都会面临一些城市病，让欧美大多数城市尤为头痛的贫民窟对城市管理形成了重要的挑战以及城市自身在物质形体上的破败等，都呼唤着城市更新。而比较知名的清除贫民窟的行动有 1930 年英国出台的《格林伍德住宅法》(*Grennwood Act*)以及美国于 1937 年制定的《住宅法》(*Housing Law*)。在第二次世界大战的影响下，欧洲大部分国家在城市形体上亟须进行更新；在经济快速增长的背景下，人们对不良的居住环境的现状极其不满。大规模的城市更新开始进入人们的视野，成为当时国家政府的重要议题。这时期的城市更新主要是对城市的物质实体的衰败进行改造，一般是采取推倒重建的方式。从实践效果看推倒重建的方式，一方面它没有清除贫民窟现象，只是将贫民窟从城市的一个地方转移到另一个地方，并未能从根本上解决问题；另一方面，这种推倒重建的方式还会破坏居民原来的邻里社会网络，使他们面临着其他方面无形的损失。之后的城市更新吸取了这个实践中的教训并加以改善，例如让市民参与重建。虽然也有私人发展商的力量介入，这时期的城市更新是在政府的主导下进行的，政府主要通过法律法规以及提供大量的资金，对城市更新有着极大的发言权。

到了 20 世纪 60 年代，在城市更新的方式上出现了变化。人们认识到要根治贫民窟问题，政府应该提供更多的公共服务等综合的方案来解决贫穷问题，比如美国于60 年代中期出台的现代城市计划(modern cities program)。人们开始更加关注对建筑物的修缮以及注意更新过程中的城市文化脉络，这样推倒式重建的城市更新不再像以前那么盛行。

二、内城再开发与城市更新

到了 20 世纪七八十年代，在新国际劳动分工这个大背景的影响下，全球经济进入了调整期，很多制造业等产业从欧美的内城转向郊区或者是转向第三世界国家。再加上这个时期城市人口不断向郊区迁移，内城衰退现象严重。如何刺激内城经济发展，缓解失业、贫困以及破落的物质形态，重振内城吸引人口回流，成为当时城市政府的重要议题。

这时期城市更新面临比之前更严峻的问题，它希望能振兴内城经济。再加上由于 20 世纪 70 年代末的石油危机对欧美的经济发展造成了一定的冲击，进而影响了政府的财力。同时在自由市场等思想的影响下，市场力量在城市更新中的参与力度发生了质的改变，一跃成为城市更新的重要力量。政府则是通过出台一些政策为市场投资活动创造良好的环境，引导市场资金投资内城，希望能改善内城的生活氛围，吸引人们回到内城居住。如英国政府的环境部于20世纪80年代在一些衰败的内城地区成立城市开发公司，实现政府与市场力量的合作。这两者的密切合作起到了很大的效用，的确出现了人流返城的进程，但是这种人流返城的进程以及内城的复兴，又使得内城房价提高，这样就潜在地驱赶了原来的居住人口，对于这部分人的生存居住形成了挑战。而且市场力量在城市更新中成为重要力量带来了很多不利影响，政府不能兼顾很多弱势群体的利益，影响了社会公正。

三、多方合作的社区综合复兴

在政府和市场共同合作的城市更新中，人们发现很多社区居民的利益受到忽略。到了20世纪90年代形成了政府、市场、社区的多方伙伴关系这样的城市更新的主体，它强调社区居民以及公众参与城市更新的过程，要求城市更新能尊重社区居民以及公众的意愿，以保证他们能从城市更新中获得实惠。这种多方合作伙伴关系是“一种自下而上”的更新机制，它能够尽量协调多方利益，还能兼顾经济、社会、自然等因素，除了对物质实体的改造外，还关注社区的经济发展以及环境综合治理等的更新。同时受可持续发展思潮以及人本理念的影响，“城市更新”越来越成为一项综合性的社会工程，注重营造适宜人居，结合多种力量实现社区可持续发展的。从中我们可以发现城市更新的内涵是在不断发展的，虽然每个国家具体的城市更新的历史过程以及阶段性表现会有所差异，比如美国和英国的城市更新历史就有很大的不同。但是总体来说，城市更新的参与主体从相对单一的政府主导到市场力量的大规模介入、到社区力量的共同参与这种多元化方向的演变，从注重单维的形体更新到兼顾社会、经济、环境等多维的综合更新，这无疑是个很大的进步。

20世纪90年代盛行的新城市主义，致力于解决内城与郊区中所存在的城市问题，它的很多实践也是某种程度的城市更新。

第二节 新城市主义

新城市主义起源于城市规划界，它是建筑规划界对美国城市蔓延的恶果反思基础是上所形成的一种设计理念及行动，试图从形体规划角度改善城市蔓延的恶果。20世纪80年代初，新城市主义思想与活动零散地现于一些报纸和商业报道中，直到1993年10月由安德烈斯·杜安尼和伊丽莎白·普拉特-奇伯克夫妇(Andres Duany and Elizabeth Plater-Zyberk，DPZ)以及彼得·卡尔索普(Peter Calthorpe)等在美国弗吉尼亚州北部亚历山大市召开了第一届新城市主义大会(Congress for the New Urbanism，CNU)，标志着新城市主义运动和理论体系的成熟。CNU每年举办一次，其作为一个非营利组织而存在，它的网址为http://www.cnu.org/。值得一提的是1996年第四届CNU发表的《新城市主义宪章》(*Charter of the New Urbanism*)，该宪章将新城市主义的理念系统化，对城市规划的实践有着强有力的指导作用。CNU发展至今，其成员队伍实力非凡，除了城市规划界外，还有来自多个领域的专家学者，如经济学家、社会学家、环境学家等，再加上其一直关注着城市发展中的热点问题，这些都使得新城市主义理论在不断的丰富发展中。

一、新城市主义的背景

1. 时代背景

第二次世界大战以后，在高度的现代化进程下，欧美的许多大城市出现了郊区化的现象，内城人口迅速减少而近郊区人口迅速增多。在美国，郊区化现象的出现一方面是由于当时内城人口的过度集聚，城市发展中出现了很多问题，诸如人居生活空间狭小、高犯罪率、交通堵塞，人们对郊区的新鲜空气和自然环境非常向往。在郊区拥有独立的住宅和一辆小汽车以期获得更为适宜的生活环境，一度是当时的美国人的梦想。另一方面是由于经济飞速发展，高速公路网的畅通、小汽车的普及、联邦政府住房政策的实施等多种因素的共同作用下，开始了美国的郊区化进程。刚开始只是住宅的郊区化，随之而来的是城市中心的产业、办公园区、就业岗位等纷纷迁往郊区。

美国的郊区化模式是内城以低人口密度向郊区无序扩张，某种程度上消解了城市的边界，大量的办公园区、住宅区等蛙跳式(leapfrog development)或零散式地分散于曾经的农业用地或开敞空间上，这种按照严格的功能分区的建筑彼此之间以及与周边环境之间缺乏有机联系，人们的出行在严重依赖小汽车，学界用城市蔓延(urban sprawl)这个词来指代这种郊区化模式。到20世纪80年代，城市蔓延所引发的一系列致命的弊端就凸显出来了。

一方面，郊区的疯狂以及无序的扩张，使得内城的居住人口变少、部分的产业以及就业岗位纷纷迁往郊区使得中心城市经济衰退和失业率不断上升、大量公共资源被闲置以及难以更新、政府财政收入减少，导致内城的衰退。

另一方面，郊区化的无序蔓延吞噬了郊区的农田，造成郊区的环境恶化，对郊区的自然生态环境带来一定的冲击。在郊区化过程中，还带来了一系列的社会问题。美国郊区化模式是按照现代主义原则的严格的功能分区来设计的，单调的土地细分使得住宅区、商业区、办公区的分散化，人们出行购物上班等日常活动都必须依赖小汽车。人口的低密度分布等使得公交车系统在郊区很难获得生存空间，小汽车成为人们的主要出行工具，像16岁以下的孩子等不能开车的人就寸步难行，同时也会加重家庭的经济负担。随着就业岗位从中心城市蔓延到郊区，人们往来郊区与市区、郊区与郊区，使得交通容易出现拥堵，人们在交通上耗费了极大的时间、精力和财力，影响了人们的幸福感。街道设计时优先考虑小汽车、缺乏具有识别特征的建筑，以及严格的功能分区使居民感受不到传统社区所具有的有机联系，人们相互交往的机会变少、邻里关系冷漠、人们内心孤寂、缺乏归属感。另外，忽略了公共利益而以市场为导向的开发设计，加剧了社会阶层的分化。

在诸种弊端之前，越来越多的人对城市蔓延的发展模式提出质疑和批评，人们深深地感到对这种模式进行改革的必要性。20世纪90年代初，美国的城市规划设计领域兴起的“新城市主义”（new urbanism），便是在此时代背景下进行探索与实践的、并广为人知的一种流派。“新城市主义”也可以称为“新传统主义设计”（neo-traditional planning），它主张从传统的特别是20世纪初期的城市规划理念中发掘灵感，并结合现代的生活情况，塑造有归属感的邻里社区，并强调邻里社区与整个城市的关系，尽量缓和城市蔓延所带来的一系列城市问题，让城市人能拥有一个适宜的生活环境。

2. 新城市主义的理论溯源

新城市主义理念不是凭空出来的，它是站在巨人的肩膀上，吸取了很多前人的规划理念的精髓。

“花园城市”（garden cities）的概念最早是由英国的建筑学家埃比尼泽·霍华德（Ebenezer Howard）在其1898年发表的《明日的花园城市》中提出的。为了实现“花园城市”的构想，霍华德于1889年成立了一个花园城市协会。花园城市主要是一个由绿化带所环绕的有着各种社会生活设施、规模不大的城镇，适于人类健康居住、健康工业。关于花园城市理念的实践主要有1903年英国的莱奇沃思花园城市（Letchworth Garden City）和1920年英国的韦林花园城市（Welwyn Garden City）等。有人也称花园城市为田园城市。花园城市理念有一个很宏伟的理想：把城市的优点和乡村的优点有机地结合起来，协调居民建筑、工业和自然的关系，这也正是其对后来的城市规划界所产生巨大影响的根源所在。花园城市的理念包含着限制人口规模，严格控制土地使用方式、规划工厂、公共建筑、居住区等的布局，提倡步行交通设计，这与新城市主义的很多理念有着异曲同工之妙。

美国社会学家克拉伦斯·佩里（Clarence Perry）于1929年在其著作《纽约区域规划与它的环境》（*Regional Planning of New York and Its Environs*）中提出的“邻里单元”（neighbourhood unit）理论，在新城市主义理念中可以窥见其踪迹。邻里单元是一种居住区规划理论，它的提出有其深刻的社会背景。当时城市机动交通的快速发展再加上居住结构本身的问题，车祸经常发生，严重影响儿童、老人穿越街道的安全。为了解决这个问题，邻里单元理论的基本理念就是提倡外部交通严禁穿越邻里单元，邻里单元有其内部的道路系统，邻里单元还应基本具备一些小公园、小学、娱乐设施等，使得居民的基本生活需求可以在邻里单元内得到满足，以保证人车安全。

简·雅各布（Jane Jacobs）于1961年出版的《美国大城市的生与死》，认为城市的人口组成是多样性的，相应的在城市规划设计时应提倡社区的多样性和开放空间的混合使用，反对严格的功能分区的做法。此外，雅各布还提出了街道设计应该按照人性化尺度，以促进邻里交往，以期回复到传统邻里所具有的熟悉感，恢复街道的活力，提高街道的安全感。多样性以及人性化尺度的街道设计理念给新城市主义带来了很大的启示。

长期任教于麻省理工学院建筑学院的凯文·林奇（Kevin Lynch）于20世纪五六十年代所著的《城市意象》（*The Image of the City*），将心理学知识引入城市研究中，考察人们对城市的认知和印象。他调查了公众对波士顿、泽西城、洛杉矶这三个城市的印象得出了城市意象的五个重要元素：道路（path）、边界（edge）、区域（district）、节点（node）和标志性建筑物（landmark）。尤其是城市应该有其边界以及标志性建筑物的作用在新城市主义中的实践中得到了充分的体现。

二、新城市主义的理念及其实践

新城市主义关于城市规划与设计的理念在《新城市主义宪章》中体现得淋漓尽致，它大致侧重于以下三个方面的内容：邻里、分区、走廊，街区、街道、建筑物，还有城市、区域、都市区层面的。它的基本理念是来自以下两大模式的综合。

1. 传统邻里开发模式（TND）

迈阿密城市建筑界的DPZ（Duany Plater-Zyberk）夫妇是美国新城市主义运动的领军人物。他们借鉴了佩里的“邻里单元”并发扬光大，提出了“传统邻里开发模式”（Traditional Neighborhood Development，TND），是“新城市主义”的主要思想之一。DPZ夫妇最令人称道的是他们于1983年完成设计的美国佛罗里达州的滨海新镇(Seaside, Walton County, Florida),整个小镇的设计实践了新城市主义的诸多基本理念,同时这也是于1998年上映的电影《楚门的世界》(*The Truman Show*)取景的地方,所以滨海新镇吸引着很多的专业人士和游客的光顾。DPZ夫妇还于1988年参与设计马里兰州肯特兰住宅区(Kentland, Maryland),这也是他们TND理念的又一次重要实践。

他们的著作有:1991年的《城镇和城镇设计原则》(*Towns and Town-Making Principles*),2001年与Jeff Speck合著的《郊区国家:蔓延的兴起和美国梦的失落》(*Suburban Nation: The Rise of Sprawl and the Decline of the American Dream*)以及2002年与Jeff Speck合著的《精明增长手册》(*The Smart Growth Manual*),等。

TND针对城市蔓延下处处依赖汽车、缺少公共空间、人与人之间交流缺乏、缺乏系统设计的杂乱摊开的没有中心和边界的建筑群以及千篇一律的建筑缺乏标志物标识的郊区居住模式,重塑传统城市邻里空间,提倡回归传统社区邻里生活方式,邻里(Neighborhood)、分区(Disrtics)和走廊(Corridors)是TND的三个核心概念。

在TND的理想社区模式中,邻里是社区的基本单元。他们推崇一种紧凑布局的、功能混合的邻里,适合步行以及对公共空间的推崇也是这种邻里设计的重要准则,这样既方便人们日常生活又能实现人与人之间的交流。每个邻里都有个中心,中心区域主要是公共空间如市政建筑、幼儿园、商店等;每个邻里规模为半径不超过1/4英里(约0.4千米)的空间即从中心到边界的距离为1/4英里,大部分家庭步行5分钟即到达中心广场,日常生活活动可以在步行范围内实现,为老人和孩子提供便利;邻里的边界或者邻里与分区之间的边界可以是绿化带、铁道线、干道;每个邻里都将包括多样化的住宅类型,通过价格等因素,促进不同类型和收入的群体共同居住与交往,尽量实现各个阶层的融合。DPZ夫妇还推崇采用网格状的道路系统,他们认为这样的街道网络可以降低小汽车的行驶速度,让步行和自行车都变得更加方便,减轻交通拥堵。

在TND的理想社区模式中,还包括地理位置和特征适宜的分区,分区往往是功能专门化的区域,不同邻里之间需要的大型的运动场地、大型公园等可以在此区域内实现。但是它不再是严格的功能分区的思想,其与邻里设计的基本原则相协调,有着清晰的边界等。分区还有着其公共交通系统,由此联系着更大的区域。

走廊的功能是方便人们进出,但是其潜在地连接着邻里和分区,同时又是邻里和分区的边界之一。新城市主义通过良好的空间规划，实现交通走廊、邻里和分区的和谐发展与城市蔓延时的无序的郊区规划形成了鲜明的对比。

DPZ 夫妇与其他的新城市主义实践者一样，非常重视公共力量的参与设计，以组织商谈、发布会等形式，多方听取政府官员、社区居民以及专家等的建议，这在很大程度上保证了公共利益的贯彻实施，体现了以人为本。

2. 公共交通主导发展模式（TOD）

城市规划师与设计师彼得・卡尔索普（Peter Calthorpe）是美国新城市主义运动的重要代表人物之一，他也是新城市主义大会（CNU）的组织者之一。毕业于耶鲁大学建筑学院，于 1983 年在加利福尼亚州成立了城市规划与设计事务所来实践自己的设计理念。卡尔索普一直探索大都市地区发展模式，他于 1993 年出版的《未来美国大都市：生态、社区和美国梦》（*The Next American Metropolis: Ecology, Community and the American Dream*）是新城市主义的代表作之一，该书在分析城市蔓延所导致的一系列城市问题的基础上，提出了"公共交通主导发展模式"（Transit-Oriented Development，TOD）。彼得・卡尔索普对于其自己理念的实践一直是不遗余力的，且成果颇丰。值得一提的是 1990 年他在美国加利福尼亚州的西拉古纳市（Laguna West，Sacramento Country，California）的设计，初现了其 TOD 的一些基本理念。

彼得・卡尔索普的其他著作有：于 1988 年与西姆・凡・德・瑞恩（simVanDerRyn）合作出版的《可持续的社区：城市、郊区和城镇的新设计大全》（*Sustainable Communities: A New Design Synthesis for Cities, Suburbs, and Towns*）、于 1998 年与凯包夫（Dong Kelbaugh）共同编辑的《步行街手册：一种新城市设计策略》（*Pedestrian Pocket Book: A new Suburban Design Strategy*）、于 2001 年与威廉・富尔顿（William Fulton）合著的《区域城市——终结蔓延的规划》（*The Regional City: Planning for the End of Sprawl*）等。

彼得・卡尔索普既认识到城市蔓延时郊区的邻里所具有的一系列问题，同时也认识到需要从宏观的区域层面去探索问题的解决方法，所以其 TOD 包括邻里型 TOD（Neighborhood TOD）与城市型 TOD（Urban TOD）。总的来说，TOD 是根据公共交通方式来整合城市土地使用方式，形成紧凑的城市空间。

TOD 在社区邻里层面上，以公共交通站点为中心，使人步行 10 分钟左右就可到达公交车站和社区中心，在此主要方向指导下来规划设计商业中心区、居住区、公共建筑、街道、公园、自行车系统等。TOD 和 TND 在邻里层面的基本理念是一致的，都推崇一种紧凑布局的、功能混合的、适合步行以及有着公共空间的邻里。只不过在 TOD 的规划里，彼得・卡尔索普会更偏好对行人而言比较高效的放射状的街道交通系统，而 TND 更偏好网格状的街道系统。

TOD 在区域层面上，沿着公共交通干线整合土地使用模式，鼓励区域之间的人们出行多使用公共交通工具少使用私人汽车以减少环境污染，形成紧密的有序的网络状结构形态。同时 TOD 认为针对城市蔓延时期中心城市与郊区边界模糊的情况，应该根据自然环境以及人文因素（如海岸线、农田）设置城市增长边界（urban growth boundaries），将城市发展限制在一定的区域内，对城市未来发展以及城市区域规划有一定的指导作用。TOD 还具有很强烈的人本理念，通过开发一些价格适宜的用房等来鼓励城市区域内多阶层的居民融合，并站在区域高度来公平的分配公共资源和公共服务，以免区域内的恶性竞争。

总的来说，TND 在邻里社区层面的探讨非常详尽，而 TOD 除了在邻里层面外还侧重于城市区域层面。此外新城市主义的理念还对道路、街区、建筑物的尺度设计有过深刻的思考。针对郊区千篇一律的建筑形式，新城市主义特别强调建筑物应与当地小区的自然环境和人文环境相适应，单个建筑物的设计不能只重视其式样，还需与周边的环境相融合。公共建筑在设计时则要突出它们的标志性作用，因为市民的公共交流活动一般发生于这些地方，这样有助于提升市民对社区的认同感。同时还强调对于历史建筑应该合理保护。此外，设计师还要充分利用科技的力量以及发掘自然界的因地制宜的优势来达到节能环保的目的，实现可持续发展。街区和道路的设计重点在于应该既为小汽车的出行、停放提供方便，又有一些人行道方便人们安全、舒适的步行以及相互交流，并保障其他形式的公共交通空间。

三、关于新城市主义的反思

1. 新城市主义与后现代主义

新城市主义的代表人物，如 DPZ 夫妇，常被称为是后现代主义者，这是因为新城市主义理念中有很多后现代主义的成分在。

“城市主义”或“都市主义”（Urbanism）是在 18、19 世纪工业革命浪潮下应运而生的，“城市主义”是个有着丰富内涵的概念，1938 年美国芝加哥城市社会学派的路易斯·沃思在《作为一种生活方式的都市生活》（*Urbanism as a Way of Life*）中将“城市主义”定义为一种生活方式，它有三个特征：人口数量大、密度高和异质性。本章所谓的“新城市主义”（New Urbanism）最早起源于城市建筑规划设计领域，所以除了了解社会学意义上的“城市主义”外，还需回到城市建筑规划设计领域去探索“城市主义”的内涵所在。

“现代建筑在建造形式上，实际上是笛卡尔主义的”①。受笛卡尔主义影响颇深的法国建筑大师勒·柯布西埃(Le Corbusier)，崇尚理性主义、功能主义，将这些理念贯彻到实践中。1933年8月，国际建筑协会制定的《雅典宪章》，集合了很多学派的观点，其中比较突出的是法国勒·柯布西埃的观点。《雅典宪章》主张将城市作为一个整体来分析，认为一个城市主要满足人们的居住、工作、游憩和交通的功能需求，并在此基础上进行功能分区与规划。此外，柯布西耶和沃思都认识到城市的人口的数量大的特点，柯布西耶除了设计出了摩天大楼来解决人口居住问题，还认识到交通的决定性作用，所以在《雅典宪章》里，道路系统的设计充分考虑到机动交通的出行方便。虽然《雅典宪章》同以前的城市规划设计相比是个很大的进步，但是在实践过程中功能分区以及以车辆出行方便为主的道路系统的设计对人与人之间的交流等产生了不良的后果。

好几代的建筑学家和规划师都深受现代主义理念的影响，过于强调理性，在规划上实行严格的功能分区，重视技术、强调效率与速度，缺乏人文关怀。而后现代主义(postmodernism)对现代主义的城市建筑规划设计进行了反思。后现代主义最早出现于20世纪六七十年代的欧美的建筑学和哲学界，其后以惊人的速度在语言、文学、历史等领域传播开来，是目前学术界大为关注的一支流派。后现代主义最大的特色在于它的反思性。反对现代主义的一元中心、理性主义、绝对主义等。我们可以视现代主义为现代性背后更基本性的东西。与工业革命相伴生发展的现代性有其巨大的影响力，它侵蚀着我们生活的各个角落。很多社会学家终其一生可以说都是在研究现代性。马克斯·韦伯的理性牢笼(iron cage)、卡尔·韦伯的人的异化(Entfremdung，德语)算是他们对现代性的一个悲观性的回答。后来很多的理论家很难对此有个明确的解决方法，但是牢牢抓住“以人为本”是人们在对现代主义等进行反思后的一个最根源性的认识。

新城市主义的“新”是在对城市蔓延所带来的一系列恶果、对以前的城市主义进行反思后的成果，从《新城市主义宪章》的分析中可以看出其充分考虑到个人的各方面的需求，其以人为本的理念来规划设计建筑、道路和公共场所等，建造区域功能混合、适宜人们步行、有着方便接触的公共空间、各阶层融合的适宜生活的社区以期从局部的区域影响城市整体。更为难能可贵的是它还关注人的心灵层次的需要，回归传统邻里的设计以期促进人与人的交流。新城市主义鼓励居民参与，且吸取多个领域的专家学者的意见，并且根据实践中城市的问题不断地完善其理论。但是就它是否从根本上更新了旧的城市主义还是

---

① [德]沃尔冈夫·韦尔施著：《重构美学》，陆杨、张岩冰译，上海译文出版社2006年版，第125页。

值得商榷的。

2. 新城市主义与城市文化研究

新城市主义通过城市区域规划设计这种形体层面的改变只能解决有限的城市问题。新城市主义是在比较微观的层面上思考问题的，但是城市蔓延所带来的问题往往不是建筑规划所能解决的，它有其深厚的文化以及社会原因。

比如，新城市主义试图通过价格手段解决城市蔓延时期美国社会种族分化以及各阶层居住层面分离的趋势，实现社会融合，这是非常困难的。一方面，新城市主义采用市场主义操作模式，很难单方面拥有房价的控制权，所以对于邻里的廉价房其实是很难保证的。另一方面，社会阶层的分离等有其深厚的原因，即使通过价格手段等方式实现了社会各阶层成员一起居住，未必就能达到社会融合的目的。

还应注意区分非自愿形成和自愿形成的隔离区。马库斯指出，在一些名义上的“少数民族聚居区”里，居民们确实“紧紧团结在一起、互相帮助和支持对方的事业，在食品上和衣着上具有相同的品味并过同样的节假日。我不会把这种社区称作‘少数民主聚居区’，那是因为它们的居民并不是迫不得已地被限制在一起，而是自愿的住在一起”。[①]

反思新城市主义出现的时代背景时，我们会发现人们开始前往郊区是因为内城存在很多的问题，有能力的人就率先出逃了。而到 20 世纪 70 年代末，由于城市蔓延，郊区也变得不适宜生活了，一些中上层白领就开始返回内城，又出现了士绅化(Gentrification)进程。当人们像蚂蚁一样地从一个地方迁到另一个地方，我们需要从更大的社会性因素下去思考问题的根源所在。新城市主义运动体现了人们正面解决城市问题的努力，但是这样还不够，我们需要对城市问题进行更深入的挖掘分析。

到 20 世纪 60 年代为止，当很多美国城市正在被种族骚乱弄得四分五裂时，芒福德已经确信，我们最有压力的都市问题是社会原则、家庭关系和居民点稳定中的巨大精神崩溃，并确信这种精神崩溃是更深层次社会问题的证据，是对“迷恋权力、以金钱为导向的生活方式的彻底承认”。依靠都市规划和联邦基金，甚

---

① ［荷］根特城市研究小组著：《城市状态：当代大都市的空间、社区和本质》，敬东译，中国水利水电出版社、知识产权出版社 2005 年版，第 106 页。

或依靠花园城市的方式，解决由这种以金钱和机械为中心的现实所导致的都市问题，就像"把一种家制膏药用于癌症的治疗一样"。[1]

刘易斯·芒福德是一位有着强烈的人文关怀的城市规划家，类似于"把一种家制膏药用于癌症的治疗一样"，他还有很多的警世名言，其中比较令人深思的是这两句："城市的最好运作方式是关心人、陶冶人。""城市是社会活动的剧场。"这两句话表达的是同一个思想。剧场存在的功用是用来凸显演员的表演，如果剧场发挥不了这种功用的话，就失去其存在意义了。当人们从内城逃到郊区再逃回内城，剧场在不断地变动，那是因为"演员"觉得"剧场"出现了问题。芒福德倾向于从文化角度去探索城市问题的所在，这也是其于 1938 年出版的《城市文化》一书享誉世界的根源所在。芒福德并没有给我们一套关于城市问题的文化理论分析，但是他让我们再一次认识到城市文化研究的重要性。

城市文化研究其实是用文化研究(culutral studies)视角来关注城市这个主题，通过对城市居民的生活方式、城市的移民问题、城市的多元文化的研究等探究城市文化的真实面目及其深层意义，这对我们解决城市问题有很大的帮助作用。文化研究发源于 20 世纪 60 年代的英国，值得一提的是文化研究中的"文本"(Text)和"文化"(Culture)概念都是广义的概念。虽然雷蒙特·亨利·威廉斯(Raymond Henry Williams)和理查德·霍加特(Richard Hoggart)是最早对英国文学研究有浓厚乐趣的学者并成为文化研究领军人物，但是文化研究发展至今，"文化"泛指日常生活中有意义的活动，"文本"泛指有意义活动的载体。罗兰·巴特(Roland Bathes)的名言"城市如文本"就非常形象地展示了城市的文化研究时的一种切入点。目前，关于城市的文化研究在理论上的成果还不多，但是城市的文化研究已经被越来越多的学者所重视并在其指导下用于研究。

3. 新城市主义与精明增长理论

新城市主义是通过市场运作的，它的实践主要是靠市场以及市民社会的力量来运作的。但众所周知，城市规划与设计在很大程度上需要依赖政府政策的帮助，这也是新城市主义在实施过程中比较欠缺的一点。而这里值得一提的是"精明增长"(smart growth)，精明增长、新城市主义是 20 世纪 90 年代美国应对城市蔓延的学术探索与实践中最受关注的两点。精明增长与新城市主义的提出有着一致的时代背景，都是对城市蔓延导致的内城衰败和当时郊区存在的一系列问题的反思，所以它与新城市主义在实践理念与内容上相差不大。但是精明

---

① 孙逊、杨剑龙主编：《都市、帝国与先知》，上海三联书店 2006 年版，第 21 页。

增长在某种程度上说是在政府引导下进行的，政府所提供的政策、法规对其实践有着很大的帮助，这与新城市主义的市场导向相差甚大。例如，1997年美国马里兰州通过了一项法案即《精明增长与邻里保护法案》，州政府通过财政投入来指导城市开发与更新。新城市主义与精明增长相比还有一点不同之处在于，精明增长会在更宏观的层面考虑问题，比如对城市的经济竞争力、城市的发展问题进行了更全面的思考。精明增长与新城市主义各有侧重点，两者可以互补来共同解决城市蔓延问题。

四、新城市主义在中国的实践

新城市主义从其产生之初就一直颇受商业报道、社会舆论和媒体的广泛关注，它是20世纪90年代学术界中对城市蔓延的反思的众多流派中最有生命力的流派之一。它在美国的实践未必是最成功的，但是它确实是很有影响力的，目前日本、加拿大等国纷纷加入了新城市主义的理论研究以及实践中。中国学者也开始探讨新城市主义理论以及实践。

中国的城市化进程在改革开放后的二十多年中不断地加快深入，城市势必会向周边郊区扩张，这点在北京、上海等几个中国的大城市上展现得淋漓尽致，设计者与决策者吸取美国城市蔓延的经验教训以及理解在这种背景下的新城市主义理念。目前在中国的新城市主义的实践案例也不少，以开发商建设的小区采用“新城市主义”的设计理念这种形式为主。比如南昌的万科四季花园城、大连开发区南部滨海新区、武汉“汉口天地”等、上海的曹路新市镇、上海的罗店新镇和上海的安亭新镇和上海的松江新城等等。

这里我们将重点介绍上海在“十五”期间推出“一城九镇”的城市化发展策略规划，以期当时解决上海郊区城镇建设中存在的一些问题，建设现代化的城镇，为上海市区向郊区的有序扩张做好准备。“一城九镇”中的一城指的是松江新城，九镇指的是枫泾、朱家角、安亭、罗店、高桥、周浦、浦江、奉城和堡镇。结合上海市地图可以发现，这九个镇和松江新城是环绕在市中心周边的，建设好这些城镇对缓解市中心的人口压力以及上海的经济发展有着莫大的帮助。上海的目标是成为一个国际化的大都市，相应的对市区周边的城镇也希望是现代化的、有特色的。2001年1月5日，上海市政府引发的《关于上海市促进城镇发展试点意见》中提出了综合考虑城镇的功能定位、历史文脉等因素，借鉴国外特色风貌城镇建设的经验，引进国内外不同城市和地区的建筑风格的要求，并且采用国际招投标的方式，引入先进的设计理念。“一城九镇”都有着自己不同的建筑风格，如罗店引用欧美风格、安亭借鉴德国古典式小镇风格、松江新城为英国风格等。而且政府还积极发展配套轨道交通等公共交通建设，使得中心城市和各城镇之间的交流更密切。从这点上可以说政府借鉴了新城市主义中的彼得·卡尔索普的TOD模式和区域城市理念。作为发展中国家的中国，我们在城市发展的过程中可以吸取发达国家在城市发展时的经验教训，结合中国的国情，借鉴他们的发展成果。上海市政府在这一点上做得非常好，它吸取欧美国家在城市蔓延时的经验教训，也借鉴了新城市主义在对城市蔓延时的反思成果，结合中国的国情应用于实践中。

而境外建筑师在建设罗店新镇、安亭新镇和松江新城的时候所带来的设计理念中都有新城市主义的成分，比如重视标志性建筑的建设、放射路状或者网格状的道路系统、功能混合的设计、环保科技的建筑技术的使用等。但是从安亭新镇、松江新城、罗店新镇的具体实践中我们可以发现，它们有很多与新城市主义相悖的成分：一是在设计中缺乏公众参与。中国的市民社会的发展程度和美国是非常不一样的，所以在中国的新城市主义实践设计中缺乏公众参与就难以理解了。二是松江古镇和松江新城的建筑风格差异明显。境外设计师对中国的当地文化的不熟悉以及多种因素的共同作用下，出现松江古镇和新城的两种风格差异。三是这些开发出来的同一批住宅区的房价在中国当前的房价体系中很难实现多元化以致低收入阶层难以消费。在上海，地铁所遍及之处，房价也会相应地随涨。四是在实践中还出现生搬硬套新城市主义的现象，即使新城市主义非常好，那也是依据美国城市居民的要求来的，他们的标准还应该结合中国的国情上再做修正。

新城市主义在美国的产生有其特定的时代背景以及一套操作机制，它是嵌入在美国的社会文化中的。当它被用于中国社会时，出现水土不服也是情有可原的。中国目前关于新城市主义的实践不少，但是学术界关于新城市主义理论的研究很缺乏。这些都呼吁我们加强对新城市主义理论层面的深入研究，尽快找到适合中国国情的理论。

第三节　景观都市主义

一、景观、都市主义与景观都市主义

景观都市主义这一研究领域正式形成于21世纪初，由其理论奠基人查尔斯·瓦尔德海姆(Charles Waldheim)所提出。该领域的研究者认为，景观已经成为

当代城市研究的模型和媒介，将景观和都市主义两者分别拥有丰富内涵的概念相融合，通过景观的视角来研究城市以及城市化。都市主义是景观都市主义的核心，它不同于社会科学中城市化一词，都市主义具有一种文化性、具象性，并反映了设计学科对城市研究的维度。它以城市为研究对象，包含了城市中的各个方面以及发生的改变。因此，瓦尔德海姆将都市主义定义为基于城市化过程和结果的经验、研究和干预。景观作为一种研究视角，它是将景观都市主义与以往城市规划理念区分的重要之处。景观一词根据约翰·布林克霍夫·杰克逊(John Brinckerhoff Jackson)等人在文章中所述，起源于16世纪的一种绘画形式，经过长时间的发展，在18世纪演变为一种主观地看待土地的一种方式。而在景观都市主义中，瓦尔德海姆对其进行了更清晰的定义，即景观是一种文化创造的类型，是人类感知、主观体验或生物学功能等方面的一种模式或类型。更重要的是，景观是一种设计媒介，让造园师、艺术家、建筑师以及工程师有新的思路与角度介入城市形态。在明确了景观以及都市主义两者的概念后，我们不难发现，景观都市主义是一种看待城市设计与规划的新形式，这种形式体现了一种对建筑和城市设计无法创造令人满意的当代城市环境的批判。在这种意义上，景观代替了城市建筑成为城市设计的单元，而景观都市主义则成为有关城市研究的各个学科的重新整合。

二、景观都市主义的起源与提出背景

正如上文所述，景观都市主义体现了一种对当代城市已有的设计规划的批判。而它的起源也可以追溯至对现代主义建筑和规划进行后现代批判的基础上。现代主义建筑和规划与工业城市的发展历程息息相关。工业城市的正式发展起始于泰勒提出的科学管理原则的实际运用即可控的大规模流水线生产的实现。随着福特等人对于工业大生产模式的不断优化，工业生产不再局限于一个城市的特定地点，而是将生产、装配等各个不同环节穿插在城市的不同地方，形成工业复合体。由于这种改良型的工业生产模式很大幅度地提高了生产效率以及经济效益，所以这种福特生产模式被传播到全球的各个城市。但是，由于生产、装配模块的分布零散以及国家对于生产重心的偏移，导致许多后工业城市存在着许多废弃的工厂、成片空置的工人住宅以及破败冗余的商业地带。因此如何使这些曾经辉煌过的区域重新成为城市有机组成的一部分，成为景观都市主义最早也是最重要的命题之一，而这一命题在现代主义建筑和规划上是无法进行改善的。查尔斯·詹克斯(Charles Jencks)等后现代建筑文化支持者批判道：现代主义不能创造一个“有意义”或是“宜居”的公共领域，也未能认识到城市是一个集体意识的历史性创造，无法与多元化的大众进行互动。但可惜的是，在20世纪90年代中后期，后现代建筑学布景式的策略很难也没有对福特主义发源地美国造成影响，由于整个城市形态趋于离心化、分散化，大众对于所居住的建筑文化风格及其变化并不关心。随着人们对于工业化对社会和环境造成影响的反思，后现代建筑学通过复古怀旧的方式，回到了注重更加稳定、安全的建筑形式以及持久的城市形态上来。通过建筑之间的协调以及文化内涵的相辅相成来与大众沟通，形成一种环境文化，以适应当前的城市环境的变迁。后现代的"对于秩序的回归"，表明现代主义低估了步行尺度、街道网格的连续性以及承上启下的建筑风格等传统城市的价值。但是，随着全球化的不断推进，无论是现代主义僵硬、缺乏人文的城市规划，还是后现代所推崇的复古传统的建筑设计，都无法很好地应对当代都市的不确定性和流动性，而这正好是景观都市主义亟待研究的内容与方向。

三、景观都市主义的理念与目标

景观都市主义的特点大多来自景观这一视角。上文已经提到，景观是一种媒介，而这种媒介正如科纳等人所述，它能随着时间而变化、转化、适应和延续。这种特点让景观与现代城市的发展有着一定的相似之处，那么也更适合分析目前城市状况的开放性、不确定性和易变性的媒介。景观都市主义则就成为了应对当前城市特性的良方。根据瓦尔德海姆对于景观都市主义的总结，我们可以将其理念总结为三种，分别是：自主性、不确定性以及自组织。自主性是指景观都市主义不主张在规划和设计时受到各种因素的干扰以及束缚。在景观都市主义的研究者的观念中，城市设计不应该被人为的艺术导向以及作用导向影响。不确定性是景观这一视角相对于之前城市设计思路最为特别也是优势最为突出的一点。如上文所述，景观设计的开放、强适应性以及延续性使得景观都市主义的城市设计思路与当今城市的快节奏发展贴合。在城市设计中，景观都市主义的推崇者通常会在设计的时候进行相应的"留白"，即留出一定的空间为未来的变化做好准备，类似于一部小说的"开放式结尾"。自组织则是在"不确定性""自主性"的基础上更深一步地对城市规划提出挑战。景观都市主义者认为，城市就犹如一个自然生态一般，城市中每个部分虽有不同却互相存在联系，各自发挥自身独有的作用，并有机联系在一起。只有在城市规划中充分实现这一策略，城市各个部分所组成的系统在遇到未来新因素的加入以及挑战时才不会土崩瓦解，让系统自身进行协调与组织，从而维持城市的生命力、创造力。在了解景观都市主义的优势后，我们不难发现它的目标：一是从现实出发景观都市主义所做出的贡献还都处于边缘和剩余的场地上，我们还需要通过想象力，将工业时代所遗留的现代主义僵化的建筑消化，对其进行改造并融入当地的景观之中。二是要将城市的基础设施，城市内部的公共空间以及自然环境相互协调，使城市转变为一个能够自组织的有机体。景观都市主义的这些优势和目标，是以往传统城市设计无法比拟的。

四、中国的景观都市主义

在中国，深圳是景观都市主义实践的前沿之地。深圳龙岗中心区的景观设计竞赛为当代景观都市主义提供了一个优秀的案例。这是由 Plasma 设计事务所以及 Groundlab 设计事务所联合设计的作品，他们抛弃了竞赛原本要求的宏观庞大的物理模型，转而采用由生态信息、环境基准数据和发展目标所构成的参数化动态关联性数字模型，试图将更精准的生态过程与城市形态关联起来，充分展现了景观都市主义的策略与优势。深圳的前海新城竞赛则更加重视景观生态，入选的三个方案中都提到，若要规划一个拥有 100 万居民的新城区，首先需要恢复河流入海口区域的生态功能和环境卫生，这样才能让河流流域与城市相互配合，形成总体的和谐。随着景观都市主义在深圳的实践获得认可和成功，国内不少学者开始以景观为视角对现在已有的城市环境提出意见。

由于我国自改革开放以来发展迅速，环境问题在早期的城市规划中并没有很好的顾及。自 2005 年以来，习近平总书记一直强调发展要与环境保护同时进行，提出“绿水青山就是金山银山”的口号，因此城市生态环境是许多学者优先考虑到的部分。徐文廷、陆宁提出用生态学理论来指导景观设计，通过合理的布局，增加道路的绿地率和绿化覆盖率，通过不同类型植物的相互组合形成多层次，高落差的绿化格局。李天霓在其对于背景南锣鼓巷街区改造的建议中提到，绿化环境是这一区域景观设计的重点。在改造期间，既需要保护已有的树木，还需要增加绿色面积，形成三位绿化系统，以恢复和改善庭院的生态环境。这样不仅可以提升居民的生活质量，还有助于体现整个南锣鼓巷街区的历史底蕴。苏美婷通过分析北京胡同的类型，判断出绿化种植的局限性较大，提出可以把传统的地面绿化提升道立体空间上去，节约土地资源的同时又能发挥胡同传统风貌。中国有不少城市与美国底特律类似，曾是工业发展的重地，而如今因为产业结构的变化而显得凋零。常江、董妍初则以徐州的煤矿遗址为例，在工业遗存框架基础上，从“点”即地标建筑，“线”即景观轴线、交通流线，“面”即广场、现存绿地三个层次出发，将场地的景观空间结构分为三层：地上、地面以及地下。通过多层次的设计理念，将遗留的工业元素转换为一种徐州特有的文化景观，赋予其更多的可能性。上海龙美术馆曾是运煤码头，煤料斗卸载桥下的公共空间通过改造，既有明确的方向性，下沉的处理以及工业遗迹的保留又让其更加富有历史感。

近年来，中国的景观都市主义的实践随着设计师们跨学科的交流学习，变得越来越开放、越来越富有想象力。中国的发展速度以及形式与西方的城市有所不同，在借鉴西方景观都市主义实践案例的同时，更要考虑到中国城市的特色、现状以及历史底蕴，这样才能更好地将城市打造成一个富有生机的有机体。

参考文献：

[1] 蔡禾.城市社会学：理论与视野[M].广州：中山大学出版社，2003.
[2] 于海.城市社会学文选[M].上海：复旦大学出版社，2006.
[3] [美]查尔斯·瓦尔德海姆.景观都市主义——从起源到演变[M].陈崇贤，夏宇译.南京：江苏凤凰科学出版社，2018.
[4] [美]查尔斯·瓦尔德海姆.景观都市主义[M].刘海龙，刘东云，孙璐译.北京：中国建筑工业出版社，2010.
[5] 徐文廷，陆宁.文脉及景观都市主义指引的城市道路景观设计[J].建筑结构，2021(22).
[6] 李天霓.基于景观都市主义下的可持续城市更新——以北京南锣鼓巷为例[J].安徽建筑，2021(11).
[7] 常江，董妍初.景观都市主义理念下的工业遗存改造设计研究——以徐州市权台煤矿遗址改造规划设计为例[J].华中建筑，2021(3).
[8] 苏美婷，杨鑫，师卫华.基于景观都市主义下的可持续型胡同绿化——以北京为例[J].现代园艺，2019(21).
[9] 钱瑜.浅谈景观都市主义在城市工业废弃地的应用[J].西部皮革，2018(20).

后 记

这本《现代城市社会学》，自组织编写至今，已跨越十余年。其间，对于本教材的篇章结构及其相关内容，做过若干次大的调整与修改，以尽可能地呈现最新的研究成果以及相关数据，以至于使之成为一部绵延数年的晚生儿。

本教材主要用于大学本科生的城市社会学课程。参与本教材的作者主要来自上海大学社会学院的教师和曾为城市社会学读书会的成员，撰写者分别为：第一章陆小聪、曹祖耀，第二章李越，第三章袁浩，第四章张瑞玲，第五章张修枫，第六章杨钲，第七章张敦福、段媛媛，第八章魏伟，第九章金桥，第十章郑丽敏、徐卓成。陆小聪对全书各章节的结构作出了最终的调整，对相关内容进行了若干必要的修改与补充，徐卓成对相关数据进行了核对与更新。

在本教材的策划构思阶段，耿敬教授贡献了卓越的智慧，对本教材的编写工作起到了重要的组织推动作用。上海大学出版社的傅玉芳女士以其杰出的专业素养与敬业精神，从而使本教材得以如期顺利出版，在此一并表示诚挚的谢意。

编　者

2021 年 12 月 20 日

谨记于听雨楼